本书系国家社会科学基金西部项目
"边缘族群苗族三锹人历史文化与生存现状研究"（14XSH015）的最终成果。

三锹人历史文化
与生存现状的人类学研究

边缘化生存

余达忠　余　刚　著

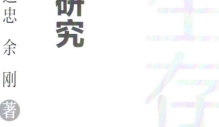

厦门大学出版社
XIAMEN UNIVERSITY PRESS

国家一级出版社
全国百佳图书出版单位

图书在版编目（CIP）数据

边缘化生存：三锹人历史文化与生存现状的人类学研究 / 余达忠，余刚著. -- 厦门：厦门大学出版社，2022.10

ISBN 978-7-5615-8634-1

Ⅰ. ①边… Ⅱ. ①余… ②余… Ⅲ. ①村落文化—文化史—研究—贵州 Ⅳ. ①K297.3

中国版本图书馆CIP数据核字(2022)第102587号

出 版 人	郑文礼
责任编辑	林 灿

出版发行 厦门大学出版社

社　　址	厦门市软件园二期望海路 39 号
邮政编码	361008
总　　机	0592-2181111　0592-2181406(传真)
营销中心	0592-2184458　0592-2181365
网　　址	http://www.xmupress.com
邮　　箱	xmup@xmupress.com
印　　刷	厦门市明亮彩印有限公司

开本	720 mm×1 000 mm　1/16
印张	20.25
插页	1
字数	302 千字
版次	2022 年 10 月第 1 版
印次	2022 年 10 月第 1 次印刷
定价	98.00 元

本书如有印装质量问题请直接寄承印厂调换

厦门大学出版社
微信二维码

厦门大学出版社
微博二维码

目　录

引　言

在田野发现和研究三锹人

一

　　1991 年,我还在黔湘桂边区贵州一侧的黎平一中任高中教师,高考后分数还没有出来的那一段日子,我与同事潘健康到黎平西北尚重片区学生家走访。在黎平、剑河两县交界的著名大山老山界下一座叫卑翁的苗寨住了几天,并走访了周边归乜、乌孟等几座侗寨,建立起对于民族聚居杂居现象的感性认识。

　　在学生程周烈、夏景富等的引导下,我们白天在卑翁苗寨与苗家姑娘交谈,听她们一首接一首的情歌吟唱;晚上,又带着手电,到距卑翁四里远的归乜侗寨去,与寨上的四个侗家姑娘行歌坐月。那时,大家都还是不到 30 岁的青年,还沉湎于青春的激情中,对于爱情还有着热烈的向往与想象;学生们正值青春冲动的年纪,正是对爱情充满憧憬的时光,更是热衷于与苗家侗家姑娘交往,与姑娘们动了真情,陶醉在爱情的状态中……很多年、很多年过去了,青春时期的情景一直让我耿耿于心,以至于我在 2011 年出版的一部专著中描绘那段时光时,都还是情意缱绻。"我到达卑翁的当晚,学生们就带我到归乜去,将归乜的四个姑娘都约出来,在花园里行歌坐月。'行歌坐月'是侗族男女青年谈恋爱的简称,花园即男女青年谈情说爱的场所,一般设在寨外树林中、溪流边,或者寨外的谷仓脚、牛棚里。四个姑娘都很大方,很乐意与我们这些远方的青年交谈,已经高考结束了的学生们也很投入、很放松,真诚地向姑娘们表达着他们青春的情愫与爱意。我感觉到,姑娘们差不多已经爱上这些年轻的学生了。第三天晚上,学生们不带我到归乜去了,而是就近带我到卑翁寨边的坡墁处,说这里是卑翁的游方场,一会儿就会有姑娘来与我们唱歌。我将信将疑地站在路边的一棵大树下,在黑暗中静静地等待,不知道会不会有姑娘从黑暗中浮出来,向我们传送柔情的歌唱。这时候,已经是晚上 11 点钟了,乌孟河从深深的黑暗中流来,在山脚的拐弯处震荡一下,然后又静静地向黑暗深处流去,寨子渐渐安静下来,火把在远远的村巷里闪一下,就不见了,狗的吠声短促而苍白,仿佛一发出来就被黑暗淹没了,几粒刚才还在闪烁的星星也不知什么时候被风吹走了。姑娘们或许不会来了。突然间,我们都很想念归乜的那几个侗族姑娘,相信她们一定还在花园里等待我们到来。我们决定到归乜去,见那几个与我们唱了几天情歌的侗族姑娘,表达我们内心的感动与欢喜。这时候,看到手电的亮光在村巷摇晃,听到有轻悄的笑声从寨子里传来。景富说,是姑娘们来了,你们在游方场陪她们。然后自己从另一条路折回家去了。不一会,姑娘们就到了我们身边,在另一棵大树下站定了。我们用手电光照过去,看到五个十六七岁、穿着苗族盛装的少女。一下子面对这么多外地客人,她们腼腆而惊慌,像几只误入了牛群中的黄羊。眼尖的周烈发现,站在最前面的那个娇小的姑娘,正是白天为我们洗菜的'儿',她是景富的堂妹。这时候我们就理解景富要先我们回家的原因了,这几个姑娘都是景富房族的姑娘,是景富让她们来陪我们的。'儿'的名字用苗语叫起来很有音乐感,她说话也柔柔的,像一支曲子一样,一整天,我们都与'儿'说笑,唱歌一般大声唤着'儿'的名字。现在'儿'又站在我们身边了,而且是作为情伴站在我们身边,羞涩地、充满情意地望着我们。我们一下子兴奋起来,拖长语调,大声地唤着'儿'的名字,要'儿'为我们唱歌。为我们的兴奋感染了,姑娘们也放松下来,一脸笑意地站到了我们站着的树下来。后来,姑娘们就为我们唱起了歌,是苗家人欢迎远方客人到来时所唱的苗族飞歌。歌声敞亮、高亢,一上来就在一个高度上,从头顶上升上去、升上去,升到浓稠的云层中,还在倔强地缭绕着,似乎要从深密的黑暗中拔一片璀璨的星光来……"①这是我最早从乡村田野获得的爱情感觉,几乎成为我一生中最为温暖和甜蜜的珍藏。

从尚重回来,经过大稼乡,健康邀请我去他家。他家在距大稼乡所在地有十来公里远的岑趸村,从大稼东北方向翻山而去。出了大稼街上,公路一直抬升,蜿蜒着向岑舍坳深处延伸。我们顺着公路慢慢地走,听健康介绍这一带的风情习俗。过了岑舍坳,走在一段盘山公路上时,健康说,这公路上坎,有一个很大的寨子,叫岑努,是一个多族群聚居的村寨,有侗族、苗族、汉族,还有三锹人。大家共居一寨已经有几百年了,各有自己的语言,各行自己的习俗,但彼此间都听得懂且会说对方的话,寨子中的每个人,都会四种语言,即侗语、苗语、汉话、三锹话。几个族共居一寨,好像是杂居,但在寨内其实是各族聚居在一起,分层居住,住在最高岭上的是苗族,傍着公路上坎的是汉族,中间山墁居住的是侗族和三锹人。这是我第一次知道三锹人——健康是三锹人,但从来没有真正留意过三锹人——健康这样介绍后,才在意识中真正记住了三锹人。我们没有进岑努寨上去,而是顺着山路走,到一个更大的纯粹的三锹人村寨岑趸去。我在岑趸住了两天,第一次建立起了对于三锹人和三锹人村寨的感性认识。回来后,我在日记中记下了自己的感想,随后也就渐渐忘记这次行程了。但我没有想到,这一次的行走,却结下了我与三锹人、与三锹村寨的深深的缘分。

2000年,贵州省文联举办一次人类学高级培训班,要求每个人报一个民族文化选题。蛰伏在记忆深处的岑努一下子浮了上来,我也一下子抓住了岑努多个族体共居一寨的文化意义。我决定将岑努作为个案来研究。我的想法当即得到省文联的支持,我的选题被列入贵州省本土文化研究丛书中。培训班结束后,我立即到岑努进行田野调研,第

① 余达忠:《原生态文化:资源价值与旅游开发——以黔东南为例》,北京:民族出版社,2011年,第203~204页。

二年,写出了《走向和谐——岑努村人类学考察》^①的专著。这本随笔性的学术专著出版后,在贵州民族学界有很好的反响,《贵州日报》《今日文坛》《当代贵州》等都予以评介,还获得贵州省第二届文艺奖三等奖。但随后的十余年,由于各种因素,我没有再到岑努,也几乎不再关注三锹人。然而,那些俨俨地依立在高高的山岭坡塝上的三锹人村落一直时不时地闪现在我的记忆中,那些与三锹人相厮相守的日子总会时不时地给我温情的回忆,三锹人糊米茶略带焦苦味的清香也总是飘荡在我的梦境中……或许我在等待一个时机,或许还需要一个事件的触动。

2013 年春季——我已经从贵州到福建工作很多年了——在闽西北的一次旅行中,与我坐一排座位的是一个 30 多岁的青年人,通过他接电话的话语判断,他是黔东南黎平人,而且就应该是三锹人。

"是贵州人?"

"是。"

"黔东南黎平人。"

他很诧异地看着我,没有想到在遥远的东南闽地,一个素未谋面的人,居然一下子猜出他是哪里人。

"你说的好像不是侗话。"

"是苗话。"

"好像也不是苗话。"

"是苗话——我是苗族。"

"我感觉不太像苗话。"我坚持说。

"这是我们地方特有的话,是锹话。"他沉默一会儿才说。

"那你是属于三锹吧!"

"你怎么知道的?"他更是诧异了,"你去过我们三锹啊!"

我不置可否地回答了他。

"你们三锹现在都变成苗族了啊?"

"原来我们都是三锹,身份证上也是三锹。后来国家说没有锹族,

---

① 余达忠:《走向和谐——岑努村人类学考察》,贵阳:贵州人民出版社,2001 年。

就将锹改成了苗——你不改就办不了身份证,没有身份证就出不了门。在外面,你说是三锹,说半天也说不清楚,就干脆说苗族了。"

我还想与他进一步交谈下去,但他半道上下车了。

回到我所工作的大学,关于三锹人的一系列问题浮了上来。这个曾经获得过待识别民族身份的族群,现在是怎样一种状态呢?对于三锹的称谓和身份,他们是怎样的态度呢?他们与周边的苗族、侗族、汉族还是那样和谐相处吗?学术界有人关注过他们吗……

一个又一个的疑问系在心上,让我一直不能释怀。我查阅了文献,除了中山大学的邓刚博士写过与三锹人有关的论文外,学术界再没有人关注过三锹人,三锹人的研究几近于空白。一下子,一种责任感和使命感涌上心头。我既然是第一个关注三锹人的学术中人,那就将中断的研究继续下去,对三锹人的历史文化和生存现状等各方面,进行深入的考察研究。在由全球化推进的迅速一体化、同质化的社会进程中,将三锹人辨识出来,目的不仅在于文化研究或者民族研究,更在于昭示这个少数族群在文化上的存在感,在于强调和肯定他们的存在,强化他们对于自身存在的信心。

天遂人愿,2014年,我以三锹人生存现状调查为研究对象的课题获得了国家社科基金西部项目的立项,这更推动和促进了我对三锹人的研究。

从2014年暑期开始,我走上了在田野中发现和研究三锹人的道路。

二

三锹人,又称三撬人、三鳌人(在当地方言中,锹、撬、鳌均读为"qiao"、平声),是居住在黔东南苗族侗族自治州黎平县、锦屏县交界区域的清水江支流乌下江和八洋河流域的一个独特族群,是20世纪80年代贵州省认定的23个待识别民族之一,拥有作为待识别族群的政治身份与文化身份。至 20 世纪 90 年代中后期,随着民族识别工作的强力推进,贵州省民族识别工作领导小组取消了三锹人待识别民族身份待遇,将之认定为苗族,少数三锹人根据自己意愿认定为侗族。黎平县三锹人主要分布在大稼乡、平寨乡,据 1984 年三锹人族属调查时的人口统计,有 521 户,2488 人。黎平县三锹人主要聚居在岑迶、乌山、乌勒、俾嗟、岑努、董翁、归斗、乌碰、归雅、平底、眼批、俾雅、唐途、高练等 14 个自然村寨。锦屏县三锹人主要分布在启蒙、平略、固本、河口等乡镇,据 1984 年三锹人族属调查时的人口统计,有 738 户,3898 人。锦屏县三锹人主要聚居在岑梧、中仰、高表、九桃、俾党、格朗、九佑、平塘、岑果、美蒙、下瑶光、上瑶光、八龙等 13 个自然村寨。

黎平、锦屏两县的三锹人主要居住在被称为黔东南母亲河的清水江中游区域,分布于清水江支流乌下江、八洋河流域的崇山大岭深处,与汉族、苗族、侗族杂居。一部分三锹人独立立村建寨居住,一部分三锹人与汉族、苗族、侗族同村共寨居住,三锹人村落相距都在 7～8 公里以远,甚至近百公里,交通非常不便。长期以来,与之一起生活居住的汉族、苗族、侗族一直将三锹人作为一个独立族群看待。在三锹人居住区域,汉、苗、侗、三锹是分得很清楚的族群概念,个人对于自己的族群身份也非常明确。即便被认定为苗族、侗族,三锹人在族源、文化、语言、习俗、婚姻等诸多方面,仍然维护着对于三锹的认同,周边与之一起生活的汉、苗、侗族群,也一如故往地称之为三锹或者锹佬,视之为一个独立族群。

三锹人有自己的语言——三锹话。三锹话不同于苗语,也不同于侗语,是介于苗语侗语间的一种语言。苗语有三个方言区,即东部方言区、中部方言区和西部方言区,每个方言区又分为许多土语区,黔东南苗族均操中部方言区苗语。各土语区间的苗语可以互相交流,但三锹话与各土语区的苗语均不能交流,三锹话与苗语的同源词汇约在30%～40%,说三锹话的三锹人普遍会说与之生活在一起的苗族的方言土语,但当地苗族大多不会说三锹话。三锹话与当地侗语的同源词汇约在 40%～50%,说三锹话的三锹人普遍会说与之生活在一起的侗族的侗语,但当地侗族人普遍不会说三锹话。侗语分为北部和南部两个方言区,黎平西北部和锦屏启蒙、平略一带,是侗语南北方言区的过渡地带,南北方言区间大体上能够进行交流,而三锹人正生活于南北侗语分界线上,但三锹人的侗语更偏向于北部方言,无论发音还是词汇,都以北部侗语为底子。学者石林教授进行过相应研究。① 三锹人是从湖南靖州、会同和贵州天柱远口辗转迁徙来的,在族源上与湖南靖州三锹乡的苗族形成认同。三锹人根据祖先的来历、迁徙的路径及受其他族群文化的影响情况,内部又分为"汉锹""苗锹""侗锹"。受汉族文化影响更多,语言上与汉语有更多同源性的称为"汉锹";受苗族文化影响更多,语言上与当地苗族土语有更多同源词汇的称为"苗锹";受当地侗族文化影响更多,语言与当地侗族土语有更多同源词汇的称为"侗锹"。在文化习俗上,三锹人始终维护自己的传统,比如吃糊米茶、唱三锹歌、行三锹礼等。在婚姻上,在 20 世纪 80 年代以前,三锹人主要在三锹人村落间进行婚姻选择,很少与周边一起生活的汉族、苗族、侗族通婚。总之,无论从祖先来源上,或者是文化语言上,还是婚姻习俗上,三锹人都形成鲜明的自我认同,与周边族群存在明显区别,大体可以将三锹人看作一个独立族群。

三锹人的族属识别,是 20 世纪 80 年代初期开始的。中国共产党十一届三中全会之后,从中央到地方,各个领域都在进行拨乱反正。加强民族团结、保障少数民族权益、各民族一律平等也被提到政治的高度,对一些族属归宿不明确的族体可以进行重新识别,并在多民族省区成立了省(区)一级的民族识别领导小组。三锹人的民族识别就是在这个背景下,于 1980 年被提到了黎平县委、县政府的工作日程,1981 年初,黎平县"三锹人"族属调查工作组成立,挂靠在黎平县民族事务委员会,由省、州民族识别办公室进行业务指导。从 1981 年初至 1984 年底,工作组多次到黎平、锦屏两县所有三锹人村寨调研,并到三锹人祖源地湖南靖州三锹乡的三锹人村寨以及贵州天柱县竹林乡苗族、侗族村寨调研,在调研中找到一些有关三锹人规约记载的古碑,同时还查阅

---

① 参见石林:《湘黔桂边区三个族群方言岛——草苗、那溪人、本地人语言文化调查研究》,北京:中国社会科学出版社,2015 年。

了光绪《黎平府志》、光绪《靖州直隶州志》等历史文献。1984 年 6 月，黎平县召开了有省民族识别办主任、省民族识别工作队人员、黔东南州民委领导参加的"三锹人族属问题调查汇报会"，会后形成了《三锹人族属的调查报告》，认为，"三锹人在很早以前就以一个独立的单一民族而存在在社会上"；"对三锹人应当予以承认为单一民族，列入中华民族之林"。① 随后，贵州省民族识别领导小组将三锹人列入贵州省 23 个待识别少数民族之一。

三

黔东南苗族侗族自治州成立于 1956 年，是全国少数民族人口最多的民族自治州。2016 年，全州人口 477.43 万人，少数民族人口占80.3%，其中苗族人口 197.79 万人，占 41.43%，侗族人口 139.09 万，占29.13%。在黔东南州，苗族、侗族、汉族是主体民族，另有布依族、水族、瑶族、土家族、壮族、仫佬族、畲族等少数民族。黎平、锦屏位于黔东南州之东南部，是以侗族为主的多民族聚居县。黎平县 2016 年总人口56 万，其中侗族人口 40 万，占全县总人口的 71.43%，是全国侗族人口第一县，侗族之外人口依次排列为苗族、汉族、瑶族、壮族、水族等。锦屏县 2016 年总人口 23.4 万，以侗、苗、汉为主要民族，少数民族人口占总人口比重为 89.09%。三锹人所聚居的两县交界的乌下江、八洋河流域，是一个多民族聚居区域，以侗族、苗族、汉族人口为主体，各民族间呈现既聚居又杂居的多元居住格局。大多数情况下，是侗族、苗族各自建村立寨聚居，但也常有各族体共居一寨，在河流两岸、公路沿线，常有汉族与侗族、苗族杂居，而进入到山区深处，则主要是侗族、苗族聚居区。在这个多族群聚居区域，三锹人显然属于边缘族群，是在属于主体

---

① 黎平县"三锹人"族属调查工作组：《黎平县三锹人族属识别调查材料·三锹人族属的调查报告》，黎平县民族宗教事务局档案，全宗号 147 号。

族群的侗族、苗族、汉族之间生存,无论是从其人口数量,还是从其居住区域,都相对处于边缘和弱势的状态。

20世纪90年代,三锹人待识别民族身份被取消之后,根据三锹人的意愿和周边村寨所居住的民族情况,分别将三锹人归入苗族或者侗族中。黎平乌下江流域的三锹人主要归入苗族中,锦屏八洋河流域的三锹人主要归入侗族中。至今已经过去了二十余年,三锹人渐渐形成了对于苗族、侗族的认同感和归属感,成为具有多重认同感的族群,既在族群内部维护对于三锹人的认同,同时,在外也维护对于苗族或者侗族的认同。

在黎平、锦屏交界区域,虽然聚居杂居着多种族群,各族群间似乎也没有特别明确的区分,外人似乎对于他们的身份也不得要领,但对他们而言,对于自身和他者的身份,则从来是不言自明的。2000年,我在三锹人村落进行调研走访和撰写《走向和谐——岑努村人类学考察》的书稿时,就深深地感觉到,三锹人很在意于三锹人的身份,但又为这种身份得不到表达而焦虑。单纯在这些村寨间行走,你并不能判定出谁是三锹人,谁是苗族人,谁是侗族人,谁是汉族人,但当你与他们交流并涉及身份时,他们会执意地告诉你自己是什么人,是苗族、侗族,或者三锹人,或者汉族,因此,只能通过深入的田野调研,才能廓析出这一区域在民族学、人类学中所蕴含的意义。而对于三锹人而言,田野调研更具有决定性的意义。

当我决意再一次从民族学、人类学视角来走访研究三锹人时,我发现随着时间的流逝,很多俨然分明的事情,也渐渐地在时间中变得莫衷一是。三锹人似乎渐渐成为一个历史词语被人遗忘了。2000年前,"三锹人"在黎平县还多少是一个具有一定政治象征意义的概念,黎平县在分配尚重片区各种代表(主要是县乡人大代表)名额时,往往会注明其中有几个三锹人名额,而且这个时期,三锹人的身份证上,在民族成分中还印着"锹"或"三锹"。2000年后,在分配各种代表中没有再专门注明三锹人了,而且随后全面换发第二代身份证时,不再有"锹"或"三锹"的名称,只能更改为苗族或者侗族才能办下身份证。待识别民族身份的取消,使得"三锹人"这个符号不再具有政治意义,从政府和政策层面上,就被许多人渐渐地淡忘了。确实,2014年,我就课题研究到黎平县和锦屏县与有关部门接洽时,就有许多人对于三锹人不甚了了,甚至浑然不知。从20世纪后期开始,三锹人村寨也与其他苗族侗族村寨一样,匆匆地汇入全国性的打工潮中,大批中青年三锹人开始走出村寨,走出县境,走出省域,到东南沿海去打工谋生。三锹人走出族群边界,其身份意义就突显出来了。说自己是三锹人,但在中国的民族中又没有三锹这个民族,他们不知道怎样对自身进行身份表达和陈述,而且,他们又必须要换发身份证,还必须要接受身份证上苗族或者侗族的身份。当生存和发展成为更紧迫的当下时,其身份的意义也就不是最重要的了。渐渐地,三锹人就接受了政治和时代发展所赋予的这个身份,那些正在成长起来的青年人,在还没有形成身份焦虑时,就已经接受和认同他们新的身份了,甚至有些青年人忽略了三锹人的身份。我在锦屏县最大的三锹人村寨中仰调研时,遇到两个刚刚进入大学的大学生,他们对于自己的三锹人身份就几乎一无所知,而更多地认同于侗族,认为自己一直就是侗族。在那一瞬间,我甚至怀疑三锹人作为一个族群的存在。

其实在我们当下这个日益多元化的社会里,在当下日益具有包容性的社会环境中,在社会发展越来越开放的时代进程中,三锹人作为一个族群就一直存在着,而且,也与全国所有民族地区人口数量较少的族群一样,在发展着、进步着,感受着我们时代的脉动,与时代的发展进程也几相同步。即便在政治权益上,严格地说,三锹人的政治权益是一直得到充分保障的,其政治权和文化权都是得到充分表达的——并入苗族或者侗族中的三锹人,就一直享有与苗族或者侗族完全对等的相应的政治权和文化权,享有作为少数民族在中国政治生活和文化生活、经济生活中所应有的所有待遇。因此,对三锹人的调查研究,不是要纠结于三锹人的政治权益和诉求,更不是为了强调或者恢复三锹人的所谓政治身份,而是要从文化意义上,来追溯、描述三锹人作为族群而体现出来的人类学特征,从人类学视角廓析三锹人作为族群的社会历史进程和发展脉络,表现三锹人的语言文化和风情习俗,论述三锹人的文化认同和族群认同,揭示三锹人在黔湘桂边界区域这个多民族环境中的文化生活、经济生活,阐释三锹人融入多民族共生环境中的生活状态及其所体现出来的含义、价值及范式意义,探究明清时期黔湘桂边界区域这个多族群共生环境中,各族群间的关系、生计方式、社会发展、生产状况,以及中国社会向近代转型进程中,作为边地和边疆的少数民族地区的文明进程与各少数族群由自在到自觉地融入中华民族的历史进程。

三锹人作为多民族聚居区域的一个边缘族群一直存在着,这是毋庸置疑的。但对三锹人的进一步了解、认识、研究,就必须要进入真实的田野,要在田野中去发现和调查、研究三锹人。唯有立足于真实田野的调查研究,立足于黔湘桂边区这个多族群共生共存的社会环境和历史发展进程,才能全面地了解三锹人,才能将三锹人真实的历史文化和生存现状描述揭示出来,才能勾勒出三锹人作为边缘族群的真实的文化面貌和族群特征。

在田野中发现和研究三锹人,这是本书研究的唯一方法。

第一章
黔湘桂边区的开发、多族群
社会的建构与三锹人的形成

第一节 作为地理与文明边缘的
黔湘桂边界区域

黔湘桂边区作为地理边界存在,是在明代贵州建省之后;而其作为一个地理空间存在,则有亿万年历史。

黔湘桂边区即以三省坡为交汇点的贵州、湖南、广西三省(区)边界区域。在地理上,这一区域正是属于贵州的苗岭、湖南的雪峰山脉、广西的越城岭的交汇地带。位于苗岭东南缘的贵州的天柱、锦屏、黎平、榕江、从江,位于雪峰山南部的湖南的会同、靖州、城步、绥宁、通道,横立于越城岭的广西的三江、龙胜、融水就属于所界定的黔湘桂边区。面积约在 3 万平方公里,人口有 200 余万,是一个以侗、苗、汉为主体民族,瑶、水、壮、仫佬等众多民族共同聚居的多民族区域。

在地理上,黔湘桂边区处于云贵高原向东南丘陵的过渡地带,属复活山地地貌类型,经历了 14 亿年的地质构造和发育过程。其地貌景观形成于第三纪之后,是在燕山运动的基础上发育起来的。燕山运动发生在 14000 万—7000 万年前的侏罗纪末至白垩纪末,地壳急剧抬升隆起,地形被切割,在内外营力相互作用下形成截然不同的溶蚀地貌、侵蚀地貌、堆积地貌,广泛发育于山地的数级夷平面,被水系切割成零星分布的台面及标高近似的峰项面,之后,更强烈的喜马拉雅山造山运动,导致地壳进一步抬升隆起,最终形成岩溶地貌和侵蚀堆积地貌景观。

黔湘桂边界区域属于典型的云贵高原山地地区。山势连绵,逶迤磅礴,山体庞大,切割纵深,地貌形态发育完善,有峰丛、峰林、石林、溶洞、溶洼、天生桥、暗河形态,极具观赏价值。贵州境内系苗岭余脉月亮山山系、十万大山山系和雷公山延伸峰岭南段区域,主要大山有青山界、老山界、月亮山等。湖南境内主要为雪峰山延伸峰岭,属中国地形第二阶梯之东缘,地势由西北向东南倾斜,地面被切割成大小不等的小盆地、台地和高峰、沟谷、陡坡,相互交错,山峦重叠,千姿百态;河床多被切割成峡谷,坡陡流急,梯级裂点多,水能资源丰富。广西境内主要是越城岭北端山系,峰峦起伏,重叠相连,正处于云贵高原东南缘之边缘地带,高山环峙,峡谷纵横,西北端之白云山,海拔 2100 米。整个黔湘桂边区,除有少量面积狭窄的小盆地(当地俗称坝子)外,大部分区域都属于海拔 500～1000 米的山地地区,几乎具备云贵高原东端地势的所有特征。

从水文特征上来看,这一区域系长江水系中游支流和珠江水系上游支流交汇地区,流经这一区域的清水江和渠水,是长江重要支流沅水的上游;而从月亮山西边向南流经广西三江的都柳江,则属于珠江上游的重要支流。横亘于贵州黎平、湖南通道、广西三江三县交界的三省坡,也是长江水系和珠江水系的分水岭,三省坡以北的溪河均向北汇入沅水,属于长江流域;三省坡以南和以西的溪河,向南汇入珠江,是珠江流域的上游区域。黔湘桂边区的主要溪河有清水江、都柳江、渠水、四寨河、洪洲河、亮江、乌下江、溶江、浔江、孟江、平等河等。

总之,从地理形势看,黔湘桂边区属于云贵高原的东南边缘,具备云贵高原山地的所有特征,是典型的高原山地区域。从地理空间看,黔湘桂边区处于中南、西南、华南三大区域的交汇地带,属于三大区域的边缘地区;从山川构成看,苗岭、雪峰山、越城岭三大山系的交汇,天然地将黔湘桂边区归属为长江中游支流和珠江上游支流的发源区域和边缘区域。可以说，黔湘桂边区在地理上也具有边地性、边缘性特征。

　　从文明发生以来，黔湘桂边区一直属于传统意义上的边缘区域、边地区域。如果以华夏（即后来谓之汉）为中心，湘黔桂边区自古以来就属于边缘区域。春秋战国时代，这一区域广义上属楚，但属于楚的边缘区域。屈原曾经流放到楚的边地溆浦，距这一区域都还有三四百里之遥。秦代属黔中郡，汉代为武陵郡镡城县地和西南夷徼外，中央王朝对这一区域的统治只是徒有其名。直到宋代，这一区域都还属于羁縻州诚州辖地，处于"入版图者而亡其实"的状态中。清道光朝《黎平府志》言："黎平旧属荆州，在西南夷徼外，夏商以上不与中国通。"①在秦代，这一区域属于广义上的黔中郡、牂牁郡范畴，汉为武陵郡镡城县地，唐时改为黔中道辖地，设有龙标尉②，广西一侧则属融州。总体上，这一区域，在宋以前，都属于蛮夷之区，没有正式纳入中央王朝的行政统治中。最早纳入中央王朝统治的，是湖南一侧的靖州地区。北宋太平兴国五年（980年），"土人杨通宝入贡，命为诚州刺史。元丰三年（1080年），以沅州之贯堡砦为渠阳县，隶诚州。元祐二年（1087年）七月，改渠阳军。崇宁二年（1103年），杨晟纳土贡，改曰靖州，隶荆湖北路，始领县三：永平、会同、通道，永平附郭。元至元十二年（1275年）立安抚司，明年改靖州路总管府，是为靖州路，领县如故，隶湖广"③。贵州一侧的黎平、锦屏等地，则是在元明时期才纳入中央王朝的正式辖地。道光《黎平府志》言："黎在宋元以前，地无专属，史亦未详。"④整个越城岭西北的这片广大地域，全然属于各部落自治社会，即司马迁《史记》所云"世无君长，亦不相统属"的状况。到了宋元时代，偏安于南方的统治者开始关注属于西南夷的这一片广大区域，从政治上、军事上、经济上、文

① 《黎平府志（上）》，黎平县县志编纂委员会办公室校注，北京：方志出版社，2014年，第249页。
② 关于龙标尉治地，一直有两种说法，一说在贵州锦屏县之隆里乡（旧称龙里），一说在湖南怀化之黔城。
③ （清）吴起凤修，唐际虞纂：《靖州直隶州志·地理形势》，长沙：岳麓书社，2012年，第22页。
④ 《黎平府志（上）》，黎平县县志编纂委员会办公室校注，北京：方志出版社，2014年，第249页。

化上对这一片区域实行统辖、管制。"元世祖至元二十年（1283 年），九溪十八洞叛，讨平之，定其地可以设官者，大处为州，小处为县，乃立古州八万军民总管府，听顺元路宣慰司管制，置贵州等处长官司，领于顺元安抚司。此贵州之名自始也"①。古州八万军民总管府在今黎平县西北罗里乡地。从元代开始，在今黎平、锦屏、从江、榕江等地，总计设置有十四个蛮夷长官司，对这一区域实行土司管辖制度。明朝建立后，生活于这一区域的侗苗人民不满于汉族的统治，不断进行反抗，尤其是明洪武十八年（1385 年），以黎平兰洞侗族首领吴勉为首的侗族苗族人民举行大起义，波及黔湘桂边区，义军人数号称二十万众。中央王朝惊动，特派信国公汤和为征蛮将军，由楚王桢率领征剿。为平定吴勉义军，于洪武十八年在黎平境域设立五开卫，永乐十一年（1413 年）设立黎平府、新化府，后新化府并入黎平府。府辖县三、长官司十四，主要地域即今黎平、锦屏、从江全境及榕江、天柱、剑河等县部分区域。横亘于越城岭的广西境域，也是在元明时期纳入中央王朝正式行政建制中的。民国《三江县志》载："县建于宋，在汉俱镡中北境蛮地。南北朝为齐熙郡地。隋为义熙地。唐初属融州，而一部为古州蛮地。五代因之。宋至和中（1054—1055 年）置三口寨；崇宁四年（1105 年）即融水县三口寨置怀远军，后改为平州，并置怀远县；政和元年（1111 年）州县俱废，仍为寨，寻复置州。宣和二年（1120 年）赐名怀远郡，州并。绍兴四年（1134 年）又废，复为寨，十四年（1144 年）复置县，属融州。元因之。明洪武八年（1375 年）后又废县，置三江镇巡检司，十三年（1380 年）复置县，属柳州府。清因之。民国仍为怀远县，民国三年（1914 年）改名三江，二十一年（1932 年）迁至古宜。"②从文化地理来看，黔湘桂边区的边界，是在元时形成的，至明朝初期，黔湘桂边界基本稳定下来，其格局一直维持至今。

黔湘桂边区中，属湘的靖州、会同、通道、城步、绥宁是最早得到开

---

① 《黎平府志（上）》，黎平县县志编纂委员会办公室校注，北京：方志出版社，2014 年，第253 页。

② 广西壮族自治区编辑组：《广西侗族社会历史调查》，北京：民族出版社，2009 年，第 17页。

发的区域，但也一直处于传统华夏的边缘地带。光绪《靖州直隶州志》对此有恰当的描述：靖州"重湖二广保障，实南服之要区。山溪重复，道路险绝。五老在其左，飞山属其右，侍郎巍立于前。岗峦错峙，风气融结。南距广西，东障湖南，北抵辰沅，西极夜郎。汉牂牁武溪之间，乃荆楚西南之地。山川险阻，为辰沅宝武之蕃篱。西连施黔，南抵交广，东接都梁，正湖右四塞咽喉之帮。辰沅障其东北，思播抗其西南，左钤五开，右辖铜鼓，东连宝武之冲，西扼铜五之阬，南拊玉融之背，北通贵竹之襟，为全楚一建瓴锁钥"①。"南服要区""蕃篱之地"是对其边缘性和边地性特征的最形象的表达。清康熙三十九年（1700 年），任黎平知府的泾阳人傅和鼎在为《黎五合志》作序时说："黎五远处边陲，孤悬蛮壤，距会城一千余里，环列崇山，置府卫历数百余年，因循旧习，幸沐熙朝之雅化，摩义渐仁，喜沾圣主之恩膏，沦肌浃髓，虽夙称为要服，已共列中帮大一统以垂模。"②剔除其颂恩因素，其本质表达的还是其作为边地要服的地理位置，即"蛮壤"之区。黎平府于明永乐年间建立之后，介于黔楚二省间，在两省看来都是鞭长莫及之地，距黔省省城贵阳和楚省中心长沙都是千里之远，是典型的边地。从明至清，为黎平府及与黎平府同城之五开卫归黔还是属楚，曾进行了持续三百年的争议。③明代贵州巡抚郭子章说黎平府："黔使曰是绝徼也，安能越楚而治？楚使亦曰彼直外藩，以虚声示要约耳。"④即便到了光绪朝续修《黎平府志》，对于其山川形势的表述，仍然强调的是其边地性和边缘性："黎平形胜：五龙蜿蜒，二洞盘纡。百蛮之窟穴，通一线之羊肠。襟带靖沅，屏障楚粤。山溪险峻，东南奥区。四围俱山，正东北一线可通腹地。高山密瘴，率

---

① （清）吴起凤修，唐际虞纂：《靖州直隶州志·地理形势》，长沙：岳麓书社，2012 年，第21 页。

② 《黎平府志（上）》，黎平县县志编纂委员会办公室校注，北京：方志出版社，2014 年，第253 页。

③ 吴春宏：《明清时期黔楚边境的府卫纠纷——以黎平府五开卫为例》，《中国历史地理论丛》2014 年第 2 期。

④ （明）郭子章：《黔记》卷 17，《学校志下·黎平府属》，载《北京图书馆古籍珍本丛刊》史部第 43 册，北京：书目文献出版社，1988 年，第 363 页。

多险阻。"①即使在明代被列入中央正式版图，成为流官治下之郡县，黔湘桂边区的边缘性和边地性一直是突出的，就是地方统治者，也只能莫可奈何地承认这样的事实。明代奉敕总理粮储军务兼巡抚应天等处地方都察院右副都御史马余立，在其《复怀远县治记》中，对怀远的表述，强调的还是其边缘性和边地性："崇宁中（1102 年）即置怀远军。寻改平州，已复为怀远县，历元到明肖太祖高皇帝即位八年，命将出师，荡平南服，溪峒诸蛮咸悚惧，争纳土效赟，原世世受约束，此内县，遂其故，弗诛焉。然其地界黔楚之交，距郡城数百里而远，皇威弗及，彝德无厌；吏治之者，大抵羁縻而已。"②"皇威弗及""大抵羁縻而已"，这其实一直是整个封建时代黔湘桂边区边缘性、边地性的真实写照。

黔湘桂边区的这种边缘性、边地性，固然与其地理环境密切相关（重峦叠嶂、山高谷深的地理环境为人类的生存增设了许多困难，不太适宜人类生活），但更重要的原因还在于其政治上和文化上所处的边缘性和边地性特征。

历史学者鲁西奇在分析中国历史的空间结构时，参考学者冀朝鼎、施坚雅和许倬云的观点，提出了"核心区"和"边缘区"的概念。核心区即"受到历代王朝特别重视，据之即中心控制全国的特殊地区，并不就是当时经济最为发达的地区，而主要是可以提供王朝统治所依靠的兵甲（军兵）、衣食（财赋）、人才（文武官员）以及合法性的地区，即兵甲所出、财赋所聚、人才所萃、正统所寄的地区"；"核心区集中了王朝统治最重要的武力、财富、人才与文化资源，只有控制了这样的地区，才能控制并进而统治全国"。③ 在提出核心区概念的同时，他提出了"内地的边缘"的概念。内地的边缘即指"处于中华帝国疆域内部，但却并未真正纳入王朝国家控制体系或国家控制相对薄弱的区域。在内地的边缘区域，国家权力相对缺失，地方社会秩序建立多有赖于各种地方势力，遂

---

① 《黎平府志（下）》，黎平县县志编纂委员会办公室校注，北京：方志出版社，2014 年，第 1096 页。

② 广西壮族自治区编辑组：《广西侗族社会历史调查》，北京：民族出版社，2009 年，第 23 页。

③ 鲁西奇：《中国历史的空间结构》，桂林：广西师范大学出版社，2014 年，第 12 页。

图 1-1　建府 600 余年的黎平古城(陈启鹏 摄)

形成政治控制方式的多元化;其耕地资源相对匮乏,山林、矿产资源丰富,民众生计方式多种多样;人口来源复杂多样,多为社会体制之外的边缘人群,社会关系网络具有强烈的边缘性;在文化方面,异端信仰、民间秘密宗教等非正统意识形态有较大影响"①。对照明清时期的黔湘桂边界区域,可以说,在宋元时代,黔湘桂边区作为一个区域正在形成中,刚刚正式纳入中华帝国版图之中,正处在由化外之区向化内之区的转型进程中,而到了明朝中后期,黔湘桂边区已然完成了化外向化内的转型过渡,成为既入版图、又名其实的中华帝国正统的一部分,但比较那些更早成为华夏正宗的地区,比较那些社会形态和社会生产力更发达的区域,黔湘桂边区显然符合"内地的边缘"的特征,是中华帝国版图

---

① 鲁西奇:《中国历史的空间结构》,桂林:广西师范大学出版社,2014 年,第 16 页。

中典型的内地的边缘地区。这是从政治、经济、教化和文化上对于黔湘桂边区的界定。

我们还可以从黔湘桂边区纳入华夏的进程中来进一步分析其在文明进程和文化发展中的边缘性和边地性。

"华夏"是一个内涵意蕴丰富的词汇，是以汉文化为核心的中华文明的一种隐喻性的表达方式。在现代意义上，华夏代表着整个中华文明，甚至代表着生活于中国这片广袤土地上的所有族群，中国与华夏、中华文明与华夏文化，很大程度上是等同的。但进一步追溯发现，华夏实际上是春秋时代就形成的概念，是以中原为核心，由一个自称为"夏"的部落逐渐扩展而形成的具有联盟性质的部落集团；以夏部落为核心，其他部落逐渐汇聚，构成一个众多部落结盟的集团，之间在政治上、军事上和文化上形成共同的认同，即由一个"夏"扩展为"诸夏"，渐渐地就引申为"华夏"——华即花，有众多、繁盛的寓意。著名历史学家王明珂说："'华夏'的愿意可能是'诸夏'；'华'也就是'花'，有众多繁盛之意。然而约由春秋战国时代，'华夏'逐渐由复数词变成单数词，且'华'本身成为夏的同义词。这个词的变化，也反映着由春秋到秦汉，华夏由多元到一体的过程，其在政治上的反映，则是秦汉统一帝国的出现……'华夏'，这是形成于战国时期以'黄帝（或以及炎帝）后裔'文化性血缘想象彼此认同的群体，因而此群体更不包括汉帝国所有的人，而只是有家族之'姓'且家族祖源能与黄帝、炎帝后裔血脉相联结的群体。"[①]在秦汉时代，几乎所有王侯贵族，在叙述其宗族的历史时，无不通过记忆的遗忘和重组，强调与黄帝、炎帝在文化血缘上的关联性，强调其作为夏的后裔和继嗣的正统性、正宗性，而这些王侯贵族则又是汉王朝的代表和象征，自然，其帝国内的人民，也会在自觉与不自觉中，认同于华夏。在这样的社会形势和文化表达的实践中，一个以华夏为核心的汉文明形成了，并渐次成为中华文明的基本内核。很明确，至秦汉时代，由于大一统王朝的建立，通过政治的、军事的、文化的融合，诸夏成了华夏，即

---

① 王明珂：《华夏边缘：历史记忆与族群认同》，杭州：浙江人民出版社，2013 年，第 153、215～216 页。

共同认同汉文明的华夏族群。而文明进程中的华夏化,本质上就成为中华文明凝聚的一个方向和趋势,华夏文明由此不断扩展,吸纳和融合周边其他族群,形成中华文明发展进程中的滚雪球效应。

黔湘桂边区,在"宋元以前,地无专属,史亦未详"。这个概括表明,在宋元以前,黔湘桂边区是没有被完全纳入华夏体系的蛮夷区域,生活于这一区域的各种人群,与作为华夏象征的汉族是有区别的,在华夏观念中,是不通声教的野蛮族群。因此各个朝代的史书文献中,都将这一区域称为"蛮境"。《史记》和《汉书》中,都对西南夷和南蛮有记载,记述了西南夷、南蛮和华夏的交往,但这种交往也主要是集中在几个大的部落集团中,也主要是在水域交通可以到达之地。而黔湘桂边区与华夏的交往,真正的文献记载,则是到了宋代洪迈的《容斋随笔》和朱辅的《溪蛮丛笑》。但他们的著述中,记述的也还是这一区域东北和东部边缘地区,而这些地区,其实正处于华夏向蛮夷的过渡地带上。王明珂通过历史人类学考察强调:"在汉代中国周边出现至少四种不同的'华夏边缘'。第一种是定居,行农业并统一于君的人群,如朝鲜、南越、滇等。第二是混合农业但并未统于国君的人群,如南蛮、邛都、筰都等。第三种是游牧且统一于中央化国家权威者,如匈奴。第四为游牧或半游牧而处于分枝性部落结构中者,如西羌。"[1]千百年来,历代统治者主要依赖两类标准来判断华夏和非华夏,即史书中反复强调的"非我族类"。一是是否实行定居和农耕的方式,二是是否有"统一于君"的社会组织。否则就属于"非我族类"的范畴。从秦汉以来直至近代,中国社会划分人群的标准主要是文化意义上的,即主要从文明开发程度上和社会组织上来确定,而不是从人种意义上或者区域地理上来区分。凡是文化上比较靠近的人群、社会组织相似的人群就可以看成为同类,即行定居和农耕的方式,并统一于君者,便可以归属为同类。正是依托这样的标准,从秦汉时代开始,华夏的边界不断由传统的中原(即中国),向四方扩展,形成汉代大一统的行政格局。用历史上的"中国"的"非我族类"

---

[1] 王明珂:《华夏边缘:历史记忆与族群认同》,杭州:浙江人民出版社,2013年,第231页。

的标准判定,整个西南就属于非华夏的范畴。王明珂说:"南方被秦汉中原之人称为'蛮'的人群,分为许许多多的地方族群:依汉代中原人对他们的分类,其中最主要的有武陵蛮、巴郡南郡蛮以及板楯蛮。他们聚居在山涧村落中,以种植、狩猎为生。汉代中国人以'蛮'这种对异族的泛称来称呼他们,是因为他们没有如匈奴、朝鲜等人群的'国家'组织。"[①]黔湘桂边区,在汉以后的漫长时期里,就一直处于中央王朝统治中有名无实的武陵郡时期,史书中对这一区域的各种族群的表述,几乎都是用"武陵蛮"的称谓。但历代统治者一直没有放弃对于"蛮夷"的教化和笼络,通过各种政治的、军事的、文化的方式,不断地将这些蛮夷区域纳入中央王朝的大一统的国家范畴中,使华夏的边界不断地向外扩展。汉代时,长江中游和沅水上、中游流域一带,都是"武陵蛮"和"廪君蛮"的核心地带,但历朝统治者通过设置行政建制(武陵郡)、减免赋税徭役、军事征剿、文化教化(改变族群记忆)等方式,使这一区域慢慢地纳入华夏大一统的格局中,至宋元时代,这一区域已然完成了华夏化的进程,成为名实俱存的华夏"族类",华夏边缘也由此推移到湘西和湘西南边界。

朱辅的《溪蛮丛笑》中,很多条目记载了黔湘桂边区东部和东北部边缘矿产资源和林木资源开发情况,有辰砂、金系带、粉红水银、砂床、水锈铁、丝金、出山银、脑子香、野鸡斑等,"出山银"条目中,就直接提到了靖州。"西溪,接靖州境,出铅。铅中有银。银体差黑,未经坯销,名出山银"[②]。朱辅大约生于公元 1150 年前后,在 40 岁左右完成《溪蛮丛笑》,时在湖南麻阳任小官。麻阳位于湘西,在当时正是华夏西部边地的最边界,向西和西南就是被称为生界的千里苗疆和黔湘桂边区。朱辅在其 5000 余字的篇幅中,很多篇幅介绍、描述的都是这一区域的资源。这里透露出一个信息,即从宋代开始,对于西南和南蛮境域的开发,渐渐成为一种国家策略。这是中国历史发展进程的一个必然结果。

---

① 王明珂:《华夏边缘:历史记忆与族群认同》,杭州:浙江人民出版社,2013 年,第 227 页。

② 符太浩:《溪蛮丛笑研究》,贵阳:贵州民族出版社,2003 年,第 149 页。

鲁西奇说:"南方地区历史发展脉络的主要线索之一,也就是来自中原旱作农业的专制主义中央集权的强权控制和经济掠夺,与立基于南方地区经济社会需求的分散、自给、自治倾向的传统,二者之间的矛盾、斗争与'协调'共存。"[①]正是中央集权的不断扩张,华夏的边界也不断扩展,至明清时期,黔湘桂边区就不再是异方、异域,而成为中华帝国的一部分,完成了其国家化进程。黔湘桂边区的国家化进程和黔湘桂边区各族群纳入中华民族的一体化进程,是一个循序渐进的历史过程,是一个由自在到自觉的历史过程。

但黔湘桂边区即便完成了其国家化进程,其实际的地位,则一直处于华夏这个巨大的圆圈中的边缘位置。从地理上看,相对于以中原为核心的王朝,黔湘桂边区处于边缘的位置。从经济上看,黔湘桂边区由于开发相对较晚,其经济发展远远落后于其他华夏区域,也属于典型的边缘区域。从文化上看,湘黔桂边区是汉文化与其他族群文化相融汇区域,既是汉文化的边缘区域,又是其他族群文化的核心区域,各族群(包括汉族族群)在这一区域犬牙交错、竞争生存的格局至少在千年以上,是著名的多族群区域。但又必须指出,相对于汉族作为华夏正统、正宗的王朝观念,生活于黔湘桂这一区域的各种族群,始终不能抹去其与生俱来的蛮夷痕迹,是大一统华夏族类中的边缘族群。

第二节　黔湘桂边区的开发与多族群社会的建构

湘黔桂边区,从来就是一个多族群聚居区域。基于族群是自然形成的文化共同体的观点,在这个区域,生活着作为主体且身份明确的汉族、苗族、侗族族群,还生活着许多人数更少、身份相对模糊的族群,如酸汤苗、草苗、那溪人、本地人、三锹人、瓦乡人、六甲人等。20 世纪 80

---

① 鲁西奇:《中国历史的空间结构》,桂林:广西师范大学出版社,2014 年,第 79 页。

年代人类学复兴,许多学者加入对这一区域的苗族、侗族历史文化研究中,卓有成效,但对于苗族、侗族概念下的亚群体——族群的研究,则基本阙如。21 世纪以来,开始有学者涉足这一区域的多族群关系,但未引起学术界重视,许多处于边缘状态且人数较少的族群体,尚未有学者进行研究。而随着各族群间交流融合的不断扩大深入,随着全球化的不断推进,随着经济一体化的全面渗透,那些处于边缘状态的弱小族群,其固有的文化特质和身份认同感正在消失、分化和瓦解,可以预计,未来不长的时期内,那些曾经在历史中存在、现在还作为族群存在的人群共同体,将会永远消失——这与生态系统中某一物种的消失一样,最终都会对人类文化生态产生不可估量的损失。对处于边缘状态的弱小族群的生存和其文化生态进行研究与保护,是维护文化多样性,促进社会文化全面繁荣的重要方面。

　　黔湘桂边区的多族群聚居现状,既是一种历史发展的结果,也是文明进程发展,尤其是区域社会不断开发的结果。从前者来说,只要具备一定数量的人群聚居,由于地理环境、社会选择等因素的影响,在一个相对广大的地域内,为获取生存和生产资源而进行的竞争,就会形成不同的族群;从后者来说,文明的发展,尤其是那些正在生长着的文明,会在竞争中表现出一种扩展的趋势,相对发达的文明体系进入到另一种相对滞后的文明体系中,会对此种文明体系形成推动和改变的作用,扩大社会的张力和承载力,促进社会向着多元化方向发展,形成另一种类型的多族群社会。后一种类型的多族群社会,很大程度上,是社会进步发展的重要推动力。著名历史学家汤因比就强调,文明是在接受挑战和面对应战中生长起来的。他说:"文明好像是通过活力而生长起来,这种活力使文明从挑战通过应战而达到新的挑战,而这样一种生长过程有内外两个方面。在宏观世界里,生长的本身好像是一个对外部环境的逐步占有力量;而在微观世界里,却又像是一个逐步自决或逐步自己进行调整的力量……对于一系列挑战的某一系列胜利的应战,如果在这个过程当中,它的行动从外部的物质环境或人为环境转移到了内部的人格或文明的生长,那么这一系列应战就可以被解释为生长现象。"①对于一个长期处于相对停滞状态的区域社会来说,真正的活力就应该是面临新的挑战并且能够从容面对这种挑战,进行沉着的应战。在以华夏为象征的汉文明未进入之前,黔湘桂边界区域,已然存在了千百年,但整体上一直处于部落社会时期,各个族群间缺少一种充满活力的因素的注入,即缺乏一种挑战和对于挑战的应战。这种局面,到了宋元时代开始发生了变化,其变化的动力就在于汉文明作为一种力量进入这个区域中,汉文明的这种具有挑战性或者挑衅性的进入,既改变了这个区域的人群构成,更重要的在于赋予这一区域一种生长的力量,即一种发展的活力与趋势。

因此,我们有必要从黔湘桂边界区域的开发来探讨其多族群社会的建构。

对这一区域最早的文献记载是南宋末年朱辅的《溪蛮丛笑》。在《钦定四库全书·溪蛮丛笑》提要中,对这一区域有过描述:"溪蛮者,即〈后汉书〉所谓'五溪蛮'者。章怀太子注称:'武陵有雄溪、樠溪、西溪、潕溪、辰溪,悉是蛮夷所居,故谓五溪蛮。'"②《溪蛮丛笑》是宋代一部珍贵的民族志典籍,记载了 12 世纪后期"五溪"地区各族群的文化生活与社会组织、风俗习惯等,文献中直接提到的族群就有客、省民、蛮、苗、仡佬、徭、山徭、仡伶、仡党、竖眼仡佬等,其描述的文化生活和风俗物产,可以从生活于这一区域的汉、苗、侗、瑶、土家等族群中得到印证。

在宋元以前,虽然汉族文明或多或少对这一区域有所影响和辐射,但总体来看,这一区域还主要是各少数族群的聚居区,汉文明始终还没有作为一种政治、军事和经济的力量进入这一区域,其与华夏的交往不是很深入,还被看成是蛮荒之区。司马迁在《史记·西南夷列传》中说:"牂柯地多雨潦,俗好巫鬼禁忌,寡畜生,又无蚕桑,故其郡最贫。"且其对汉的了解也几近于空白,"滇王与汉使者言曰:'汉孰与我大?'及夜郎

---

① [英]汤因比:《历史研究(上)》,曹未风等译,上海:上海人民出版社,1986 年,第 239、260 页。

② 符太浩:《溪蛮丛笑研究》,贵阳:贵州民族出版社,2003 年,第 62 页。

侯亦然。以道不通故，各自以为一州主，不知汉广大"。因而才有了著名的"夜郎自大"的典故。这种现象到了宋元时代后，有了根本的改变。鲁西奇说："在进入帝国时代之前，南方各地区由古文化、古城向古国、古方国的深化，主要是按照其自身社会关系与文化传统向前发展的结果，而其进入帝国时代，则是被动的，所以，虽然秦汉以后南方广大地区渐次进入帝国时代，但与中原地区主要基于自身发展的内在动力而进入帝国时代，有着本质的区别。"①即使在秦汉以后，黔湘桂区域纳入中原统治者的视野中，但没有从根本上改变那种"入版图者而亡其实"的状况，华夏文明的那种"活力"性的因素，对这一区域的发展还没有形成挑战，当然也就无所谓应战，因而，这一区域的蛮荒状态就一直持续到宋元时代。《明史》中概括西南地区的民族形势，仍然一直将之看成是蛮夷之地，是由诸蛮自我管理和控制的边疆区域。"西南诸蛮，有虞氏之苗，商之鬼方，西汉之夜郎、靡莫、邛、筰、僰、爨之属皆是也。自巴、夔以东及湖、湘、岭峤，盘踞数千里，各类殊别。历代以来，自相君长。原其为王朝役使，自周武王时孟津大会，而庸、蜀、羌、茅、微、卢、彭、濮诸蛮，皆与焉。及楚王庄骄王滇，而秦开五尺道，置吏，沿及汉武，置都尉县属，仍令自保，此即土官、土吏之所始与"②。清乾隆初期曾任天柱知县的闽籍士人谢圣纶，在其所辑《滇黔志略》中，在阐述贵州疆土时，反复强调的是贵州至元明时期，都还是化外之区的现实。"黔至唐蒙通道牂牁置郡，而历代洞蛮虽相继归附，要皆羁事羁縻，未始入版图收赋税也。至徽宗崇宁间，始务开拓疆土，置州郡比之于内地，但亦寥寥数州，等于洪荒初辟。洎自元明而规模初定，然生苗盘踞，有同化外"③。贵州与中原地区各封建王朝的交往联系一直存在，也在名誉和形式上归附于中央王朝，但始终是一种自在自为的状态，区域社会的那种封闭性没有得到改变。从秦汉时期始，以汉族为主体的中央政权和汉族文明就一直辐射和影响西南区域，但始终没有改变西南区域由各族群自治

① 　鲁西奇：《中国历史的空间结构》，桂林：广西师范大学出版社，2014 年，第 76 页。

② 　转引自潘光旦编著：《中国民族史料汇编·〈明史〉之部（上）》，天津：天津古籍出版社，2007 年，第 2 页。

③ 　（清）谢圣纶辑：《滇黔志略》，古永继点校，贵阳：贵州人民出版社，2008 年，第 195 页。

管理、各族群各自生存的格局,没有形成根本性冲击的文明挑战,西南各族群与中央王朝的羁縻关系一直延续下来。

唐帝国的衰落开启了中国政治、经济和文化重心南移的先声。在唐帝国经历"安史之乱"而不可挽回地走向衰落的历史进程中,南方的经济却持续得到长足的发展,而中原王朝承受的北方游牧民族的压力越来越大,也不得不将重心转向南方。最早得到开发的是东南和南粤区域,然后移至整个两广区域,再之后就是西南区域。正是这种开发,加速了边区的社会发展进程,带来了黔湘桂边界区域多族群社会的形成。

湘黔桂边区族群活动最活跃的时期,是宋以后元明清三朝。这与黔湘桂边区的开发进程是相一致的。对这一区域的开发,是从其东北部和东部开始的。东北部系清水江下游区域,即天柱瓮洞至锦屏茅坪一带;东部系沅水上游区域,即会同、靖州、通道区域。拉开黔湘桂区域开发序幕的,是这一区域的部落首领,他们意识到中原王朝的强势性和优势性,想要在这个多族群的区域中生存发展,必须主动依附于华夏文明代表的中原王朝,成为中原王朝的入籍子民。于是,地方部落首领主动纳土输诚,求得统治者的正式承认和接纳。《靖州直隶州志》载,"靖自宋初纳土输贡,始列版图。元明以降,地辟民聚,赋役咸备";"土人杨通宝入贡,命为诚州刺史。元丰三年(1080 年),以沅州之贯堡砦为渠阳县,隶诚州。元祐二年(1087 年)七月,改渠阳军。崇宁二年(1103年),杨晟纳土贡,改曰靖州。隶荆湖北路,始领县三:永平、会同、通道,永平附郭。元至元十二年(1275 年)立安抚司,明年改靖州路总管府,是为靖州路,领县如故,隶湖广"。① 也是这个时期,来自江西、湖北、湖南等地的各种移民、逃难者和流离失所之人,也纷纷溯沅水而来,溯清水江进入天柱瓮洞、白市、蓝田、远口一带。著名民族学者尤中说:"在今湘、黔、桂三连地带,是苗、瑶、侗、壮等族的交错杂居区。北宋时期从桂州(驻今桂林)、融州(驻今融水)、诚州(驻今湖南靖县)三方面对这一

---

① (清)吴起凤修,唐际虞纂:《靖州直隶州志·地理形势》,长沙:岳麓书社,2012 年,第44、22 页。

带地方进行经营。"①南宋一朝,蒙古人从西北顺横断山而下进兵云南,
并将云南作为跳板进而攻击宋,对偏安江南的宋王朝构成威胁。在丢
失了华北、中原大片领土后,南宋朝廷不但觉得北方锋线不稳,就连最
安稳的西南后方也岌岌可危,必须要在西南的云南与中南的湖广之间
建立一道屏障,保护偏安于江南的南宋小王朝。为此,宋王朝加紧了对
五溪地区的控制,于崇宁二年(1103 年)将湘西南属于羁縻州的诚州改
为为直隶靖州,政和八年(1118 年),在湘黔边区中部建思州,领务川、
邛水、安夷三县,宝祐六年(1258 年)十一月甲寅,赐名镇远州。宋朝大
军开始在镇远潕阳河一线聚集。元朝建立以后,实行经营西南策略,一
方面加强对当地土著蛮夷的防御,另一方面加紧对西南区域的开发,中
原、湘楚、江右汉民大量进入,或者由这一区域向贵州中部、西部和云南
迁移。明朝建立后,朱元璋进一步加大对西南的开发,实行"调北填南"
"移民就宽乡"的屯垦政策,向西南大量派驻屯军和移民。隶属于广义
上的西南的湘黔桂边区,迎来了历史上人口的第一个高峰期,四面八方
的民人,通过种种途径进入,改变了这一区域从来是蛮夷之地的格局,
而成为夷汉犬牙交错、互为你我的多族群互动区域。

近年来,杨志强等学者提出"古苗疆走廊"的概念,指出贵州在明代
建省,很大原因在于保障通滇的穿越整个苗疆的古驿道的畅通。强调
"古苗疆走廊","不仅是连接'边缘'与'中心'的一条重要通道,而且对
所经周边地域及族群社会的政治、经济及文化都产生了重大影响,其历
史文化遗存不仅厚重、多样,并且各文化间的交融及影响持续数百年仍
保持着其鲜活形态,此种情形实不多见"②。清初顾祖禹在其《读史方
舆纪要》中对古苗疆走廊的重要性早有论述:"贵州之地,虽偏隅逼窄,
然驿道所经,自平溪、清浪而西,回环达于西北,几千六百余里。贵阳犹
人之有胸腹也。东西诸府卫,犹人之两臂然。守偏桥、铜鼓以当沅、靖
之冲,则沅、靖未敢争也。据普安、乌撒以临滇、粤之郊,则滇、粤不能难

---

① 　尤中:《苗瑶族古代史叙略》,《云南社会科学》1988 年第 5 期。
② 　杨志强、赵旭东、曹端波:《重返"古苗疆走廊"——西南地区民族研究与文化产业发展
　　新视野》,《西南边疆史地研究》2012 年第 2 期。

也。抚平越、永宁以拒川蜀之师，则川蜀未敢争也。所谓以守则固矣。"①光绪《黎平府志·地理志·苗蛮》引罗绘锦《驭苗疏》："贵州一省，南达滇云，北连湖楚，东界广粤，西接川蜀，乃四省通衢。一设备不周，则四省阻塞，震惊靡宁，勤兵揩饷，则西南半壁皆为骚动矣。"②湘黔桂边区，正属于广义上的苗疆走廊区域，尤其是其北端，正处于古苗疆走廊峰线上，是中心区域向苗疆边缘区域过渡地带，是由中原、湘楚、江右进入苗疆的第一站。有了这条通滇的古苗疆走廊，进入滇黔蛮荒之地的，不但是军队，更多是从各个地域、通过各种途径、提出各种理由、怀抱各种目的的民人。正是各色人等的进入，宋元以后，广义上的古苗疆走廊的族群关系，进入空前的活跃期。"回顾明清以来的历史，西南少数民族地区的'国家化'过程，汉移民大量移入及其文化的渗透影响，'苗疆'这一重要的地缘政治概念的形成及'改土归流'等一系列重大社会变革，无一不与这条驿道有着密切的关系。同时，数百年历史的连续不间断的影响，尤其是明清时代各地汉族移民的大量移入和汉文化向周边少数民族地区的传播和渗透，除了在驿道沿线留下了大量历史文化积淀外，在汉文化这一坐标系上，各个非汉族群因所受影响不同，也形成了具有显著地方或族群特色的文化个性。而民族及族群间的互动关系也频繁而复杂，如现今中国'待识别民族'中的 90%以上都分布在这条驿道及其周边地域"③。宋元以后，不同地域、不同途径的民人由湘楚、江右入黔入滇，往往最先停驻属于云贵高原过渡地带的湘黔边界——相对于云贵高原中部和西部，湘黔边界的自然环境更易于谋生。

《楚南苗志》载，元大德元年（1297 年），江南道肃政廉访司金事官张经言："判蛮田万填等，虽已诛，靖、辰、澧三州接界，率多旷土，宜如民耕种，使蛮疆日渐开拓，异时皆为省地。湖广行省然其言，行之。"作者

① （清）顾祖禹：《读史方舆纪要》卷 120，《贵州方舆纪要序》，北京：中华书局，2005 年，第 4526 页。
② 《黎平府志（下）》，黎平县县志编纂委员会办公室校注，北京：方志出版社，2014 年，第 1264 页。
③ 杨志强、赵旭东、曹端波：《重返"古苗疆走廊"——西南地区民族研究与文化产业发展新视野》，《西南边疆史地研究》2012 年第 2 期。

由此进一步诠释:"按张经屡上言,皆大有益于边境。而此召垦之举,使辰、沅、澧三州荒郊旷野遂成沃壤,民地日广,蛮疆益促,诚万世利也。然其言载于郡志,而不见于史册者,盖元制,汉人不得为正官,佥事职卑,其所称上言者,或系于本处行者,采择施行,亦犹今日之具详,获允也。"①相对于西南,尤其是贵州中部、西部,湘黔边区更早得到开发,尤其是明代开始,在这一区域征派皇木,带动了清水江流域的山地开发,极大地促进了社会经济的发展。湘黔边区这种核心与边缘过渡地带的特殊位置,使这一区域的族群关系处于一种非汉非苗的状态——在这里,苗是一个广义的概念,指所有非汉的少数族群。清道光朝曾任贵州布政使的罗绕典,在其《黔南职方纪略》中说:"黎郡(即黎平府)岁科考试,府学额入二十五名内,例取苗生十三名,是以读书识字之苗民各寨俱有。其间客民之住居苗寨者,又较别地为多,盖其地虽有崇山峻岭,而两山之中每多平坝,溪流回绕,田悉膏腴,村墟鳞比,人户稠密,其富庶之象易起客民觊觎之心。且地利肥美,物产丰亨,山土种木棉,苗妇勤于织纺,杉木、茶林到处皆有,于是客民之贸易者、手艺者,邻省邻府接踵而来,此客民所以多也。"②这些从各地到来的客民,在与当地土著族群的交往与融合过程中,形成了新的独特族群。乾隆朝曾任贵州巡抚的爱必达,在其任上所著的《黔南识略》中,就注意到这种情况:镇远府"居民皆江楚流寓,向称简朴,掇科第者不乏人,而以武略著者尤众……崱人即土人,风俗与汉人同,妇女亦汉妆,惟足穿草屦,所织之布曰峒布,细而有纹,婚丧俱汉礼,耻居苗类,称之以苗,则怒目相向云"③。罗绕典的《黔南职方纪略》也记述了这种情况:黎平府"屯所之户,明初军籍十居其三,外来民户十居其七,今日皆成土著,与苗寨毗

① (清)段汝霖撰,谢华著:《楚南苗志·湘西土司辑略》,伍新福校点,长沙:岳麓书社,2008年,第101~102页。
② 《黔南识略·黔南职方纪略》,杜文铎等点校,贵阳:贵州人民出版社,1987年,第322页。
③ 《黔南识略·黔南职方纪略》,杜文铎等点校,贵阳:贵州人民出版社,1987年,第115页。

连,已各交好往来,睦邻之道,例所不禁"①。清人陈浩所绘著的《八十二种苗图并说》中,其记载的八十二种苗,其中至少有四分之一与汉族族群有渊源。② 宋元以后的湘黔桂边区,由于数量庞大、来源复杂的湘楚、江右等地汉人的进入和汉文化的逐渐辐射、渗透,这一区域已经由早先纯粹的侗苗等少数族群居住区域演化成以汉、苗、侗族群为主体,众多少数族群犬牙交错、杂居混处的多族群区域。

显然,元明清时期黔湘桂边区形成的多族群社会,与宋之前的多族群社会是有根本区别的。宋之前生活于黔湘桂边区的各族群,是由聚居在一起的各部落联盟构成的,无论是其社会组织形态还是其社会生产力,都还处于一种相对低级的层次上,即《史记》中所言"俗好巫鬼禁忌,寡畜生,又无蚕桑"的未开发状态,社会结构原始、简单、古拙,社会发展进程缓慢,尚未完全进入文明时代。宋元之后,中央王朝和汉文明作为一种力量进入这一区域,从社会组织结构、社会生产力、经济发展、人口结构等多方面,对黔湘桂边区形成整体性冲击,从根本上改变了整个社会形态,将黔湘桂边区由未开发状态带入文明社会进程之中。这个时期的多族群社会,是注入了文明的新生力量之后建构起来的多族群社会,是社会处于转型进程中形成的多族群社会。

第三节　上、中、下三锹：作为地域和人群符号的三锹人的形成

根据中国台湾学者王明珂"'族群'这样的人类结群是人们为了维护共同资源,以主观的血缘关系(历史记忆)彼此联系并排除外人的人群组合"③的定义,现今仍然生活于湘黔边区的三锹人,可以看作是一

---

① 《黔南识略·黔南职方纪略》,杜文铎等点校,贵阳:贵州人民出版社,1987 年,第 322 页。

② 李汉林:《百苗图校释》,贵阳:贵州民族出版社,2001 年。

③ 王明珂:《华夏边缘:历史记忆与族群认同》,杭州:浙江人民出版社,2013 年,第 45 页。

个独特的族群。

可以从两个层面来理解和界定三锹人,即狭义的三锹人和广义的三锹人。第一个层面的三锹人指 20 世纪 80 年代由国家认可进行的民族识别认定中,获得待识别民族身份待遇,生活于贵州省黎平、锦屏两县交界区域的人群共同体,一般表达为"三撬人"——贵州省民委公布的待识别民族中,即表达为"三撬人",也表达为"三锹人""三鳘人"——主要分布于黔东南苗族侗族自治州黎平、锦屏交界区域的清水江支流乌下江和八洋河流域,计有 20 余座村寨,6000 余人口,是贵州省 20 世纪 80 年代公布的 23 个待识别民族之一。第二个层面的三锹人指生活于黔湘桂边区,以湖南靖州苗族侗族自治县三锹乡即历史上的锹里地区为核心,向周边县域辐射开去的人群共同体,主要分布于湖南靖州、会同、通道、绥宁,贵州黎平、锦屏、天柱等县,人口约 30000 人,在湖南一般称为花苗或花衣苗,贵州则称为三撬人、三锹人、三鳘。贵州的三锹人是在清代初中期从湖南靖州迁徙来的,在族源上认同于湖南三锹。

现在予以论述的三锹人系第二个层面,即广义的三锹人。

由靖州县城向西,经过铺口乡后,地势渐次由低缓的丘陵地貌抬升隆起为中山山地地貌,海拔在 600 米以上,最高处海拔达到 1100 米。这一片莽莽苍苍的山野,就是三锹人的生活区域,作为行政建制的靖州三锹苗族乡就落拓在这片山野中。其北面是湖南会同和贵州天柱,西面是贵州锦屏,西南面是贵州黎平,更南面是湖南通道。整个三锹人生活区域中,并没有一个叫三锹的地名或地方,但一直有上锹、中锹、下锹的说法。上锹、中锹以这一区域的最高峰三扒界为界,三扒界以南属上锹,以北属中锹;中锹和下锹以老王头山为界,老王头山以南属中锹,以北属下锹。但上、中、下三锹间,田地相连,相互交错,界线并不明显。"三锹"即由上、中、下三锹而得名。三锹所涵盖的区域,除靖州之三锹乡、大堡子乡、藕团乡、平茶乡、新厂乡外,还包括会同、通道、天柱、锦屏等相邻的区域。"锹"显然不是一个地名概念,而是人群区分概念,居住生活于这一区域的人群被称为"锹",这一区域按照习惯称为"锹里",即"锹人生活之区域"。

　　作为文化人群概念的"锹里"称谓,至少在清中期就已经获得了。光绪《靖州乡土志》卷二释:"苗里,俗名锹里。"其"说苗"中亦言:"靖之锹里,由二六团,有苗而无猺(瑶)。"光绪《靖州直隶州志·建置》专设"苗寨":"由一里苗九寨,地笋寨、地背寨、菜地湾、岩嘴头、地庙寨、黄百寨、弄冲寨、万才寨、水冲寨,由二里苗六寨,小河寨、皂隶寨、孔洞寨、排洞寨、官田寨、铜锣寨,寨市里苗九寨,统名曰三锹,滥泥冲、塘保寨、高营寨、大溪寨、银万寨、楠木寨、三江寨、高坡寨。"①《靖州直隶州志·兵焚》中记载:"咸丰七年春正月,锹里生员吴大培为屯勇所执,团营黄炳燮请释之,尽得三锹虚实。遂只身从培往陈利害,捆首逆,解协从,取具各寨投诚甘结,金山贼始失势……同治五年春,青台苗逆由王寨窜靖属锹里烧杀居民,掳其人畜,经锹人截夺,败回原籍。"②清光绪编修的《黎平府志》中,也有关于三锹人的记述:"咸丰二年。黎兆勋《上何观察事宜策略》:东路为潭溪、铁炉、苗坡、平茶,至马路口交靖州界。此路苗匪系草坪一带硐苗,纠合三十三锹苗匪为害,如能以三百练扎苗坡,分两营相去三五里,以御苗匪,断其线索。"③最迟在清代,"锹"已是一个在湘黔桂边区普遍使用的区别人群特征的概念。

　　明代以来,在湘黔桂边区,就一直有"锹人""锹家""三十三锹"的说法。据说明清时代就广泛流传于湘黔桂边区的《锹里地理歌》和其他歌谣中,反复提到"锹"和"三十三锹":"先开平茶四乡所,再开靖州四鼓楼,古一古二吃牯脏,三十三锹开茶房";"三十三锹织花带,林源上堡绣花鞋";"三十三锹共一礼,九条黄柏共一行,三十三锹几排半,哪锹奉把当排来"。据靖州乡土学者陆湘之先生考证,明清时期湘黔边区著名的"湘黔四十八苗寨",就分为内锹二十四寨和外锹二十四寨。④ 内锹二十四寨分布于靖州,即由一里苗九寨、由二里苗六寨、寨市里苗九寨;外锹二十四寨分布于贵州天柱、锦屏,有新兴里苗六寨,在锦屏,即豪江

① (清)吴起凤修,唐际虞纂:《靖州直隶州志》,长沙:岳麓书社,2012年,第37页。
② (清)吴起凤修,唐际虞纂:《靖州直隶州志》,长沙:岳麓书社,2012年,第234、235页。
③ 《黎平府志(下)》,黎平县县志编纂委员会办公室校注,北京:方志出版社,2014年,第1224页。
④ 陆湘之:《锹人考释》,载《靖州苗学会论文集》,2015年。

寨、云洞寨、茅坪寨、乌坡寨、合冲寨、令冲寨,油鱼里、兴文里苗十八寨
在天柱:凸洞寨、地柳寨、抱塘寨、地冲寨、中寨、秀田寨、偏坡寨、雅地
寨、凯寨、新寨、楠头寨、棉花坪寨、杨梅寨、刘家寨、高坡寨、竹木寨、地
岔寨、杨家寨。

图 1-2　作者与课题组成员潘健康在靖州三锹菜地湾寨(李屏 摄)

　　在发现的民间碑刻中,也有大量关于"三锹""锹里"的记述。

　　2008 年,学者胡彬彬与靖州三锹乡乡长王华等,在三锹乡地笋
村地背寨三岔路口,发现一块勒石为"群村永赖"的碑刻,由靖州直隶
州与锹里地方联合行示公文,既刊"署湖南靖州直隶州正堂加三级宋
为,署湖南直隶靖州正堂加三级六次郑为"之名誉,又联合锹里地方二
十余村寨生员、乡佬俱署,对锹里地方舅霸姑婚旧俗进行改革。落款为
清道光二十一年(1841 年)六月十一日。碑刻中,明确所列之二十四寨
俱为锹里区域。胡彬彬说:"靖州三锹'群村永赖'碑,是古代靖州地方
政府为改革地方婚姻陋习而制定,并强制推行的地方立法。"①从这块
碑刻看出,在清代中期,锹里区域已经完全被纳入地方政府管辖范畴之

---

① 胡彬彬:《靖州"群村永赖"碑考》,《民族研究》2009 年第 6 期。

内,锹里的锹民,是得到官府认同的与其他民人不同的有自身身份的群体。

1982 年 5 月,生活于贵州黎平的三锹人根据三锹古歌描述,在黎平大稼乡俾嗟村(三锹人村落)的"翁九老"塘中,挖掘出一块立于清乾隆己巳年(乾隆十四年,1749 年)的款约碑。2017 年 8 月,我到俾嗟村进行田野调研时,专门查看了这块从泥塘中挖出的古碑,立在一块刻着"三锹古寨"的石门边上。碑文全文如下:

> 尝思朝廷有国法,鳌里有里规。兹余三鳌自先祖流离颠沛于斯,迄今已近百年。为铭志先祖之习俗,故三鳌各寨里长约集,宰生鸡而誓志,饮血酒以盟心,计照规约于后:
>
> (一)务须击鼓同响,吹笙共鸣,同舟共济,痛痒相关,一家有事,阖里齐援。
>
> (二)男女婚姻务须从父从母,原规结亲,不准扒亲赖亲,水各水,油各油,不准油来拌水,亦不准水去拌油,倘男不愿女罚银三十三,若女不愿男罚银六十六。
>
> (三)倘遇外来之侮,阖里应齐心以击,尤对客家与苗家,更应合力以抗之。
>
> 恐嗣后无凭,刻有坐卧碑各一块,永远存照。
>
> 大清乾隆己巳年孟春穀旦日立[①]

据笔者在黎平三锹人村寨田野调研,三锹人均是在清初中期由靖州三锹区域迁徙而来的。到了黎平地域后,一直自称为三锹人,黎平本地其他族群也称之为三锹人。"倘遇外来之侮,阖里应齐心以击,尤对客家与苗家,更应合力以抗之",这里透露出,三锹人不属于"客"即汉族群,也不认同于"苗"即人数众多的侗族、苗族族群,而是执意地认同三锹的族群身份。三锹人作为族群称谓,最迟在清初期就已经存在。

---

① 黎平县"三锹人"族属调查工作组:《黎平县三锹人族属识别调查材料》,黎平县民族宗教事务局档案,全宗号 147 号。

　　三锹人作为一个族群，不仅仅在于文献中的记载，三锹人歌谣中的表述，更重要的还在于三锹人自觉的族群认同。2014—2016 年，笔者多次深入贵州黎平、锦屏的三锹人村落和湖南靖州锹里地区进行田野调研，发现三锹人自我建构的族群认同的标准和标志有几方面：一是祖源认同，三锹人一致认同于他们是从湖南靖州三锹地区迁徙而来的，祖先从三锹迁徙来的就是锹，反之则不是——周边的苗族、侗族、汉族族群没有这样的祖源认同；二是三锹话，懂得三种话，即汉话、苗话、侗话的就是锹，反之则不是——与之生活在一起的苗族、侗族、汉族族群都不会说三锹话，且仅会说本族群的话，即苗族人只会说苗话、侗族人只会说侗话；三是四十八寨的概念，三锹人反复强调有四十八寨，属于四十八寨的就是锹，反之则不是；四是三锹歌和三锹礼，三锹人有自己的歌谣和恋爱婚姻的礼俗，尤其是三锹歌，是一种用独特的汉语方言"酸汤话"演唱的歌谣形式，在黎平、锦屏交界区域，只有三锹人用酸汤话唱歌，其他族群的歌谣都是用本族语言演唱；五是糊米茶，三锹人强调爱喝糊米茶的就是锹，反之则不是。①

　　至此，我们可以勾勒出作为族群的三锹人的分布区域。一是以靖州三锹乡为核心，包括明清时期四十八寨之锹里地区，约 30000 人；一是贵州黎平、锦屏交界的清水江支流乌下江、八洋河流域，计二十余座村寨，6000 余人口。

　　三锹人作为族群在清代就已经存在，但三锹人又是从什么地方来的，是在什么时候形成的呢？

　　生活于贵州黎平、锦屏的三锹人认同靖州的三锹是其祖源地，而靖州的三锹人则普遍认同其祖源地是江西吉安府泰和县，而其中的大姓吴姓、潘姓、龙姓、陆姓等，对于其祖源地，则更具体到泰和县鹅掌大坵。从江西吉安泰和迁徙到天柱清水江下游流域，再从天柱迁徙到靖州锹里地区。

　　吴姓是湘黔桂边区人口大姓，人数在 60 万以上，一致认同天柱远

---

① 　余达忠、陆燕：《族群认同的建构与消解——一座三撬人村落的当代裂变》，《西南民族大学学报（人文社科版）》2015 年第 1 期。

口的吴家祠堂为总祠。开基祖为南宋大理寺丞吴盛,其因刚直忠敬而得罪权贵贾似道,为避迫害,携子吴八郎于南宋淳祐年间(1241—1252年)由江西泰和远迁湖广靖州天柱千户守御所远口,是湘黔边区早期最重要的开拓者。其夫妇合葬墓位于远口镇新市村,碑铭落款为南宋景定元年(1260年),为其儿子所立。[①] 三锹吴姓认同其为远祖。2015年11月27日,受靖州苗学会邀请,笔者到三锹区域调研,与本地学者杨桂兰、陆湘之等,在锹里之黄柏寨,发现一块立于清乾隆五十三年(1788年)、题款"克昌厥后·地崩墓碑",云:"我祖籍吉安府□鹅圻,奔靖州后入洞夷,永乐昆仲破盘之散,一盘上黄潘老,二过芙蓉金殿,一转江东靖州。我祖中黄地崩有老坪之墓焉。作为牛眠之地,修为龙环佳城,故今恐世远年湮,特为立碑注名。"这块碑铭,既点名三锹人的祖籍来源为吉安府鹅圻,而且强调三锹人系从吉安直接迁徙到靖州的,后进入洞夷区域,时间大概在明代永乐年间,即"永乐昆仲破盘",兄弟分散后,在湘黔边界区域辗转迁移,到过很多地方。上黄、潘老系黎平府辖地,位于黎平县城东南,距县城约四十里,属明清时黎平府中潮所辖地,是黎平府最早建场集的地区之一;中黄、地崩也是黎平府辖地,位于黎平东边,距府城约四十里,明清时为中黄所,为屯军之地,也是黎平府最早开设场集的地区,距离龙里司、亮寨司很近。从这块碑铭看出,其祖先在中黄、地崩居住了很长一段时间,已经有了墓茔。贵州黎平岑趸三锹潘姓追溯族源时,亦说其先祖来自江西泰和,后迁天柱三门塘,为其开基祖,后由三门塘迁三锹滴头,七世时再由三锹迁黎平大稼岑趸。几乎锹里地区各姓氏,都认同是从天柱迁徙而来的,迁徙时间当在元明之际。

天柱在清水江下游,隋、唐、宋时均为诚州(即靖州)所辖。元为湖广行省靖州路会同边地。明洪武二十五年(1392年)置天柱守御千户所,属湖广靖州卫。明万历二十五年(1597年)置天柱县,属湖广布政司直隶州靖州。清雍正五年(1727年)改隶贵州,属黎平府;十二年(1734年)改隶镇远府。宋以前,天柱为五溪蛮主要聚居地,宋以后,尤其是元明时代,生活于江右、湖广的汉族族群溯清水江进入,主要分布

① 据天柱本土文史学者秦秀强介绍,这块墓碑是天柱迄今发现的年代最早的碑铭。

在清水江下游区域,即天柱瓮洞、蓝田、白市、远口、坌处、竹林等乡镇。而这一区域,正是著名的"酸汤苗"分布区域。研究酸汤话的学者张雄说:"居住在天柱县清水江沿岸的酸汤苗人其实就是当时迁徙来的汉人,因为在汉人迁来之前,这里是苗族、侗族等少数民族聚居的地区,当时的政府将这些汉族移民改为苗族、侗族等少数民族。居住在清水江沿岸的汉族移民改称为苗族,因这里的人爱食'酸',说的话'酸溜溜'(外地人听不懂的汉话)的,所以称之为'酸汤苗',又名'酸汤族'。"①近年关于酸汤话的研究中,学术界一致认为,酸汤话属于汉语方言,是汉语中赣方言和湘方言的融合。② 酸汤苗其实是汉族人群进入清水江流域后,在族群互动中形成的新族群。天柱在明代有过繁盛期,光绪《天柱县志》卷二《地理志·乡里》称:"柱邑自昔盛时,烟火万家,村落鳞次,亦久称富庶之乡。第数百年来,人事递有变迁,物力亦多减耗矣。"③说明明代,天柱有过大量人口外迁的情况。清乾隆朝初期曾任天柱知县的谢圣纶,在其所辑《滇黔志略》中,对天柱设所建县以来社会文化发展有过评价。他说:"盖卑县旧为治所,旋改为县。所设于洪武二十四年,县建于万历二十五年。开辟既久,重以涵濡圣化,户诵家弦,民蛮一体,殆迥非新疆可比。是卑县属实可教之地,亦有可教之机。卑职设义学以课生童,并示谕以晓愚顽。其不率者,传牌以劝之;又进各里绅士于明伦堂,会同儒学详加开示。并传各里保甲于听事堂谆切申谕;复刻易俗歌,婉为讽导;更刊布告条,严辞行饬禁。距今虽未尽革,然民情鼓舞,大有向新之势。"④这一段文字中,虽然有谢圣纶自我鼓吹的因素,但从元明时开始,天柱向化之势已然形成,繁荣发展之势已然呈现,比之周边新辟之苗疆,显然算是发达富庶之邦土了。

对三锹族群考察发现,三锹人与酸汤苗之间存在直接渊源。第一,

---

① 张雄:《湘黔边界地区酸汤话系属探讨》,《民族语文》2015 年第 4 期。
② 相关酸汤话研究的成果有:胡萍:《湘西南汉语方言研究》,湖南师范大学博士学位论文,2006 年;刘宗艳:《酸汤话研究》,湖南师范大学博士学位论文,2014 年;杨钦:《锹里地区酸汤话语音研究》,中南大学硕士学位论文,2012 年;等。
③ 光绪《天柱县志·地理志·乡里》,清光绪十八年刻本。
④ (清)谢圣纶辑:《滇黔志略》,古永继点校,贵阳:贵州人民出版社,2008 年,第 271 页。

生活于清水江下游区域，即天柱、会同境内的酸汤苗，其族谱记载，祖先均来自江西吉安府。在酸汤苗现有姓氏中，人口比重较大的有吴、李、彭、袁、宋、舒、杨、游、蒋等姓氏，除蒋姓由湖南安江迁入外，其余姓氏均由江西迁入，其中，吴、李、彭、袁、杨、游几姓，均由江西吉安迁入，宋、舒二姓由江西南昌府丰城迁入。三锹人追溯祖先，都追溯到天柱酸汤苗中的这些姓氏，认为其同祖同宗。第二，现属锹里区域的内锹二十四寨中，三锹话是其主要交际语言，但仍有一些村寨以酸汤话作为主要交际语言，是说酸汤话的三锹村寨，靖州本土学者陆湘之所属村寨康头寨，即是说酸汤话之村寨。黎平的三锹人村寨中，俾嗟即是说酸汤话的村寨；岑趸寨潘姓分为四房，其潘健康一房，早先亦是说酸汤话，来自锦屏之格朗。锦屏三锹村寨美蒙，早先也说酸汤话。第三，所有三锹歌谣，都是用酸汤话演唱的，在锹里区域称之为说苗语唱酸歌，在黎平称为说三锹话唱汉歌。研究侗语的石林教授说："居住在三省坡地区的草苗、花苗大都是于明末清初从靖州三锹一带先后迁来的。在三省坡一带，侗族是原住民族，为强势民族，花苗和草苗是后来民族，四百余年来，在侗族和侗语的强势影响下，草苗和花苗的民族语言渐渐消失了，转而借用了侗语，但现在其语言中仍留下了北侗的一部分词汇……从草苗话和花苗话的北侗词汇底层中，也可以证明他们的确是从靖州三锹一带迁徙来的。"[1]从语言追溯，三锹人与清水江下游说酸汤话的酸汤苗有直接渊源。

三锹人有自己的语言三锹话。三锹话不同于苗语、侗语，也不同于汉话，是介于苗语、侗语和酸汤话间的语言。三锹人普遍会说当地苗族的方言土语，但当地苗族不会说三锹话。三锹人普遍会说侗语，但当地侗族人不会说三锹话。至于当地的汉族族群，则更不会说三锹话，但三锹人普遍都会说汉话。为什么叫三锹人，三锹人自己有一种解释，就是晓得三种话的人，即会说苗话、侗话、汉话的人。[2]

---

[1] 石林：《湘黔桂边区的三个族群方言岛——草苗、那溪人、本地人语言文化调查研究》，北京：中国社会科学出版社，2015年，第82页。

[2] 黎平县"三锹人"族属调查工作组：《黎平县三锹人族属识别调查材料》，黎平县民族宗教事务局档案，全宗号147号。

图 1-3 靖州三锹黄柏寨。很多三锹人和草苗的祖源传说中,祖先都是
由黄柏寨迁徙去的(龙本亮拍摄,陆顺祖提供)

清代陈浩所撰《八十二种苗图并说》中,首次记载了"西溪苗":"在天柱县,女子裙不过膝,以青布缠腿。未婚男子携笙,女子携馌,相聚戏谑。所欢者约饮于旷野,歌舞苟合,随而奔之。生子后方过聘,聘礼以牛。"①西溪在天柱县与会同、靖州交界一带,属于湘黔四十八寨之范畴,天柱竹林乡属于四十八寨之核心区域。其记载的服饰、描述的恋爱婚姻习俗,与靖州花苗,即三锹人相一致。2015 年 11 月,笔者到锹里区域调研,途中偶遇一群中年男女相约于耦团乡歌场相聚,其情境与陈浩一百多年前所描绘的惊人一致。我们到时看到,七八个中年男子正在歌场架锅做饭、清理歌场,有六七个中年妇女正结伴往歌场走,看到我们,就主动邀约我们去参加他们的对歌。湘黔四十八寨区域,是一个多族群杂居区域,生活着苗、侗、酸汤等族群,除说酸汤话的"客"族群着汉装外,这个区域中的苗族、侗族族群,其着装均与《百苗图》中所描述的西溪苗服饰一致,而且,这一区域的人群,大部分既会说苗话,也会说侗语、汉语,许多人还会酸汤话。"这里语言独特,苗话、侗话、酸汤话、

①　李汉林:《百苗图校释》,贵阳:贵州民族出版社,2001 年,第 88 页。

汉话四语通用，互为补充。寨与寨之间语言和族别差异往往很大，说苗语的寨子毗邻的可能是讲侗语或酸汤话的寨子"①。湘黔四十八寨，最著名的民俗活动是赶歌场，即在一年中一些固定日子，男女相聚于一个固定的山野——一般是比较平缓、有树木遮阴、有泉水可汲、风景优美，且靠近大路边的山坡——交往对歌、恋爱娱乐，歌场规模一般较大，甚至可容纳达万人。民间有"三月初一赶天华山、五月十五赶两头坳、六月壬戌赶平茫、六月十五赶龙凤山、七月十五赶丫婆坳"的说法。天柱是一个以侗族为主体民族的多族群聚居县，除清水江下游区域为酸汤苗分布区域，以竹林为核心的湘黔四十八寨区域以苗族为主体外，其余区域的人群主体都是侗族，属于侗族北部方言区的核心区域。在侗族北部方言区，普遍将青年男女在山坡路畔相约恋爱唱歌称为坐花园，所唱的歌几乎都是用汉语演唱的，这与侗族南部方言区不同——侗族南部方言区唱侗歌，青年男女行歌坐月一般在家中专门设置的姑娘屋——这反映北侗区域受汉文化影响更深。而湘黔边区的花苗即三锹人，则将青年男女恋爱的方式称为坐茶棚，其形式与《百苗图》描述一致。以竹林为核心的湘黔四十八寨与以三锹为核心的锹里四十八寨，几乎是相连结在一起的，锹里四十八寨位于湘黔四十八寨之东南，有些村寨甚至是错杂在一起。

在三锹人村寨中，普遍流行一个关于三锹人的落寨传说。很久以前，有三个人，一个是"劁猪佬"吴刚，一个是"卖柴汉"潘富元，另一个是"卖油郎"龙彪。一天晚上，吴刚和潘富元一起吃饭，浑身带血的龙彪闯进屋来，诉说在卖油途中被强盗抢去油担和银钱，对龙彪的诉说，他们深表同情，三人觉得意气相投，当场盟誓结成兄弟。为维持生活，三人外出劁猪。一天，他们跟一家财主劁一头母猪，吴刚叫富元和龙彪学劁，很久都没有劁成，吴刚就亲自劁，结果母猪被劁死了。主家要他们赔银五十两。他们身无分文，就设计夜里逃跑，跑到一个深山老林，在那里住下来，安家立业。日子长了，当地人知道他们的来历，称他们为

---

① 曹万林：《坐家习俗的蜕变——以天柱县竹林乡苗侗村寨为例》，《民族论坛》2012年第2期。

"三个劓猪佬",有的称为"三撬""撬佬"。① 这个传说是一种隐喻性的表达,隐喻了三锹人的身份来历。一是三锹人是从外地迁徙落寨于湘黔边地的,各姓氏间没有血缘上的联结;二是三锹人形成群体,主要是要适应落籍地的资源竞争,为在湘黔桂边区犬牙交错的族群关系中生存,必须结成一个群体才能在资源竞争中凝聚力量、获得优势;三是三锹人的身世经历中,存在一个被污名化的过程、被歧视的状况,或者其身世中有过罪愆与违禁犯法的经历,因而才被迫采取逃亡之计策;四是三锹人是处于边缘状态的族群,居住在资源与自然条件都相对匮乏的深山大谷中,处在各大族群边缘;五是三锹人的凝聚中包含了某些商品经济和市场利益的要素,而不完全是传统农耕那种对土地的黏着。王明珂对此分析说:"其叙事结构(三弟兄故事)是社会结构(三个村寨)的反映。其主要叙事符号:'弟兄',也对应社会人群间的合作、区分与竞争关系——'弟兄'隐喻着人群间的合作、区分与对抗。"② 锹里四十八寨与湘黔四十八寨相比,高山深谷,更边远闭塞,开发也相对更晚,属于直隶靖州的化外区域和生苗区域。

最迟在宋代,黔湘桂边界区域就一直存在具有军事联盟性质的款约组织。南宋朱辅的《溪蛮丛笑》中就有记载:"彼此歃血誓约,缓急相援,名门款。"③款是村寨间的一种联盟,体现在居住位置比较靠近的村寨间,或者在族源上有某种特殊联系的村寨间的一种特别关系。在西南各少数民族中,许多族群都存在相类似的款组织。在黔湘桂边界区域,侗族村寨间一直都结成各种性质的款约,分为大款、中款、小款等。侗族古歌中,甚至有大款头在柳州(广西)、尾在古州(贵州)的说法,是一个涵盖区域广大的村寨联盟,带有明显的军事保护性质。而在三锹人居住区域,四十八寨则一直是三锹人强调的居住范围,对于湘黔边区的四十八寨有强烈的认同感和归属感。而且三锹区域核心地带的牛筋

---

① 黎平县"三锹人"族属调查工作组:《黎平县三锹人族属识别调查材料》,黎平县民族宗教事务局档案,全宗号 147 号。

② 王明珂:《英雄祖先与弟兄民族——根基历史的文本与情境》,北京:中华书局,2009年,第 23～24 页。

③ 参见符太浩:《溪蛮丛笑研究》,贵阳:贵州民族出版社,2003 年,第 205 页。

岭,一直是三锹人订阅款约的固定地点,三锹人的歌谣中普遍有关于三锹人结款的传唱,现今发现的碑刻中,也有三锹人历史上结款的记载。胡彬彬在其《靖州"群村永赖"碑考》中,对三锹人历史上的结款情况进行了论述。①《群村永赖》碑就是锹里地区三锹人几十个村寨结成的款约,并且得到了官府的认定。因此也可以说,三锹人就是由相同利益关系的村寨结成的群体。

论述到这里,我们可以对三锹人的形成作结论了。

三锹人形成于明代中后期至清初期,是一个来源多元化的族群体,其主体既有操清水江下游区域流行的酸汤话、来自江西吉安的汉族人群,也有来自清水江中下游两岸山区操北部侗语的侗族人群,还有来自湘黔边区四十八寨之苗族人群,这些人群在明清之际西南山地开发的大背景中汇聚于锹里区域后,为适应资源竞争而结成新的群体,即三锹族群。三锹人落籍于锹里区域,正是明季清初,是清水江流域山地开发的早期。而清水江流域的开发,是一个逐渐由下游向中上游推进的过程。清水江流域的山地开发,促进了这一区域经济格局的变化,推进了这一区域的国家化进程,加速了这一区域的族群融合与分化。在激烈的资源竞争中,三锹人必须或主动或被动地划出族群边界,建立起某种共同的认同,以此适应新环境下的资源竞争。三锹族群的形成说明,族群主要不是由原生情感凝聚而成的,而是特定环境中的互动关系所"造成"的,族群间的互动会划定新的族群边界。在"'造成'民族的过程中,最重要的是重组历史记忆,以及重新界定一些族称的内涵"②。我在考察三锹人的迁徙落寨时指出:"三锹人作为一个族群能够在清水江下游区域生存发展,能够形成这种族际居住隔离模式,是三锹人的社会性文化所做出的一种抉择,而这种文化抉择,又只有在资源竞争和社会交往达到相当深度和广度的社会环境中才会自觉或者不自觉地做出,或者说,正是三锹人广泛地参与了这一区域的社会开发,反而从另一方面维

---

① 胡彬彬:《靖州"群村永赖"碑考》,《民族研究》2009 年第 6 期。

② 王明珂:《华夏边缘:历史记忆与族群认同》,杭州:浙江人民出版社,2013 年,第 42 页。

护了三锹人的族群认同,促进三锹人族群意识的建构。"①这些身份不同、来源不同、目的不同的人群,进入锹里区域后,为更好地参与整个大区域的资源竞争,必然要通过某种妥协的方式进行重新组合,身份的组合、历史记忆的组合、情感的组合,从而形成新的认同和新的族群边界,通过这种认同和边界而获得社会身份和地位。

　　三锹人在锹里地区形成后,随着人口的增多,面临的资源竞争形势更趋严峻,其生存危机再一次凸显,因此,在三锹人形成的过程中,三锹人的分化也同时开始。三锹人继续向南迁徙寻求生存发展之地,由此又分化出新的族群——草苗、本地人等。

图 1-4　正在进行旅游开发的靖州三锹地笋寨(余刚 摄)

①　余达忠:《族际居住隔离:边缘族群三撬人的迁徙落寨与族群认同的建构》,《北京林业大学学报(社科版)》2015 年第 4 期。

第二章

三锹人的族群意识与族群认同

第一节　三锹人的族群意识和族群认同

　　人是以群体为单位生存的社会性存在,是在与不同群体的互动和冲突中发现自身的,人类社会生活面的不断扩大,群体与群体间的交往就越来越不可避免,这就由此形成了早期的氏族和部落,赋予人类必然具有的一种社会归属感。著名社会生物学家爱德华·威尔逊说:"人类行为的另一个遗传特质是对最初归属的集体有着强烈的本能性冲动。这一现象也存在于大部分社会性动物中。如果被强制性地孤立于群体之外,个体会陷入长久的痛苦中,并有可能走上疯狂之路。一个人在群体中的身份,比如在他所属的部族中拥有的地位,是他个性中很重要的组成部分,在一定程度上这也给成员以优越感。"① 人类必须生活于群体中的事实,以及群体间必然发生互动和冲突的结果,决定了在人类社会中,族群的存在几乎是作为人类存在而与生俱来的现实。

　　族群作为一个概念被使用还不到一百年的时间,但族群作为人类

———————————

① ［美］爱德华·威尔逊著:《人类存在的意义——社会进化的源动力》,钱静、魏薇译,北京:中国电影出版社,2018 年,第 28 页。

社会中的一种文化现象,则是一种社会存在。族群概念的提出和使用,其实是人类现代化进程的结果,是人类构建现代民族国家的产物,与民族、民族国家始终是关联在一起的。

从 19 世纪开始,以欧洲为起点,人类社会开始现代民族国家的建构进程。构建现代民族国家始于 19—20 世纪的一场泛世界的政治文化运动,肇端于欧洲,并随着两次世界大战而影响到整个世界。迄今为止,全球普遍建立起现代民族国家模式。英国著名学者安东尼·史密斯说:"从根本上说,这种有计划的'民族建构'是一种现代的过程,在 1789 年之前找不到类似的实例……民族主义是现代化的产物,而不是其他什么东西……现代主义不仅认为民族主义是现代的现象。民族、民族的国家、民族的认同和整个'民族国家国际'共同体都是现代的现象。"①现代化强化了世界更广泛深远的联系,具备了将不同文化身份和不同文化认同的人群聚集于一个共同的空间,或者通过印刷科技的形式创造出一个具有无限想象力的空间的可能性。印刷资本主义的这种超越以往传统时代的超强的传播性表面上将世界带向一种同质性,而实质上,则是将各种人群间文化上的"异"更好地呈现出来,让世界呈现出一种显的多元性状态。正是这种多元性和符号性上的林林总总,人和人群间的身份与认同就显得特别迫切和有必要。本尼迪克特·安德森在其名著《想象的共同体》中阐述道:"只有当很大一群人能够将自己想成在过一种和另外一大群人的生活相互平行的生活的时候——他们就算彼此从未谋面,但却当然是沿着一个相同的轨迹前进的,只有在这个时候,这种新的、共时性的崭新事物才有可能在历史上出现。"②而这种对于远方、对于异域、对于从未谋面的很大一群人的了解、认知、认同或者拒绝、排斥、对抗,只有在印刷资本主义时代、在航海时代、在机械时代、在现代科技引导生活的时代才会大范围地发生,这也才会普遍地导致人们文化上和身份上的焦虑感,才会表现出强烈的

① ［英］安东尼·史密斯著:《民族主义:理论、意识形态、历史》,叶江译,上海:上海人民出版社,2011 年,第 50、51 页。

② ［美］本尼迪克特·安德森著:《想象的共同体——民族主义的起源与散布》,吴叡人译,上海:上海人民出版社,2011 年,第 184 页。

认同上的需求。安德森进一步说："资本主义、印刷科技与人类语言宿命的多样性这三者的重合使得一个新形式的想象的共同体成为可能，而自其基本形态观之，这种新共同体实已为现代民族的登场预先搭好的舞台。"①正是建立民族国家的泛世界的思潮，使得人们普遍渴望有明确的政治身份和文化身份，需要在文化上和身份上获得归属感和认同，由此，现代意义的民族就产生了。安德森也正是在这个视角中对民族进行阐述，将民族看成是一个"想象的共同体"："它是一种想象的政治共同体——开始，它是被想象为本质上有限的，同时也享有主权的共同体。它是想象的，因为即使最小的民族成员，也不可能认识他们大多数的同胞，和他们相遇，或者甚至听说过他们，然而，他们相互联结的意象却活在每一位成员的心中"②。在安德森和史密斯的理解中，民族始终是一个体现出鲜明政治诉求的人群实体，是一个既体现出文化的共同性，又更多地表达政治诉求的政治共同体，很多时候，民族与领土、疆界等国家概念联系在一起，是现代国家构成的基本要素。而比民族低一个层级的族群概念，则更多地被看成是一个文化上的人群团体，强调和注重的更多是人们文化上的共同性和人们的文化身份，族群可以存在于民族之中，或者可以与民族并存。族群的存在，作为一种事实，是早于民族的。他们二位更多地倾向于民族是现代性的建构，而族群则可以包含和体现出历史性的延续。史密斯分别将民族和族群定义为：民族是"具有名称，在感知到的祖地上居住，拥有共同的神话，共享的历史和与众不同的公共文化，所有成员拥有共同的法律与习惯的人类共同体"。族群是"与领土有关，拥有名称的人类共同体，拥有共同的神话与祖先，共享记忆并有某种或更多的共享文化，且至少在精英中有某种程度的团结"。"民族占有土地，而族群则仅仅象征性地与之相连"③。

① ［美］本尼迪克特·安德森著：《想象的共同体——民族主义的起源与散布》，吴叡人译，上海：上海人民出版社，2011年，第45页。
② ［美］本尼迪克特·安德森著：《想象的共同体——民族主义的起源与散布》，吴叡人译，上海：上海人民出版社，2011年，第6页。
③ ［英］安东尼·史密斯著：《民族主义：理论、意识形态、历史》，叶江译，上海：上海人民出版社，2011年，第13、14页。

无论是民族或者是族群,在 19—20 世纪普遍开展的现代化进程中,其诉求和目标指向虽会有区别,但在文化上的认同则总体是一致的,都需要在现代化和全球化的进程中,获得身份上和文化上的归属与认同,说得更直接些就是,在文化认同上,它们是相一致的,目的就是建立起一个共同的文化身份。

挪威学者弗雷德里克·巴斯在其名著《族群与边界——文化差异下的社会组织》中,提出了著名的边界理论,强调族群并非是在共同的文化基础上形成的群体,而是在文化差异基础上的群体建构过程。族群是它本身组成成员认定的范畴,形成族群最主要的是它的边界,而不是语言、文化、血统等内涵。"定义群体的是族群边界,而不是群体所附带的文化特质。尽管他们可能有相应的地理边界,但我们必须关注的边界当然是社会边界……不同文化的人员之间进行社会接触的环境也包括在族群边界维持范畴内:如果族群意味着行为上的标志性差异,即持续性文化差异,那么它作为有意义的单位就可以持续下去。然而,在不同文化的人员互动的地方,人们期望差异能够持续减少,因为互动既要求又产生了语码与价值观的一致性——换句话说,就是文化的相似性或文化共性。因此,接触中的族群维持不仅意味着认同的标准和标志,而且也意味着允许文化差异迁延的互动的建构"①。这正是边界在维持族群中的作用与意义。《哈佛美国族群百科全书》在定义族群时,就强调了边界:"族群是一个有一定规模的群体,意识到自己或被意识到其与周围不同,'我们不像他们,他们不像我们',并具有一定的特征以与其他族群相区别。这些特征包括:共同的地理来源,迁移情况,种族,语言或方言,宗教信仰,超越亲属、邻里和社区界限的联系,共有的传统、价值和象征,文字、民间创作和音乐,饮食习惯,居住和职业模式,对群体内外不同的感觉。"②这个定义,显然更多地是从文化上对于族群进行界定,而与现代国家概念相关联的主权、领土、权利等,则不是族

---

① ［挪］弗雷德里克·巴斯著:《族群与边界——文化差异下的社会组织》,李丽琴译,北京:商务印书馆,2014 年,第 7 页。

② 周大鸣:《多元与共融——族群研究的理论与实践》,北京:商务印书馆,2011 年,第 25 页。

群定义中的核心内涵。一般而言,我国学术界普遍形成共识,结合我国的国情,将族群置于民族概念之下,将族群看成是民族的次级概念,主要将族群看成是民族中的分支。张海洋说,在中国"族群概念适用于民族的文化定义,民族概念适用于族群的政治含义"[1]。王明珂也说:"'族群'指一个族群体中所有层次的族群单位(如汉族、客家人、华裔美国人);'民族'则是指族群体系中主要或是最大范畴的单位,特别指近代国族主义下透过学术分类、界定与政治认可的'民族'(如中华民族、汉族、蒙古族与羌族等)。"[2]不同的人群界定为不同的族群,主要是为了从文化上进行相对明晰的区分,体现出不同群体在文化的特质和特征。

厘清族群概念,对于我们阐述作为族群的三锹人和三锹人的族群认同是一个必要的环节。

上一章的论述中强调,三锹人是一个来源多元化的族群,其主体既有操清水江下游区域流行的酸汤话、来自江西吉安的汉族人群和来自湖南其他区域的汉族人群,也有来自清水江中下游两岸山区操北部侗语的侗族人群,还有来自湘黔边区四十八寨之苗族人群,这些人群在湘黔边区明季清初的开发的大背景中汇聚于锹里区域后,为适应资源竞争而结成新的群体,即三锹族群。很明显,三锹人作为一个族群,是建构的结果,是在特定的社会环境中,聚集于锹里这个特定的区域环境中,为更有利地进行资源竞争和生存拓展而结成的。湘黔边区的开发,从宋元时代开始,至清中期达到高潮,是一个由东向西拓展的渐进的过程。最早得到开发的是沅水上游区域,即会同、靖州中部、东部区域,整个宋代,靖州一带就属于羁縻州诚州范畴。北宋崇宁二年(1103 年),杨晟臻纳贡归附,遂以安靖之意改诚州为靖州,治今渠阳镇,辖永平、会同、通道三县。南宋之后,属于清水江下游的天柱瓮洞、蓝田、白市、远口一带也开始不断有汉族人群进入,政治势力对这一区域的控制也渐

① 张海洋:《浅论中国文化的多样性族群认同与跨文化传播》,载周大鸣:《多元与共融——族群研究的理论与实践》,北京:商务印书馆,2011 年,第 28 页。

② 王明珂:《华夏边缘:历史记忆与族群认同》,杭州:浙江人民出版社,2013 年,第 6 页。

次加强,操赣、湘方言的人群成为这一区域的主导群体,加之原来一直生活于这一区域的侗族族群和苗族族群,一个多族群的社会格局基本形成。在族群间的互动、冲突和利益、资源的竞争中,势必有弱势的人群被排斥、驱逐,或者为逃避某种罪愆,或者为逃避赋役和国家的控制而向更深远的山区求取生存,湘黔边界的高山深谷区域就成了新的人群汇聚地。美国学者詹姆士·斯科特在论述亚洲东南亚高地,即被称为"赞米亚"[①]的东南亚广大山地区域的族群关系时强调,"赞米亚并非仅仅是抵抗谷地国家的地区,而是逃难的地方。我所说的'逃难'是指大部分山民是在1500多年中来到这里以逃避国家政权所带给他们的各种磨难。他们远不是被谷地文明所'遗弃',而是经过长时间的努力,自我选择了将自己置于国家的控制范围之外";"过去1500年中,从中国迁移到高地的人口,至少部分是被其强大的邻居入侵将他们从家园中推出来的,特别是汉族的扩张";"赞米亚成为最大和最古老的逃难区,这主要归功于中国国家超前的扩张。这类地区是强制的国家政权建设不可避免的副产品,在每个大陆都存在"[②]。我们追溯三锹人的构成情况和渊源发现,汇聚在湘黔边界区域的这些人群,很多是符合斯科特所强调的"逃难"的特征的。正是这种逃难,这种由"熟界"向"生界"的逃避,这些进入湘黔边界区域的构成多元的人群,就被看成蛮夷,划入"化外之民"的范畴。湘黔边区虽然在明初就被正式列入中央王朝的行政系列之中,成为中央王朝的在籍之地,人民也成为统治者的编户齐民,但直到清代,锹里区域还一直被统治者看成是"生界",派军队设立汛塘,禁止汉人进入和控制锹人出境。明清统治者对西南之苗蛮一直实行苗防政策,将汉与苗分别,将生苗与熟苗区分开来。在湘西腊尔山

---

① 赞米亚即指亚洲东南亚高地,其范围从北到南,包括了四川的南部和西部、贵州和云南的全境、广西的西部和北部、广东西部、缅甸北部的大部分地区,以及与之接壤的印度最东部(北部)地区、泰国北部和西部、老挝位于湄公河谷之上的所有地区、沿安南山脉的越南北部和中部地区、柬埔寨的北部和东部地区。见[美]詹姆士·斯科特著:《逃避统治的艺术——东南亚高地的无政府主义历史》,王晓毅译,北京:三联书店,2016年,第26、17~18页。
② [美]詹姆士·斯科特著:《逃避统治的艺术——东南亚高地的无政府主义历史》,王晓毅译,北京:三联书店,2016年,第26、28页。

区,甚至不惜财力,建造号称"南方长城"的边墙,将生苗区域与熟苗区域隔开。而在湘西南的湘黔边界区域,则通过设立汛塘等军事哨所,将居住在湘黔边界区域的三锹人孤立起来,严格控制三锹人与外界的交往与沟通。坐落于靖州与黎平交界的零溪——现名三岩桥——位于由湘入黔之通道上,素有"湘黔咽喉"之称,是锹里区域与外界交往的重要门户,也是汉夷文明的交汇点。在宋代,就在零溪设立军事机构零溪砦,明嘉靖九年(1530年)在此设立零溪巡检司,清代因之。整个锹里区域,统治者总计设有一司(汛)三关,即零溪巡检司(三岩桥汛)以及查塘关、黄泥关、大梁关。零溪司与三岩桥汛合署,驻地在今靖州藕团乡三桥村。光绪《靖州直隶州志·武备》载:"三岩桥汛,右哨千总一员,领马战守兵丁四十一名;协防查塘关汛,右哨外委千总一员,领马战守兵丁二十八名;分防黄泥岗汛,左哨头司把总一员,领马战守兵丁三十一名;协防大梁坡汛,左哨头司,外委把总一员,领马战守兵丁二十九名。"[1]

清雍正十三年(1735年)四月于查塘关立的《汉苗同居碑》中,对于苗汉间的交往就有严格的限定。

汉苗同居碑

辑汉苗事　照得汉苗同居

朝庭赤子,守土之官皆一视同仁,原无厚薄之分。兹本州遵奉宪檄,复立塘关,移请炀营拔兵防巡,原以杜汉奸不入苗寨,究苗不入内地,两相安宁之意。□□□□,从前陋习,合行严禁,嗣后二甲排年,永行革除,不许再入苗寨滋事,所有钱粮付九甲排年,忌□纳其租鸡犬房钱,以及竖屋华盖一间一钱,烟示永行革免。如二甲人等敢再私收许苗民,解赴州,以凭尽法查处。其汛兵丁所有上下,杠招廷逓,以采买油盐菜疏马蹄钱等项,□□□□□陋规亦尽革免。如汛兵敢再需索,许尔苗民禀控协府及本州衙门,以凭究治;倘有汉奸私出入苗地,勾引为非,许苗头扭拿解究;若尔苗民有入内地杀人放火,抢掳打劫,挖人头颅,捉人枷扭,勒银取赎等项不法

---

① (清)吴起凤修,唐际虞纂:《靖州直隶州志》,长沙:岳麓书社,2012年,第73～74页。

重情，着落老人苗头执拿送州。如顽固不化，定即协同营兵入寨搜拿，依宪按律斩首示众。如偷盗汉民牛马，割获汉民田禾，拿获照律追赃，脸上刺字枷责。若有究苗越关，擅入内地，许地方人等拿获究处。再照洋溪汉民，与万才□□□接壤而居，田地山场相连，往往构怨，酿成大祸，此后务遵本州德化，消释前嫌，子孙永相和好，各保身命，敢再生端事既究不贷，特禁！

　　一兵地庙彼鸡永革，一兵万才起屋一间一钱永革，一兵柴、水、火药、人夫永革，一兵关防，坏在于修理。

雍正十三年四月立[1]

这是秉承官方意旨而立的碑文，目的是汉苗同居、和谐相处。但整个碑文，字里行间，处处透出对于苗的苛责和规禁。设立汛塘，其根本就在于三锹人被看成是蛮夷，是未开化之苗，需将居处湘黔边界区域的三锹人与汉人隔离开来，将三锹人孤立起来。

斯科特有个观点，说蛮夷是被发明的，他说："种植水稻的国家核心是由新的人口、生态和政治边疆所创造的。随着水稻国家越来越将自己标志为汉族化的，是一种独特的文化和文明，那些没有被统合，或者拒绝被统合的就被标志为'野蛮人'。那些生活在中国国家所认可的疆域内的蛮夷被称为'内陆'蛮夷，那些将自己从母体中分离出来，从而成为草原游牧社会组成部分的，则被看成是'外部'蛮夷……在母体与边疆还没有被实际分开的时候，边疆就已经成为文明和族群意义上的边界了。"[2]由于生活于湘黔边区没有开发的边远山地中，三锹人自然地就获得了"苗"的称谓，成为与汉不一样的"苗蛮"。这样，一条看似无形而实则有形的族群边界就此渐渐形成了。

正是居处于湘黔边界区域这个高山深谷的山地环境中，正是被代表国家和正统的汉族族群的排挤、歧视、孤立、打压，生活于这一区域的

---

① 靖州苗学会提供。

② ［美］詹姆士·斯科特著：《逃避统治的艺术——东南亚高地的无政府主义历史》，王晓毅译，北京：三联书店，2016 年，第 130 页。

来源多元的人群,这些远离政府军队管辖而各自为治的人群,这些没有被纳入中央政府编户齐民,没有向统治者进贡纳赋的人群,没有接受汉族正统思想和礼俗的人群,就统一被看成了苗——我们前面说过,苗是一个泛称的概念,在明清时期,生活于西南的少数族群一律被称为苗——湘黔边界区域和整个贵州,历来是苗蛮云集之区域,素有蛮窟之称,号称百苗之地。斯科特说:"族群性和部落开始的地方就是统治者和税收终止的地方。在国家的辞典里,族群地区总是被害怕和污名化的,因为他们处于国家的掌控之外,并且成为那些试图逃离国家的人蔑视国家的榜样,甚至成为经常的诱惑。"①湘黔边区和贵州全境,在元明时期渐进式纳入国家行政建制后,国家的影响日益强大和深入,国家化进程加快,汉族的影响和汉文明不断得到扩张,自古以来这一区域夷多汉少的格局开始发生改变。但总体上,汉族和汉文明所控制的也仅止是在作为交通要道的江流溪涧的谷地区域,是能够种植水稻、玉米等主要粮食作物的区域,而广大的高山深谷地区,虽然纳入中央政府的行政版图中,也大体上还处于有名无实的化外状态。黔东南境雷公山区域,直到清雍正年间,都还是"化外之区",鄂尔泰、张广泗等于雍正朝实行改土归流,通过大规模用兵,才开辟了新疆六厅,即八寨厅(今丹寨县)、丹江厅(今雷山县)、台拱厅(今台江县)、清江厅(今剑河县),古州厅(今榕江县)、都江厅(今三都县)。也正是这种状态,生活于这些区域的人群就一律被看成是蛮夷。这正是对斯科特所说"发明蛮夷"的印证。

我们再从《百苗图》中关于苗的表述来作阐发。

宋家苗

在贵阳、安顺二府。本中华之裔,春秋时放于夷地,而入为夷。其语言文字悉与汉人同。男子帽而长襟,妇人箕而短襟。婚姻,男家遣人背迎,女家率亲戚以垂楚以送,谓之夺亲。母训甚严,旦即进盥于姑,以供妇职。丧葬,饭蔬,饮水三七,封而识之。男耕女织,

---

① [美]詹姆士·斯科特著:《逃避统治的艺术——东南亚高地的无政府主义历史》,王晓毅译,北京:三联书店,2016年,第26、36页。

子弟亦有读书入泮者。

清江苗

男人以红布束发,项有银圈,大耳环,宽裤子。男女跣足。广种树木。与汉人同商往来,称曰"同年"。喜著戏箱锦袍,汉人多买旧袍卖之,以获倍利。未婚男子称曰罗汉,女子曰老倍。春日晴和,携酒食于高岗。男歌女和,悦爱者,以牛角饮之,而苟合焉。

黑苗

在都匀、八寨、丹江、镇远、黎平、清江、古州。族类甚众,习俗各异。衣服皆尚黑,男女俱跣足,陟岗峦,履荆棘,其捷如猿猴。性悍好斗,头插白翎,出入必带刀枪、药弩、环刀。自雍正十三年剿后,凶性已改。孟春,各寨择地为笙场。跳月不拘老幼。以竹为笙,笙长尺余,能吹歌者吹之,跳舞为欢。人死,则前生所私者,以色锦系竹杆插于坟前,男女拜祭也。[1]

显然,作为汉族支系的宋家,由于生活于黔境,生活于苗夷杂处的环境中,而且又远离中央政权和汉文明,因而也被看成苗,虽然其保存了最古老的汉文明传统和习俗礼仪,但远离国家和税收的现实,其被赋予苗的命运就是一种必然。清江苗与黑苗是对于侗族与苗族的描述,其虽然接受了汉文明的影响,但其作为"苗"的特征和标识则仍然是显在的,是与汉族族群不一样的人群。

但也有必要矫正斯科特的观点,虽然生活于湘黔边区的各族群存在"逃避国家"的因素和现象,但对各族群的历史逐一追溯发现,这些族群对于国家的"逃避"更多的只是一种生存上的选择,是一种生存上的权宜之计,而不是一种有预期的、有组织的规划与理想,其族群的整个历史进程,始终还是向着"国家""正统""文明"行进的。湘黔边区错落分布的、人数众多的各类蛮夷,其国家化进程,经历了一个由自在到自

---

① 李汉林:《百苗图校释》,贵阳:贵州民族出版社,2001 年,第 258、165、58 页。

觉的过程。从南宋开始,这一区域的国家力量逐渐显现,到了明中期,国家力量和国家观念已然成为一种现实,因而,生活于这一区域的各族群,即蛮夷,其国家化进程,由自在阶段进入自觉阶段。到清代中后期,湘黔边区各族群,基本上完成了其国家化进程,完全纳入中华民族一体化之中。

我们再回到三锹人的族群意识和族群认同上来。

三锹人又称锹人、锹家、三锹、锹佬,是聚居于湘黔边界区域,以靖州锹里(分上中下三锹)为核心的群体。这来源多元化的人群,在宋元明时期,由于各种因素而聚居于锹里地区,至明中后期渐渐融合成一个新族群。关于三锹人为什么叫三锹人,历来说法多样。靖州本土学者、属于锹里康头寨的三锹人陆湘之提供了三种说法:一是"鲞猪佬"吴刚、"卖柴汉"潘富元、"卖油郎"龙彪偶遇后,自愿结为异姓兄弟,由吴刚带领,以鲞猪为业,因鲞死他人母猪,无钱赔偿,便连夜逃亡至深山大谷中安身立命,当地人知道其来历后,遂称其为"鲞佬";二是指这一区域之男子善于缲制蓑衣,时常走村串寨以此谋生,人们遂将这些缲制蓑衣的人称为"缲佬";三是康头寨光绪年间恩科进士蒋贵善著《松竹斋杂论》的残页中,有疑似三锹人的记载:余询彩鹤,锹当何解?答曰:宋败元鼎明继,鹅丘等地兵勇徙民携妻幼匿居我地,尔等本中原之人,善使锹,土人谓之锹也,后溶为土人矣……吾里先祖聚牛筋岭……今之齐款乃以锹地称,一款一锹,类其域也。[①] 由于缺乏充分的史料文献,我们无法评定哪种说法正确,但在历史上,三锹人一直将自己看成是与汉、苗、侗不同的群体。在三锹人的意识观念中,既不认同于作为社会主流和主导的汉族,也不认同于作为社会主体的苗族、侗族。在湘黔边界区域这个以苗族侗族为主体的多族群社会中,三锹人显然属于少数族群、弱势族群、边缘族群。

三锹人作为一个族群,通过湘黔边界区域的社会历史进程可以进行论述,而且历史文献中也承认三锹人的存在和现实。而在锹里区域

---

① 陆湘之:《复杂社会背景下靖州"锹人"族群的形成和分化》,载《湖南苗学会 2017(靖州年会)论文集》,第 68 页。

进行人类学田野调研发现,作为一个族群的三锹人,一样有强烈的族群认同意识。

　　"认同"是一个心理学概念,意指个体向比自己地位或成就高的人的认同,以消除个体在现实生活中因无法获得成功或满足时产生的挫折所带来的焦虑。就定义来说,认同可借由心理上分享他人的成功,以为个人带来不易得到的满足或增强个人的自信。在一个开放的社会体系中,每一个人都有认同的需要,都需要向比自己高一层级的人或者团队靠近,以此获得明确的社会身份和情感上的归属感、满足感、成就感。崔新建在论述认同时强调:"认同的目的是为了使自我的身份趋向中心。如果说,认同产生危机是自我的被边缘化,那么认同则是自我向中心的自觉趋近。"①个体的认同不是在行为之中发现的,也不是在他人的反应之中发现的,而是在保持特定的叙事进程之中被开拓出来的。从人类组成社会,就是一个有层级、有等次的社会,而这种层次和等次,是通过各种复杂的社会关系体现出来的,置身于这种复杂的社会关系中,个体自然是无助的、孤独的、焦虑的,他必须向高一层级和等次的人或者人群看齐和靠近,这就是认同形成的社会基础。认同是在保持特定的叙事进程中开拓出来的,是指个体在复杂的社会关系中,为减轻和消除内心的无助、孤独、焦虑而进行的一种情感选择和归属表达、身份建构。认同始终是与归属感、满足感、自豪感关联在一起的,与人的社会性、群体性关联在一起,每一个人,时时刻刻都有认同的需要,都会在不同的社会情境中建构起的自己的认同。哪怕临时观看一场完全不关乎自己的比赛,也会由于特定的情境而建构起认同,自主地,或者莫名地偏向某一方,在这种近乎临时性的认同中获得一种存在感。

　　认同有多种形态,有不同类型的认同,但最核心、最基础的认同是文化认同。文化认同是与归宿和身份紧密联系在一起的,是回答和解决"我是谁"这个最根本的终极的问题的,是人确立社会身份的最根本的途径。当一个人置身于某个特定的文化情境中,不与异文化接触,也就是说是一种完全融入的状态,可能谈不上有认同的需要或冲动,因为

---

①　崔新建:《文化认同及其根源》,《北京师范大学学报(社科版)》2004 年第 4 期。

他已经与认同对象同一。也就是说，认同发生在不同的文化接触、碰撞和相互比较的场域中，是个体（群体）面对另一种异于自身存在的事物时，所产生的一种保持自我同一性的反应。在一个封闭的社会中，文化认同对于个人或者群体而言，都不会表现出一种迫切性和必要性。当人们都生活于一个共同的文化情境中，没有感受到个体与个体间在价值观、生活方式、生活习俗上的不一致，没有感受到群体与群体间文化上的差异，尤其是价值观念、思维方式、文化行为、生活方式的不一致，文化认同就不一定是紧迫的或者必然的。但社会的流动性和互相交往、接触、竞争、冲突的特点，就使人类在开始结成人类社会的时候，有了文化认同的需要。文化认同不是现代社会的产物，是人类社会发展进程中必然具有的一种文化心理和文化实践。文化认同是一个群体中的成员在民族共同体中长期共同生活所形成的对本民族最有意义的事物的肯定性体认。文化认同是对人的精神存在做出的价值肯定，它主要通过民族本身的特性、习俗以及生活方式，以"集体无意识"的方式流传至今，融合了人们的各种认同，从而阻止了不同的认同之间因部分认同的背离或异质性而可能发生的文化冲突。社会越是发展，社会间的交往面就越大，文化传播的途径和方式就越来越多，社会的流动性就会更多，不同文化间的接触就更是频繁。从公元1500年开始，人类进入全球化时代之后，人类间的交往空前扩大，不同文化的接触和交流成为常态，文化认同就成为一种核心和基础性的认同，对群体和个人都发生至关重要的影响。在现代社会，在全球化时代，文化认同是所有群体和个人必须面对的，是一种紧迫和必然的心理需求。

三锹人的族群认同，可以简明地概括为居锹寨、讲锹话、唱锹歌、行锹礼、遵锹俗、食锹茶几方面。

居锹寨。三锹人的族群认同最明显的表现在对于"三锹""锹里"的认同。在三锹人看来，凡是生活于三锹区域，生活于历史上的锹里地区的，就是三锹人；凡是从三锹迁徙出去的，也可以看成是三锹人。我们前面强调，三锹是一个区域概念，居住在这个区域的人群一律被看成是三锹人。在传统的锹里区域，有四十八座村寨是三锹人居住的，分内锹靖州二十四寨、外锹天柱（锦屏）二十四寨。据光绪《靖州直隶州志》载：

靖州二十四寨为由一里苗九寨,辖地笋寨、地背寨、地庙寨、菜地寨、岩嘴头寨、黄柏寨、弄冲寨、万才寨、水冲寨;由二里苗六寨,辖柯寨、皂隶寨、孔洞寨、排寨、官田寨、铜锣寨;寨市里苗九寨,辖滥泥冲寨、塘宝寨、交营寨、大溪寨、银万寨、塘龙寨、楠木寨、三江溪寨、高坡寨。外锹天柱(锦屏)二十四寨,分布在新兴里、油鱼里、兴文里等苗三里。新兴里苗上六寨,在今锦屏县境内,为豪江寨、云洞寨、茅坪寨、乌坡寨、合冲寨、令冲寨;其余为清水江油鱼里、兴文里苗十八寨:凸洞寨、地柳寨、地冲寨、抱塘寨、中寨、偏坡寨、雅地寨、凯寨、新寨、楠头寨、棉花坪寨、杨梅寨、刘家寨、高坡寨、秀田寨、竹木寨、地岔寨、杨家寨。在湘黔边区进行田野调研,问到三锹人的分布,他们一直反复表述的就是内外锹四十八寨。在他们的观念中,凡是属于湘黔内外锹四十八寨范畴的,就是三锹人,从四十八寨迁徙出去的,也是三锹人;在一起交谈,只要知道你属于内外锹四十八寨的,自然就认同你是三锹人。在三锹人的歌谣中,还有"三十三锹"的概念。《锹里地理歌》中载:"先开平茶四乡所,再开靖州四鼓楼,古一古二吃牯脏,三十三锹开茶房。"另有"三十三锹织花带,林源上堡绣花鞋"。还有现在仍流传于贵州锦屏岑悟、美罗以及黎平的乌勒、岑堆,俾嗟等锹寨中的歌谣"三十三锹共一礼,九条黄柏共一行,三十三锹几排半,哪锹奉把当排来"等。本土学者陆湘之先生认为,三十三锹是从明朝中叶开始,以靖州由一里、由二里、寨市里(统称三锹里)苗寨为中心向湘黔边界数百平方公里苗族侗族聚居区延伸组合而成的一个巨大的苗款组织,这个庞大的苗款组织在清代中叶已基本形成。以三锹里为"锹头",即由一里、由二里、寨市里苗二十四寨为三锹;绥宁县五锹为罗岩里、石驿里、芙蓉里、半里里、外罗岩里,包括大屯、小水梗头、中团、江尾、蒙团、寺坪、马头、塘冲、苗团、高寨、李家江、黄桑、东山、鹅公岭等数十苗寨;通道县五锹为文坡里、天星里、黄寨里、粟家里、八寨里等数十苗寨,镇远府辖天柱县兴文里、油鱼里清水江苗十八寨为二锹外加后属隶锦屏之新兴里六寨共三锹;黎平府,明清时期,黎平府许多地区实行土司制度,所以各锹不按"里"属苗寨为称。由于年代久远、地名变更等原因,只知道十四锹分布在原湖耳长官司属之江口、隔寨、梧桐寨、同里寨、羊洞、平略、秀洞、元贞(今属三锹乡)、大腮、张寨、排洞、卦治、地崩、瑰娥、瑰金山、铜坡、赛洞、藕洞等二十九寨以及龙里长官司、中林验洞长官司部分村寨(这些村寨现均属锦屏县治下),其余三锹(俗称"锹尾"),指的是明末清初从靖州三锹里迁居到黎平、锦屏、从江等地的锹人居住的村落,这些村落以黎平大稼乡的乌沙、乌勒、岑堆、俾嗟和锦屏县岑悟、中仰等为代表。2017年,为庆祝靖州苗族侗族自治县成立三十周年,靖州苗学会编辑出版《千里古锹寨》[①]文集,对湘黔边界区域三十余座锹寨进行描述介绍,其中既有属于靖州三锹区域的村寨,也有属于大锹里区域的村寨,包括贵州天柱、锦屏、黎平的锹寨和湖南通道、绥宁的锹寨。

讲锹话。讲锹话是三锹人最重要的标志和符号。在回答为什么叫三锹人的时候,许多三锹人一直坚持一个说法:三锹人就是会讲三样话的人、会讲三锹话的人。三锹人作为一个族群,坚称有自己的语言三锹话,正像侗族、苗族有自己的语言侗语和苗语一样。三锹话是由侗语(北部侗语)、苗语(中部方言)、酸汤话(汉语中的方言)融合而成,在三锹人村寨间普遍使用,是三锹人的第一交际语言,只有三锹人才会说三锹话,与之相邻的其他族群,如苗族、侗族均不会说三锹话,而三锹人在会说三锹话的同时,普遍都会说与之相邻的其他族群的语言,如苗语、侗语、汉语。因此,三锹人又将自己表述为懂得三样话的人,即懂得汉语、侗语、苗话。关于三锹人的语言,我们后面还将进一步论述。

唱锹歌。三锹人有自己的歌谣,即三锹歌。三锹歌是用汉语方言酸汤话演唱的一种艺术形式。1984年完成的《三锹人族属的调查报告》中记载:"三锹人有自己独特的民歌。一是酒歌,主要是在嫁女时,在女方家的宴席上主客对唱;二是大歌,主要是在娶亲时,男方家主客对唱;三是'也德歌'(三锹语音译),是妇女在宴席上或送客出门时主客对唱;四是细歌(青年歌,三锹语音译),主要是青年男女在谈情说爱时用来表示羡慕对方而唱。"[②]大歌即著名的"苗族歌鼟",是一种多声部

---

① 胡宏林主编:《千里古锹寨》,长沙:湖南人民出版社,2017年。

② 黎平县"三锹人"族属调查工作组:《黎平县三锹人族属识别调查材料·三锹人族属的调查报告》,黎平县民族宗教事务局档案,全宗号147号。

男声合唱音乐,已列为国家级非物质文化遗产。我到黎平岑趸村、锦屏中仰村和靖州地笋村、黄柏村调研时,都听过三锹大歌的演唱;离开时,妇女们会唱"也德歌"送你出门,直到转过山湾,妇女们送客时那种依依惜别的歌声仍然回响在村寨上空。

行锹礼、遵锹俗。三锹人有自己的礼仪习俗,认为其礼仪习俗与侗族、苗族的礼仪不同,就是与汉族的礼仪习俗也有区别,最突出的表现在结婚和丧葬习俗上。在三锹人村寨调研中,他们最津津乐道的就是婚礼中的习俗,尤其是婚礼时的唱歌习俗和新媳妇在水井边挑水唱歌的习俗。强调是与侗族、苗族的习俗全然不一样的。遗憾的是我从来没有赶上一次三锹人举行婚礼的场面。在《三锹人族属的调查报告》中对三锹人婚礼习俗的记载也最多,我们后面将进一步阐述。

食锹茶。三锹人的饮食中,最钟情的就是三锹油茶,最引以为豪的也是三锹油茶。到三锹人村寨,在吃饭前一定会先吃油茶,三锹人请客人到家中,不是说请去家中吃酒吃饭,而是说请去吃油茶,在路上遇到外乡人,也会主动邀请去吃油茶。在三锹人村寨行走,最让我难忘的也是三锹人的油茶。吃油茶是三锹人最重要的特征和最具标志性的文化符号。三锹油茶又称糊米茶,《三锹人族属的调查报告》中表述:"三锹人最爱吃糊米茶。糊米茶的由来:据说是三锹人的先祖由外地逃荒来时,居住在高坡上。由于没有生产工具,只能种苞谷、小米、饭豆等杂粮为生。平时都吃不上白米饭,逢年过节时,将外出打零工得到的少量大米掺苞米、饭豆等煮糊米茶,供全家过节时吃。从此一代代相传下来直到现在。"[①]

周大鸣说:"任何族群离开文化都不能存在,族群认同总是通过一系列的文化要素表现出来,族群认同是以文化认同为基础的,因此,这些文化要素基本上等同于族群构成中的客观因素。共同的文化渊源是族群的基础,族群是建立在一个共同的文化渊源上的。"[②]可以说,锹

---

① 黎平县"三锹人"族属调查工作组:《黎平县三锹人族属识别调查材料·三锹人族属的调查报告》,黎平县民族宗教事务局档案,全宗号 147 号。

② 周大鸣:《多元与共融——族群研究的理论与实践》,北京:商务印书馆,2011 年,第 30 页。

寨、锹话、锹歌、锹礼、锹俗、锹茶这些文化要素构成了三锹人作为族群的基础,而居锹寨、讲锹话、唱锹歌、行锹礼、遵锹俗、食锹茶也是三锹人自身维护和建构其族群认同的最重要的要素和最具代表性、标志性的符号及最基本的文化实践、文化信仰。

图 2-1 三锹人的糊米茶(余刚 摄)

第二节 族群认同的建构与消解:一座 三锹人村落的当代裂变

从 20 世纪 90 年代以来,族群概念逐渐为大陆学界所接受,且基本上形成比较一致的看法,即将族群作为一个文化概念,是对社会中的人群进行文化上的划分和区别。族群一般被看成是由于共同的文化记忆或文化认知而融合成的人群共同体。马克斯·韦伯说,某种群体由于体制类型、文化的相似,或者由于迁移中的共同记忆,而对他共同的世系抱有一种主观的信念,这种信念对于非亲属社区关系的延续相当重要,这个群体就被称为族群。[1] 我国幅员辽阔,人口众多,历史悠久,辽

———————

[1] 张颖:《族群认同与国家民族认同解析》,《岭南学刊》2012 年第 3 期。

阔的国土上一直生活着众多族群,正是众多族群构成了中华民族。费孝通先生提出的多元一体格局中,一体为中华民族,而多元则是"在中国疆域里具有民族认同的十亿人民",即生活于中国国土上的各种文化人群,共同认同于中华民族。中华民族是在现代中国形塑过程中形成的概念,是对中国的另一种政治表达。族群是自然形成的共同体,民族则是现代国家建构的产物。学者马戎说:"在现代社会中,'族群'越来越显示出'文化群体'的特征,而'民族'则越来越显示出作为一个稳定的政治实体的特征……作为文化群体,随着族群之间的交流日益频繁和大量的族际通婚,各族群成员之间的界限也在模糊化,换言之,都会有部分成员处于被其他族群同化的过程之中。"[①]在全球化时代,由于依存性的增强,族群认同呈现出一种不断建构又不断消解的状态。三锹人村落乌勒的裂变,对此进行了最好的诠释。

三锹人主要居住在清水江支流乌下江、八洋河流域的崇山峻岭深处,与汉族、苗族、侗族杂居,大部分三锹人独立立村建寨居住,少部分三锹人与汉族、苗族、侗族同村共寨居住。三锹人有自己的祖源历史,是明清时期由于清水江流域的山地开发而由湖南靖州锹里地区(今靖州三锹乡为其核心区域)迁徙而来的。在婚姻上,20世纪80年代以前,三锹人主要在三锹人村落间进行婚姻选择,很少与周边一起生活的汉族、苗族、侗族通婚。长期以来,与之一起生活居住的汉族、苗族、侗族一直将三锹人作为一个独立族群看待。在三锹人居住区域,汉、苗、侗、三锹是分得很清楚的族群概念,个人对于自己的族群身份也非常明确。即便三锹人被认定为苗族(侗族)后,三锹人在族源、文化、语言、习俗等诸多方面,仍然维护着对于三锹的认同,周边与之一起生活的汉、苗、侗族群,也依然一如故往地称之为三锹,将其作为一个独立族群对待。

乌勒村是隶属于黎平县大稼乡的一个三锹人村落,位于清水江重要支流乌下江南岸,全村64户,307人,人均耕地面积0.6亩,山林面积约2亩。全村分为吴、潘、杨、陆、张、黄几姓,吴姓占三分之二,由一个

---

① 马戎:《民族社会学——社会学的族群关系研究》,北京:北京大学出版社,2013年,第142页。

大房族繁衍而来，其他姓氏均为几户。吴姓最早落寨，是乾隆年间从湖南靖州三锹乡地笋迁徙来的，先在乌山住了一段时间，后由乌山再迁徙到乌勒。乌山也属于大稼乡，距乌下江约 10 公里。在三锹话中，乌勒作为地名，系指牛赶不回来的地方。传说，乌勒的吴姓祖先由乌山赶牛到乌勒去放养，但牛放在那里却不愿回家，怎样也赶不回来。人们认为那里一定是好地方，就从乌山搬迁了部分人去，从此就有了乌勒寨。为了纪念原来的老寨乌山，就将村寨起名为乌勒，即由乌山分出去的子寨。乌勒人由乌山搬迁到乌勒有 200 多年。乌勒北面和东面是侗族人居住区域，南面和西面主要是苗族人居住区域，其间杂有汉族村寨。乌勒距最近的三锹人村落都在 10 公里以上，是一个独立的三锹人村落。乌勒人以三锹话作为日常交际语，其三锹话与当地苗族土语有更多同源词，一般称之为苗锹。乌勒人几乎同时都会说苗语、汉语、侗语。三锹话中，三锹人自称为"三消"，意为会讲三样话的人，而三样话，即指汉话、苗话、侗话。乌勒虽然是夹杂在苗族、侗族、汉族区域间的一个独立的三锹人村寨，但长期以来，乌勒人一直顽强地维系着对于三锹的认同。

20 世纪后期，中央实行西部大开发策略后，黔东南的母亲河清水江进行水利开发，在其下游修筑三板溪大型水电站。位于乌下江南岸的乌勒正处于电站库区淹没线上，属于三板溪水利工程中的库区移民村寨。整个村寨要垂直搬迁 50 米，大部分田地和林地被淹，根据房屋、田地、山林被淹情况，整个乌勒 64 户人家分为两类，一类是房屋、田地、山林均被淹的，则直接外迁；另一类是房屋、田地、山林未完全被淹的，则根据情况和自己的经济承受能力选择，可以选择就地安置，也可以选择外迁，但外迁的补偿则不一样。2003 年，随着西部大开发的日益推进和三板溪大型水电站的蓄水，由 64 户人家组成的三锹人村寨乌勒发生裂变：24 户垂直上迁 50 米，建立新乌勒寨；16 户迁至黎平县城北郊名北塔桥的地方；12 户迁至黎平县城东郊名上五开的地方；12 户迁到黎平县敖市镇敖市村辖地。外迁至北塔桥、上五开、敖市的乌勒人——为行文方便，分别称为北塔桥乌勒、上五开乌勒、敖市乌勒——总体上是集中居住在一起，房檐相挨，地基相连，只是北塔桥乌勒居住区中，杂有几户当地居民。至此，有 200 年以上历史，仅只 64 户人家的乌勒村寨,裂变为四处居住点。

　　乌勒村寨从建寨起就一直孤立地立于苗族、侗族、汉族村寨间,为苗族、侗族、汉族村寨所环绕,但200多年来,只有二三百人的乌勒村寨,却一直顽强地维系着对于三锹的认同,是一个纯粹的三锹人村落。2014年8月,我与同是三锹人的朋友潘健康到位于乌下江南岸的乌勒寨进行田野调研,随意走进一户人家,遇到几个上小学一二年级的女孩子。潘健康用三锹话问她们大人去哪里,她们立即用一口熟练的三锹话回答。见有客人来,周边的人都主动聚拢来与我们交谈,说的都是三锹话,直到我说汉话后,他们才改用汉话与我交谈,但与潘健康交谈,还是用三锹话。整个交谈中,所有人都很在意三锹人的身份,强调与周边的苗族、侗族不一样。我问他们,为什么不一样,你们不是也一样会说苗话、侗话吗?他们说,那还是不一样,我们是锹嘛——我们会说苗话、侗话,但苗家侗家不会说锹话。从三锹来的就是锹,不从三锹来的就不是锹。在乌勒这样一个族群孤岛,族群间的互动是时时发生着的,但族群间的边界却一直很明晰。这是一个很有意味的人类学课题。

图2-2　黎平县城边上五开乌勒村民组,现已经成为黎平城区之一部分(余刚 摄)

　　巴斯为《族群与边界》一书作序时说："一旦（把族群）定义为归属性和排他性的群体，族群单位的维持性本质便很清楚了：它取决于边界的维持。"维持族群的边界有地理边界，但更重要的是社会边界。他强调，"维持族群间的联系不仅隐含了认同的标准和标志，而且隐含了允许文化差异存在的互动的架构"；"在族群边界存在的地方，他们更多地依赖微妙和特定的机制，主要与某些地位和组合不可行性有关"。① 王明珂也认为："族群由族群边界来维持：造成族群边界的是一群人主观上对他者的异己感（the sense of otherness）以及对内部成员的根基性情感（primordial attachment）。"②族群边界的存在和维持，取决于族群成员间的归属感和认同感，而这种归属感和认同感的形成与获得，既在于族群成员间共同认为和承认隐含着某种原生的、根基性的文化因素，也在于族群与族群间发生互动时构成某种特定的关系，比如族群间在资源竞争中建立起的某种关系，或者族群间在社会化过程中构成的某种关系。香港学者陈志明说："社会化的不同类型及强度都会引起对其类型不同的冲击及族群情感的强度。社会化的经历也包括生活在异族人中及生活在民族国家中的经历。"③族群认同既包含一种主观性的认识和想象，更包含客观性的社会化现实关系。

　　在乌勒村和其他三锹人村落进行田野调研发现，三锹人自我建构的族群认同的标准和标志有几方面：一是祖源认同，三锹人一致认同于他们是从湖南靖州三锹地区迁徙而来的，祖先是从三锹迁徙来的就是锹，反之则不是——周边的苗族、侗族、汉族族群没有这样的祖源认同；二是三锹话，懂得三种话，即苗话、侗话、三锹话的就是锹，反之则不是——与之生活在一起的苗族、侗族、汉族族群都不会说三锹话，且仅会说本族群的话，即苗族人只会说苗话、侗族人只会说侗话；三是四十八寨的概念，三锹人反复强调有四十八寨，属于四十八寨的就是锹，反之则不是，却不能列数出具体的四十八寨来；四是三锹歌和三锹礼，三

① 徐杰舜主编：《族群与族群文化》，哈尔滨：黑龙江人民出版社，2006 年，第 47、48、59 页。
② 王明珂：《华夏边缘：历史记忆与族群认同》，杭州：浙江人民出版社，2013 年，第 4 页。
③ 徐杰舜主编：《族群与族群文化》，哈尔滨：黑龙江人民出版社，2006 年，第 288 页。

锹人有自己的歌谣和婚姻恋爱的礼俗,尤其是三锹歌,是一种用独特的汉语方言酸汤话演唱的歌谣形式,在黎平、锦屏交界的广大区域,只有三锹人会用酸汤话唱歌,其他族群的歌谣都是用本族语言演唱的;五是糊米茶,三锹人强调爱喝糊米茶的就是锹,反之则不是。

三锹人建构起来的这种族群认同的标准和标志,既有一种源于根基性认同的主观想象,三锹人一致认同湖南靖州三锹地区是其祖源地,这与族群理论中原生论者的观点相一致;但更多地体现出一种客观性的社会化关系,体现出一种文化上的差异性。三锹人是在明清时期由于清水江流域的山地开发而由湖南靖州的锹里地区迁徙而至的,主要以佃种山场和林木种植砍伐为生存方式,在三锹人到来之前,黎平、锦屏交界区域主要是苗族、侗族族群生活区域,在人口数量上和历史渊源上,他们都比三锹人众多和悠久,是这一区域的主体族群,虽然汉族差不多也是在明清时期进入这一区域的,但比之三锹人更具有一种天然的优势性。作为后来移民,三锹人一直处在社会的最底层。王宗勋在论述清代清水江中下游区域的族群关系时说:在这一区域,"外来新来移民,本地多称之为'来人',意为外地进来讨食之穷人,地位处于最下层,文斗、平鳌等寨甚至不允许他们进寨居住,只能在所佃山场起棚窝居……时间长了,所窝居之处自然就成了村落"①。从族群互动来说,后来的、外来的三锹人显然是属于少数族群、弱势族群,必须主动与这些主体族群、优势族群互动,以此获得他们的认可和容纳,这种互动关系,是三锹人普遍会说三种话的根本原因。陈志明说:"语言是族群认同的一个重要标志,但语言的丧失并不一定意味着族群认同的丧失。"②三锹人强调三锹话,但他们更强调会说三种话,在他们的意识中,三锹人就是晓得三种话的人。③ 晓得三种话,本质上体现三锹人对于多族群环境的一种主动妥协与适应,是身处多族群环境中不得不采

---

① 王宗勋:《从锦屏契约文书看清代清水江中下游地区的族群关系》,《原生态民族文化学刊》2009 年第 1 期。

② 徐杰舜主编:《族群与族群文化》,哈尔滨:黑龙江人民出版社,2006 年,第 294 页。

③ 黎平县"三锹人"族属调查工作组:《黎平县三锹人族属识别调查材料》,黎平县民族宗教事务局档案,全宗号 147 号。

取的一种生存策略。四十八寨概念,是三锹人划定的一个地理边界,也是一个文化边界。从地理边界来说,作为后来者、外来者的三锹人,其生存必须依托一定的地理空间,四十八寨空间概念的建构,其深层隐含的是三锹人在黎平、锦屏交界区域建立合法身份的一种努力和愿景,是作为少数和弱势族群而增强自信心的一种表达方式,是三锹人在资源竞争中能够和自愿提供出来的一个筹码。某种程度上,三锹歌、三锹礼和糊米茶是三锹人区别于周边苗族、侗族、汉族族群的最显在的文化差异。与三锹人生活于同一区域的苗族、侗族族群都有其独特的歌谣,这一区域内的苗族飞歌和侗族琵琶歌,都是用各自族群语言和音乐曲调演唱的歌谣,之间差异巨大,是代表苗族、侗族文化的标志性符号。三锹歌是流行于三锹族群间的歌谣,用酸汤话演唱,而酸汤话则是带有明显赣语色彩的湘语,属于湘语娄邵片的绥会小片,是汉语歌谣[①]——酸汤话与三锹人之间的关联性,还有待进一步研究。显然,我们可以将三锹歌作为三锹族群的一种标志性符号。糊米茶是三锹人特别爱吃的一种饮食,周边苗族、侗族族群也一致认为糊米茶是三锹人的饮食习惯。我们进一步追溯发现,生活在这一共同区域的各族群间,既在文化上有许多共同的方面,比如在节日习俗、生产习俗等方面,但在文化上又都有各自的细微区别,存在一些特定的机制。其实,三锹人在这里强调三锹歌、三锹礼和糊米茶,主要不是为了显示其在文化上与其他族群存在多大的差异和具有怎样的特色,更多的是具有显示族群的一种象征意义,是在族群互动中作为一种族群边界来强调和显示,体现族群社会化的一种内在机制。

乌勒村位于黎平县边界上,北面、东面、西面是锦屏县的侗族、苗族族群的村落,距离乡政府所在地大稼在 30 公里以上,同时,乌勒又位于黎平县三锹人村落最边缘地带,周边为苗族、侗族、汉族村落环绕,是三锹人的一个族群孤岛。在 2005 年 311 省道开通前,乌勒不通公路,是大稼乡最边远、最贫困的村寨,到达通公路的平底村,要走 10 公里以上山路,而到达行政村辖地归斗,山路里程近 15 公里。可以想象乌勒的

---

① 杨钦:《锹里地区"酸汤话"语音研究》,中南大学硕士学位论文,2012 年。

孤僻和闭塞。乌勒的这种封闭,正是 200 年来乌勒三锹人族群认同能够建构起来和保持下来的重要方面。传说中是乌勒的祖先由乌山到乌勒去放牛,牛不愿意回来,就在乌勒定居下来,但根据三锹人在黎平、锦屏交界区域的普遍的落寨史推断,应该是乌勒祖先由乌山到乌勒佃种山场,渐渐取得合法身份而在乌勒定居下来,这里隐喻的是一种族群间的资源竞争关系。但在这种竞争关系中,作为少数和弱势族群的三锹人,获得和占有的是地理边缘地带的有限资源,并未构成对其他族群资源的威胁,而且,这些资源是他们通过正当的但又是不对等的出卖劳动力的方式获得的,其合法性应该得到社会习俗和伦理的认可和保护。一旦其保证基本生存的资源固定下来,区域间的族群互动就会呈现出一种稳定模式,这种简单古朴的生产方式、生活方式中的稳定模式,会从另一方面促进族群认同的持续保持,有利于维护清晰的族群边界。王沪宁说:"资源总量制约着社会选择组织形式,一个社会没有足够的资源总量,它就只能选择较为古老和简单的组织形式。资源总量的多寡与生产力发展的水平密切相关:生产力发展水平高,社会的资源总量就多;生产力发展水平低,社会的资源总量就寡。"[1]在明清时期,清水江下游区域的社会组织形式是古老的、简单的。至少在清代中期,清水江中下游区域都还处于原始自然氏族向封建宗族转化的进程中,整个社会的组织结构是简单古朴的。但山地林业的开发、资本的不断引入、交易市场的形成,推进了这一区域向封建商品经济转化,向初级契约化社会迈进,[2]这种契约化,使区域间族群的互动更多地呈现出正向性,而这种正向性,对于族群认同的保持和维护,无疑产生推动作用。乌勒作为一个族群孤岛,其族群认同能够一直保持和维护下来,与整个清代

---

[1]　王沪宁:《当代中国村落家庭文化——对中国社会现代化的一项探索》,上海:上海人民出版社,1991 年,第 32 页。

[2]　从 20 世纪 80 年代开始,清水江下游地区明清时期的各种民间交易契约不断被发现和整理出来,这些契约包括林木交易、山场买卖、土地租佃、房屋出售、家庭分立等。现在收集到的各种契约已超过 10 万份,尚藏于民间的契约当在 100 万件以上,被学界称为锦屏文书或者清水江文书,与敦煌文书、徽州文书、明清宫廷档案一起并称为四大文书。

清水江流域的社会环境是密切关联的。

在 20 世纪 50 年代初期开始实行民族成分划分以前，三锹人的族群认同是稳定的，其族群意识强烈而明晰。历史上的族群互动中，三锹人一直将自己与周边的苗、侗、汉族群清晰地区别开来。1982 年，在黎平三锹村落俾嗟村（距乌勒 10 公里）翁九老塘中发现的一块立于清乾隆十四年（1749 年）的三锹款约碑记载："（二）男女婚姻务须从父从母，原规结亲，不准扒亲赖亲，水各水，油各油，不准油来拌水，亦不准水去拌油，倘男不愿女罚银三十三，若女不愿男罚银六十六。（三）倘遇外来之侮，阖里应齐心以击，尤对客家与苗家，更应合力以抗之。"①三锹人一直认为自身是与苗（包括如今之苗、侗两个族群）、汉不一样的群体（族群）。但在民族身份认定中，将三锹人认定为苗族、侗族，这使得三锹人的族群意识第一次产生一种模糊性，使其族群认同出现某种程度的动摇。三锹人始终不乐意于认同为苗族或者侗族。因此，当 80 年代可以对民族身份进行再认定后，三锹人就提出了认定为三锹族的请求，这次努力，三锹人获得了待识别民族身份待遇。但这种身份很快就取消了，在 90 年代初期，三锹人整体上划入苗族或者侗族中。行政上将三锹人族群身份认定为苗族、侗族的强力推进，使三锹人族群认同的根基发生了动摇，整体上陷入某种身份危机中。这是从政治和政策层面导致的三锹人族群认同的消解。

改革开放后社会经济的发展与当下遍及世界的全球化进程，使三锹人的族群认同进一步消解。

首先是三锹人婚姻圈的解体。三锹人迁徙至黎平、锦屏交界区域以来，一直维系着严格的族群内婚姻制，在族群内部选择婚配，很少与周边苗族、侗族族群通婚。我在三锹人村落田野调研时，老人普遍说，与外族通婚是在解放后才有的，有了就会被赶出村寨。"文革"后情况变化了，控制不了了，但还是害怕。据成立于 1981 年的黎平县"三锹人"族属调查工作组调查，1982 年，岑趸全寨 245 对夫妻中，有 226 对

---

① 黎平县"三锹人"族属调查工作组：《黎平县三锹人族属识别调查材料》，黎平县民族宗教事务局档案，全宗号 147 号。

夫妻是族群内婚姻,只有 19 对是与周边苗、侗族群婚配,大多是"文革"后期和改革开放初期发生的。① 但这种族群内婚姻模式随着中国社会经济的进一步对外开放和全球化进程的加速而出现解体。20 世纪 90 年代中后期,农村劳动力涌向城市的打工潮波及居地偏远闭塞的三锹人村落,青壮年男女纷纷外出打工谋生,一个全新的世界第一次在三锹人中青年眼中呈现,金钱、商品、市场、价值、机遇、信息、网络、科技、交通、走私、毒品、犯罪……现代社会和全球化中涌现的各种事物与现象、思潮,与三锹人固守的传统观念、传统生活方式发生冲突,加速了三锹人身份的焦虑与困惑。表现在族群认同上,就是青年人不再恪守族群内婚姻的传统,尤其是三锹青年女性,凭借其性别上的优势——在中国,实行自由婚姻后,女性在婚姻选择上明显优于男性——纷纷选择与外族群经济条件相对好的男性婚配。至 2000 年后,三锹人的传统婚姻圈完全坍塌。2014 年,我到三锹人村落调研,许多村落已经有很多年没有本村女性嫁与本村男性了,也由此导致三锹人村落间的婚姻生态出现严重失衡,即大量适婚年龄的男性找不到配偶。距乌勒约 20 公里的岑迮村,有 1017 人,240 户,全村 26 岁至 50 岁未有配偶的男性达 78 人,涉及 65 户,几乎每 3 户人家中,就有 1 户有超龄而未有配偶的现象,其中 35 岁以上未有配偶的成年男性达 31 人。

其次,作为"鳌族"的族群意识被削弱。20 世纪 90 年代后期换发第二代身份证,黎平三锹人原为"鳌族"的身份不能通过计算机程序,必须改为苗族或者侗族。为了方便外出打工,人们只有接受这一现实,将身份证上的民族改为苗族或者侗族。作为身份标志的身份证上的族群身份的改变,严重削弱三锹人的族群意识。2013 年 11 月,我在福建遇到一个在外打工的三锹人,我问他是什么民族,他说是苗族,当我进一步问是不是三锹人时,才向我承认是三锹人,但改为苗族了。我问他,为什么不称三锹了呢? 他无奈地说,坚持报"鳌族",身份证就办不到,而没有身份证,就寸步难行;再讲,说是"鳌族",大家都不懂,问来问去,

---

① 黎平县"三锹人"族属调查工作组:《黎平县三锹人族属识别调查材料》,黎平县民族宗教事务局档案,全宗号 147 号。

蛮歧视你的——我们在外的三锹人都说是苗族。

再次,作为三锹人文化表征的事物和现象逐渐丧失。周大鸣说:"族群认同主要是文化的认同,我们认为文化是维持族群边界的基础。任何族群离开文化都不能存在,族群认同总是通过一系列的文化要素表现出来,族群认同是以文化认同为基础的,因此这些文化要素基本上等同于族群构成中的客观因素。"①三锹人的祖先传说、三锹话、三锹歌、三锹礼俗、糊米茶等,这些都是作为三锹人标志的重要文化表征,但在 20 世纪 90 年代中后期影响到三锹人的现代生活和全球化方式,使三锹人的这些传统的文化表征受到严重削弱。一是三锹人婚姻圈的解体,直接影响到婚姻恋爱习俗,而婚姻恋爱习俗的改变,则直接导致主要是在婚姻恋爱场合演唱的三锹歌的式微,而三锹礼俗,更多的是附着于婚姻习俗的,因此,同时式微的必然包含三锹礼俗。二是三锹话作为三锹人日常交际语言的地位发生动摇,外出打工谋生的中青年人,为了更好地适应外面的现代生活,必然地放弃作为母语的三锹话,主要以普通话与外界交往,三锹话渐渐由第一语言退居为第二、第三语言。现在三锹人村落中虽然主要还是以三锹话作为交际语言,但其绝对的主导性已然不在,外出回乡的中青年人,往往是三锹话与普通话并说,形成三锹人所说的那种不客不锹的状态。三锹话是三锹人族群认同的重要边界,三锹话的式微,显示三锹人族群认同面临的危机。

最后,日渐深入乡村的现代生活方式,使传统村寨间历来存在的那种互相依赖性减弱。传统生活是血缘与地缘的结合,是粘着于土地的,村寨与村寨之间,尤其是三锹人村寨间,历来存在一种血脉般相依存的紧密联系,这些联系既包含血脉亲情的,也包含生产与生活方面的,谁也离不开谁。但现代生活方式不但强化了个人的独立性,也强化了村寨的独立性,这种独立性严重削弱了三锹人村寨之间的那种传统链接,对于其族群认同显然会有影响。

我们回到具体的村寨乌勒。

作为散居于苗、侗、汉族群中的三锹人,面对全球化时代进程中政

---

① 徐杰舜主编:《族群与族群文化》,哈尔滨:黑龙江人民出版社,2006 年,第 249 页。

治、经济、文化等各种因素的影响,其族群认同面临消解是一种不可选择的现实。在这个进程中,作为族群孤岛的乌勒,其面临的族群认同危机显然比之其他三锹村寨更严峻。

乌勒分立四地,北塔桥乌勒、上五开乌勒、敖市乌勒均立于以汉族群为主体的生活环境中,随着黎平县城的扩建,北塔桥乌勒与上五开乌勒已经成为城区之一部分,而敖市乌勒所在的敖市,从来是黎平县最发达的商贸集镇,这样一种现代的生活环境,对于一直生活于传统社会中的乌勒人,完全是一种全新的生活。只有 28 户(北塔桥乌勒 16 户,上五开乌勒、敖市乌勒共 12 户)的乌勒人置身于这个环境中,就像一滴水溶于一池水中,很快就会被泅漫浸渍。第一,他们由纯粹的村民变成了市民,要学会在城里打工生存,有做清洁工的、有卖菜的、有做建筑的、有挖土的、有做木工的,他们为谋生做各种事,独立面对社会与生活,站在他们身后的,主要是家庭、家族,而不是族群。如果不是专门提及,他们一般不主动向人们提到三锹的身份。第二,三锹话除了在极有限的场合外,大部分没有表达的地方,在学校接受教育的孩子和在外的青年人大多不会说了,唯有老乌勒来人了,大家才能畅快地说三锹话,才觉得和记起自己是锹。第三,除了老乌勒寨,他们差不多切断了与其他三锹村寨的联系——不是他们要切断,而是因为空间距离和迫于生计而不得不切断这些联系。在一般的三锹人看来,由于他们置身于城市中,置身于现代生活中,他们与传统的三锹已经不一样,又由于他们分散于三处,户数又太少,已经不能称为村寨了。第四,融于"现代"的生活现实,他们更关注和在意的不是是不是锹,而是能不能在城里生活下来,为"现代"生活所容纳,过一份像城里人一样的生活。第五,作为锹的文化不能得到很好地表达。他们要学着像城里人一样生活,按照城里的习俗恋爱、结婚、生子、死亡,更多的时候,三锹歌和三锹礼成为一种遥远而又亲切的回忆,糊米茶也更多成为一种记忆中的味道。

严格意义上来说,北塔桥乌勒、上五开乌勒、敖市乌勒的三锹人已经成为一群族群身份模糊的人。北塔桥乌勒的吴德利在接受我的采访时就无奈地说,真不好说自己是哪里人!说是乌勒人,又在城里坐;说是城里人呢,又觉得不是——变得城不城,乡不乡,苗不苗,锹不锹的了。

但乌勒人从来没有停止过努力，一直艰难地、刻意地，甚至悲壮地进行着三锹人族群认同的再建构。

搬出来的40户乌勒人，每户或多或少都还有一些田地或者林地在乌勒，但没有一户愿意放弃这个权利，有些人家的田地和林地面积很少，仅是一种象征性意义，但他们愿意保留着，用他们的话说是回去的一个理由，而本质上，这些田地和林地具有一种"根"的隐喻意义，乌勒将是他们继锹里和乌山之后，又一个具有祖源意义的文化地理单位。在四处乌勒中，最重要的活动是春节和清明。春节和清明的时候，四处的乌勒，会以房族为单位，集会在一起，先是大家回乌勒去，然后又将乌勒的人接回城里来。这是传统社会中最常见的做客交往的形式，但对于乌勒而言，则是他们强化族群认同、重新建构乌勒地方的一种文化实践和努力。确定乌勒作为库区移民村寨后，政府制定了较为灵活的安置方案，他们既可以单独去找地方，看中后由政府帮助做安置工作，也可以集体安置在一处。最后，所有确定移民的人家，没有一户单独去找地方，而是集体居住在一个共同的地域内，说方便互相照应。这实际上显示了他们对于族群和村庄的强烈的依赖感。从2003年至2014年，住在三处的乌勒人依然紧紧地团住在一起，没有一户人家搬出去，维护作为一座村寨的基本格局。吴德利在清泉路边上建有一座房子，但一直出租，仍然愿意与北塔桥的乌勒住在一起，他的孩子已经结婚了，在城里工作，也不愿意到新屋去住，说是大家在一起心里踏实。在乌勒人的观念中，分立四处的乌勒，本质上还是一座村寨，虽然空间距离让他们的日常交往受限，但在节日时，或者哪一家有红白喜事时，四处乌勒都会聚在一起。2014年8月22日，留在乌勒的吴大妹的孩子结婚。我问她，各处乌勒的人都会来吗？她肯定地说，都会来，还邀请我参加。所有乌勒人心中，都有深深的、浓稠的三锹人情结、乌勒人情结——乌勒已经成为北塔桥乌勒、上五开乌勒、敉市乌勒的根基性原生纽带。

约翰·汤姆林森在论述全球化时，将全球化称为"复杂的联结"，认为全球化时代是一个文化全面转型的时代。[①] 在当今世界,全球经济一体化越来越成为一种主要趋势,但同时,国家、地方、民族间为了各自的价值目标而进行的竞争也呈现出越来越激烈的趋势,在一体化中包含了多极化的趋势。而作为国家、地方、民族价值符号的文化,则更呈现出复杂的状况。经济的全球化不能带来文化的全球化、同质化,它带来的是文化的多样化,文化发展表现出两种趋势:一是文化的非领土扩张(有的学者称为非地方化),一是文化的本土重建(有的学者称为再地方化)。[②]

在全球化进程中,在现代生活冲击下,作为边缘族群的三锹人的族群认同面临危机,这是当下要面对的现实;作为三锹人族群孤岛的乌勒在全球化进程中发生裂变,这更是乌勒的当下现实。但全球化就一定会带来三锹人族群认同的消解吗? 乌勒的裂变就一定会带来乌勒“地方”的消解吗?

这是一个值得学术界探讨的有意味的课题。

图 2-3　作者在敖市镇乌勒村民小组调研(余刚 摄)

---

① ［英］约翰·汤姆林森著:《全球化与文化》,郭英剑译,南京:南京大学出版社,2002 年,第 2 页。

② 余达忠:《全球化时代的文化:非领土扩张化和本土重建》,《重庆邮电大学学报(社科版)》2010 年第 6 期。

第三节　岑趸村九组：三锹人都市
生存的人类学考察

岑趸是我研究三锹人的起点。

我是从岑趸知道三锹人的，也是从岑趸开始研究三锹人的。1984年，我到黎平一中任教，也在这一年，作为三锹人的潘健康从贵州师范大学毕业分配到黎平一中工作，我们同住在一排简易的平房里，年龄相近，个性相投，又同上一个班级的课，自然就成了很好的朋友。我由此知道了三锹人，知道了岑趸，但没有想到三锹人和岑趸会成为我研究的对象。

我第一次到岑趸是在 1991 年暑期，高考后分数还没有出来的日子，我们一起到尚重片区的学生家走访，回来后由大稼乡去了岑趸，在潘健康家住了两天，那时，我刚开始接触民族文化，看了几本人类学的书籍，试着从人类学视角观察岑趸，但也一直不得要领。后来就几乎忘记了岑趸作为一个民族村寨的存在意义，自然没有再到岑趸去。直到 2014 年，我申报的"边缘族群苗族三撬人生存现状调查与研究"的课题获得国家社科基金立项之后，我才意识到，这座二十多年前住过两个晚上的村寨，在我整个的研究中，有着怎样沉甸甸的分量。

岑趸是黎平境域最大的三锹人聚居村寨。潘健康曾经为其家乡岑趸写过一篇《岑趸，燕子窝里的古锹寨》的随笔，对岑趸进行描述：

> 岑趸，原名岑抵、岑堆，后以鏊语取谐音为岑趸。位于大稼乡东部，距乡政府驻地 10 公里。坐落于青山界支脉延绵半坡的中山丘陵中，海拔 940 米。岑趸在明清两朝隶属古州司管辖，民国时期属高东乡第三保。中华人民共和国成立后，1950 年设大稼乡第三村，1957 年设岑趸工区，1959 年设平绍公社（三合大队），1981 年 9 月，改称岑趸大队，1984 年 5 月，改称岑趸村，属贵州省黎平县大

稼乡所辖。全村辖1个自然寨，8个村民小组，240户，1017人，均为鍫族（后纳入苗族）……从乡政府所在地大稼沿大（稼）—平（底）公路出发，约半个小时后便进入岑戛村界，这是一条修建于20世纪80年代初的通村公路，现已完成了水泥硬化改造。翻过岑戛与岑舍分界的扣令坳，公路便凿穿于半山的石坡上，路外侧是壁立的陡崖，人车需高度小心。在村前公路的"U"形拐弯处，一道悬瀑首先吸人眼球，岑戛人称之为"变婆瀑"。这是一个三级瀑布，高约百米，高悬于寨前狭谷上，两侧是险峻的崖壁，因传有人在傍晚时分见到有高近八尺、披头散发、全身长毛的怪兽，即传说中的"变婆"，故称此地为"变婆瀑"。这里曾是鸟兽藏身之所，常有鸟、猴在瀑边的岩壁上嬉戏。清流从百米高的悬崖上倾泻而下，如彩虹、似银河，美轮美奂。路人经此常驻足观赏，俨然一幅美妙的山水画卷。再沿公路前行200余米，便来到两岔路口，道路交叉处置有村民为乞求幼儿平安而立的石碑（将军箭），右直行去往原小乡所在地平底，左上行便进入岑戛鍫寨。在入寨的小路上，有一个斜扶于路里侧的"背崽岩"（岩背崽），婉如一位暮归的村妇。据传很久以前，一位来自榕江的妇人背上背一小孩来到此处歇足后就失去了踪影，后来人们发现此处岩石演变成了高十多米，且背负小石的鱼鳞状"子母岩"，当地人遂称其为"岩背崽"。这大小叠加的"背崽"岩石还有一个神奇功能——预报火警，如若岩体骤然变红，则预示火灾将临，需加紧防范。当地人曾对这神奇的"背崽岩"顶礼膜拜，每遇灾星病痛，村民们会到岩下焚香、烧纸、讨饭，祈求保佑。只可惜这神奇之石现已被公路土石掩埋而遭受冷落，逐渐被人们所遗忘。来到寨边，坡塝上一道连天的梯级吊脚楼群映入眼帘，这是从寨中搬出的村民回归新建的民居群落，依斜坡拾级而上，有居高临下之感。每遇客人入寨，居家的女人、小孩都会凭窗招呼、问候容留，这是三鍫人的好客之俗。岑戛人管这里叫"洋罗"，意即"老寨（宅）"，是先期来到岑戛的先民驻足的宅地，后因家养的鸡鸭出圈后长期不思归窝，先民遂随鸡鸣声往寻，但见距"洋罗"数百米处有一山环水绕之所，四周山林环绕，中两汪青池，波光粼粼，家禽在此啄食嬉戏而乐不思归。议之:此处山水相合,乃风水吉地、阳居明堂也。遂迁入开发、定居成寨。因这山环水绕之所犹如一个深藏于半坡中的燕窝,人们便把这个地方叫"燕子窝"。[1]

岑迓全村分为吴、潘二姓,均是清初期和中期从靖州三锹地区迁徙而来的,是正宗的三锹人。几百年来,岑迓人一直维系对于三锹的自觉认同。改革开放以前,岑迓人的婚姻一般都在吴潘二姓间或者周边三锹人村落间选择,很少与其他族群结成婚姻关系,故较好地保持了三锹人村落的纯正性。[2] 正是岑迓人自觉的族群认同意识和族群内、村寨内的婚配关系,使得岑迓人无论是对外或者是向内,都形成一个团结有序、整饬和谐的群体。

在 20 世纪 70 年代以前,岑迓人外出工作、学习的人很少,均在本村务农,很少与外面有交流交往,即使有所交流交往,也局限在周边三锹人村寨间。70 年代之后,情况有所改变,开始有岑迓三锹人到乡镇工作。尤其是 1971 年设立岑迓完全小学后,小学毕业后再读初中、高中的人逐渐增多,这些人中,很多人又进一步有深造或者就业工作的机会,成为第一批离开岑迓本土的人。1977 年恢复高考制度后,通过升学考试考取大中专院校而离开本土的岑迓人有 60 余人,主要以从事中小学教育工作为主体。潘健康就是第一个考取本科院校的岑迓人。他 1984 年从贵阳师范学院毕业后,在黎平一中任教多年,后任黎平县教育局副局长、德顺乡党委书记、黎平县教育局党组书记、县人大教科文委主任,是岑迓村知名的文化人。20 世纪 80 年代初实行联产承包责任制后,农民从集体生产的束缚中解放出来,有部分岑迓人走出村寨,凭借体力或者手艺在尚重、孟彦、大稼等集镇谋生,甚至还有人进了黎平城。进入 90 年代,遍及全国的打工潮影响到岑迓,中青年人纷纷外出打工,留守在村寨的,主要是老年人、儿童和不能离开的妇女。岑迓

① 胡宏林主编:《千年古锹寨》,长沙:湖南人民出版社,2017 年,第 183～185 页。
② 见余达忠:《边缘族群三撬人婚姻生态的社会人类学分析》,《吉首大学学报(社科版)》2015 年第 6 期。

支书吴汉生说,近二十年来,打工的岑虿人遍布全国各地,除了西藏、新疆等地,每个省都有在打工的岑虿人。部分打工的岑虿人在有了初步资金积累后,选择回黎平发展,在县城做力所能及的事,比如从事生猪屠宰买卖、开小饭馆、蔬菜贩运、建筑装修等。进入2000年后,通过各种方式到黎平城安家立户的岑虿人逐渐增多,形成一个小群体,为在岑虿本土之外再成立一个村民小组创造了条件。

岑虿村九组就是在这样的背景下成立的。

岑虿是由一个独立的自然村组建成的行政村,共分为八个村民小组,全村吴潘二姓1017人分属于八个村民小组中。在黎平城的岑虿人群体,其身份归属和情感认同都是岑虿,因此将在黎平成立的岑虿人群体称为岑虿村九组——2014年,岑虿村新建村委会落成,住黎平的岑虿人送了一块庆贺的牌匾,其落款即为岑虿村九组。

岑虿村九组2011年成立,由在黎平定居安家的岑虿人潘贵生、潘远来、吴汉模、潘健康、潘远银五人发起。

在他们提供给我的一份"岑虿村住黎平村民小组花名册"的序中表述道:

> 岑虿人素有勤劳朴实、艰苦创业、互相帮助、团结友爱之光荣传统,岑虿村是养育我们成长的故土,家乡是美好的,我们都生活在家乡这片热土上,朝夕相处,情同手足,亲如一家。
>
> 日月流逝,随着我国改革开放政策的不断贯彻深入及城镇化建设的发展,几十年来,我们岑虿村先后有几十户人家离村进城就业、创业,住黎岑虿人队伍不断发展壮大。由于居住分散,各自忙于自己的事业及行业,互相联系较少。为了加强本村人在黎平的联系,增进互相间的感情,经大家多次倡议,2011年8月2日,潘贵生、潘远来、吴汉模、潘健康、潘远银五人在潘贵生家商量,议定于2011年8月6日到潘远来家举办住黎岑虿人聚会,并商定成立岑虿村住黎平村民小组。
>
> 本村民组的宗旨是:互相信任,互相学习,团结互助,维护权

益，主持正义，携手同行，共同发展。①

从 2011 年成立至今，岑戈村九组已经到了第三届，由最初的 25 户人家发展到 35 户人家。我对他们进行采访的时候表示，还有几户人家已经表达了要加入的意愿，小组规模要达到 40 户。岑戈村九组是由在黎平的岑戈人自发、自愿结成的，加入的条件有三个：一是必须是岑戈村人，二是以家庭为单位，三是必须在黎平定居。他们初步统计，在黎平生活的岑戈人家有近 60 户，定居下来的有 40 多户，有 10 余户还没有定居下来。在黎平定居下来的岑戈人分为三类：一类是有正式工作单位，领固定工资，在行政和事业单位上班的人群；二类是在黎平从事小商小贩等商业贸易活动的人群；三类是从事建筑、家装、杂工、环卫等劳动的人群。岑戈村九组 35 户中，第一类有 13 户，第二类有 8 户，第三类有 14 户，总计人口 170 余人，以男性为户主，嫁出去的岑戈女性没有加入。但他们表示，下一步如果嫁出去的岑戈姑娘愿意加入进来，也愿意接收。

经过七八年时间，岑戈村九组已经成为一个整饬有序的住黎岑戈人组织，并专门制定了一套可执行的他们称之为"责任与义务"的规章制度。

一、为加强岑戈村在黎平住户的凝聚力，维护大家的合法权益，实现"互相信任，互相学习，团结互助，维护权益，主持正义，携手同行，共同发展"的目标，为住黎平村民婚丧嫁娶的操办以及处理各种应急事务提供方便，特成立岑戈村住黎平村民小组。本届是第三届，本次聚会共推行出村民小组负责人 6 人，组长潘远来，副组长吴汉模（兼会计），出纳潘贵生，文秘吴才贵，成员潘健康、潘成根。每届任期三年，届满重选。

二、凡参加本村民小组的成员都是在黎平定居户。并自觉自愿加入本村民小组，每逢聚会年份，每户每次向村民小组交聚餐费

---

① 岑戈村九组成员提供。

200元,原则上每年聚会聚餐一次,特殊情况另行安排。

三、本村民小组成立后,各户要服从组长的安排,凡有红白喜事要及时通知组长,以便组长通知大家集中。各户主接到通知后应及时到场帮忙,礼金每户以100元为底线。每堂事补助联络员话费50元,由小组餐费中列支。父母在岑氹或其他地方过世的,由组长通知并派员前往吊唁。

四、以村组织通知必须参加事项

1.白事限户主的父母及夫妻,村集体送礼:花圈一个,礼炮、礼金、香纸等定额为300元左右。

2.红喜事包括结婚、嫁女、乔迁、满月酒。

3.新参加村组织的户主,必须一次性先交100元组织基金。

4.所有村民各户主,红白喜事接到通知后,当天必须及时到场帮忙办事,如接到通知无故不参加达两次者,作为自动脱离村组织处理。

5.全体组员要和谐相处,以诚相待,不断加强个人素养修养,互相鼓励,互相进步。要教育家庭成员不能惹是生非,看好自家门,管好自家人,做到遵纪守法。

6.全体组民要为岑氹老家的繁荣富强出谋献策,互通信息,保持与老家及村民委的联系,遇村里重大活动由组长安排派员参加。[①]

从岑氹村九组成立至今,基本上是按照其规章中确定的"责任与义务"进行运作的,所有人家都表现出很大的热情与积极性,都主动参与到集体事务中。大家普遍感觉到,在黎岑氹村九组,就像在岑氹时一个房族中一样,让大家有一种依靠。岑氹由于村寨大、人口多,大家有红白喜事,一般不是全寨人参与,而以房族为单位,同一房族的人必须参与,不属于同一房族的人家,则根据亲疏远近自己决定是否参与。房族是岑氹社会结构中一个最重要的单位,任何一个家庭,都必须认同或者

---

① 岑氹村九组成员提供。

归属于一个房族。岑趸村九组的几个发起人向我表述为什么成立在黎岑趸人组织,就说要将在黎岑趸人围拢起来,让大家像一个房族样团结互助。

黎平县位于黔湘桂交界,是贵州东南部的一个人口大县,全县面积4441平方公里,辖25个乡镇(街道)、403个行政村、21个居委会,总人口56万,居住有侗、苗、汉、瑶、壮、水等13个民族,其中侗族人口40万人,占全县总人口的71%,是全国侗族人口第一县,是全省面积第二、全州人口最多的县。县城建成区面积12平方公里,城市人口12万人。黎平城是黎平县政治、经济、文化的中心,也是黔湘桂三省边区的中心城市。岑趸村九组中的所有成员,都是在20世纪70年代后期进黎平城定居的。之前,三锹人外出的很少,即便有参加工作的,大多也是自己在外工作,家属则仍在家务农,退休后就回到原村。我到锦屏中仰、美蒙、九佑等三锹人村落调研,其情况与岑趸相似。1995年前,在黎平城的岑趸人,都是因为参加工作才在黎平落户的。1995年后,开始有岑趸人通过各种方式进城谋生,主要从事屠宰、水果贩运、蔬菜买卖和建筑小工等资金要求不高的行业,开始是一个人来,有了头绪后,再将家人接来一起做,基本上都是在城边租住价格较便宜的民房。但由于岑趸人进城的时间和方式不一样,所从事的职业也不尽相同,并没有在黎平城形成相对集中的岑趸人聚居区,而是分散于黎平城的各个角落。经过几年的打拼努力,有的人家有一定的积累,可以在黎平城安家立业了,也会由此带动房族中的其他人进城谋生。进入2000年,随着社会开放度的不断扩大,人们观念的不断改变,谋生方式的日益多样化,进城谋生人群日益增多,在黎平城的岑趸人终于成为一个有一定数量的群体。但对在黎岑趸人的深入调研发现,总体来看,其生存还主要停留在低层次的求温饱阶段,从事的也主要以体力劳动为主的职业,即便有从事商业贸易的,也都是小商小贩,也是靠体力谋生,比如将东城的蔬菜、水果倒腾到西城去卖,比拼的主要还是体力;那些开有店面经营饮食的,也基本上都是日夜经营的快餐、早餐店面,也主要是通过比拼体力来赚钱。岑趸村九组的35户人家中,经济状况相对好的,基本还是几户在行政事业单位上班的家庭,他们有相对稳定的收入和一定的社会资源——在中西部地区,人们普遍认为收入状况相对较好的还是公务员和事业单位人员,整体上属于社会中的中产阶层。岑觅村九组发起人潘远来,在岑觅住黎平人中,被看成是其中的成功人士,但如果将之放到整个社会环境中,其实也很平常。他1963年出生,曾在岑觅村里任过副村长,后到政府上班成为公家人,但因为计划生育超生被开除,就在尚重片区周边乡镇做小贩,卖水果、卖肉。1999年进黎平城,也是在农贸市场卖肉,后又让老婆跟着来,在市场卖水果。那时黎平还没有实行商品房,地价不贵,他用积蓄向城边的菜农买了地,将乡下的木房子折了来黎平重建,是岑觅第一家在黎平建房的人,建了房子后,整个家就搬到黎平城来了。他进城后,带动了几个房族兄弟跟着进城来谋生。现在他也仍然在市场卖肉,两个孩子一个在黎平做小包工头,一个在黔东南州府凯里开一个汽车修理店,有一定的资金积累,更主要的是他早先建起的房子面临开发,开发商已经开价150万元,他还不同意拆迁。除在黎平工作的岑觅人外,岑觅在黎平的人家,大部分都像潘远来样的方式进城,也是一样的谋生方式,但由于进城晚,黎平城进入全面开发阶段,地价、房价都飞速上涨,想在城内自建房就很困难了。但许多人还是通过各种方式,拥有了属于自己的住房——或者在城郊购地自建房,或者购买二手房。岑觅村九组35户中,除工作的13户外,其余22户大部分都有了自己的住房,但他们同时都还保留在岑觅的住房,年迈的父母仍在老家居住,或者兄弟姊妹还在岑觅居住,他们无论在身份上还是在观念意识里,都认为自己还是岑觅人。或者可以这样表达,岑觅村九组35户,属于岑觅住黎平近60户人群中生活状况相对较好的群体。

黎平在明初洪武年间正式纳入中央王朝的行政统治,洪武十八年(1385年)在黎平境域设立五开卫,明永乐十一年(1413年)设立黎平府。黎平设府至今超过600年历史了,但黎平一直保持了少数民族人口占主体的格局,除县城及其周边外,黎平一直是侗族、苗族聚居地,就是黎平城区,原来叫"莪快",是侗语"五开"的音译,即有五个山脑的地方,早先也属于侗族人居地。600年来,在黎平城,汉族、侗族、苗族等杂居错处已然成为一种文化现象,但黎平城从来没有形成固定的侗族聚居区域或者苗族聚居区域，人数更少的三锹人更是不会形成聚居区域。我曾经在一本随笔式的人类学著作中，对黎平城的这种文化现象进行过描述："几百年来，黎平一直是府治之地，是贵州东南地区政治、经济、军事、文化的中心。很早的时候，黎平就已经形成各民族聚居又杂居的现实了，文化涵化就已经在进行着了。我们只要一踏上黎平的土地，就可以感到这是一个多民族聚居的地区。走在黎平的大街上，迎面而来的是几个侗家女，而担着柴担赶过去的，则是苗家后生，再看过去，在对面的街上，有几个瑶族男子正在出售他们用竹编织的饭篓。初来乍到的人，或许还有些诧异，感到不好理解，但黎平人对这一切却司空见惯，仿佛从来就是如此的，是几千年来一道不变的风景。"①在习惯上，黎平人一般用所来自的片区来划分人群，而不是以族群来划分人群，来自大稼、尚重、平寨、德化等乡镇的，称为尚重片区，大家天然存在一种亲近感，而对于是侗族身份或者苗族身份则不一定很在意。三锹人都是来自尚重片区，自然也有这样的地域认同，但在他们的情感深处，更认同的还是三锹人的身份，相对于同样生活于黎平城的尚重片区的其他侗族、苗族而言，三锹人间的联系更紧密。一般而言，来自尚重片区的人在黎平城区的交往，除了同村寨、同房族而有特别的关系外，片区间的交往很多时候不太在意族群身份，大家更认同的是共同的地域，而三锹人则在认同地域的同时，更认同族群身份。因此，在黎平城的三锹人间交往就比较密切，同一村寨的三锹人，在远离本土的黎平城，就更是当作兄弟家人对待了。这其实是三锹人建立岑趸村九组的根本。通过对潘健康的采访知道，对于在黎平的三锹人，他几乎都能列数出来。在没有成立岑趸村九组前，在黎平城的岑趸人间的交往一直是比较频繁的，而成立岑趸村九组后，这种交往就更具有一种仪式性意义，在凝聚三锹人族群认同上，发挥了更重要的作用。周大鸣在《族群与文化论——都市人类学研究》中说："都市民族性，对族群构成和边界维持很重要，这个过程的一般模式如下：来自不同地域、地区、部落甚至

---

① 余达忠：《走向和谐——岑努村人类学考察》，贵阳：贵州人民出版社，2001年，第3～4页。

不同国家的人民迁移到都市中心,他们开始时的社会交往在很大程度
上基于共同的原文化。一旦他们有了足够的人数,就会从城市中其他
群体中分裂出来形成另一群体,这或者因为城市机会结构的本质,或者
是为了抵制其他群体的歧视,或者限于合适的经济机会。"[①]在黎平城
这个特定的多族群聚居的都市环境中,作为非黎平城的来自尚重片区
的三锹人,他们可以与尚重片区的侗族、苗族共享共同的原文化,认同
于这个大的群体,以此获得某种归属感,并与其他片区人群相区别,但
一旦他们有了足够的人数,他们显然更愿意结成身份更强烈而明晰的
群体,这是他们作为一支少数族群、边缘族群在都市中的一种生存策
略:既可通过这种群体进一步强化他们的族群意识和族群认同,增强族
群的凝聚力;同时,也是对都市异质化与同质化交织的环境进行有效抵
制的一种文化实践——这种形式的群体,会在有意无意间强化族群成
员的某种文化上的自觉与自信。在有 10 余万人口的黎平城,主体族群
是汉族、侗族、苗族,而作为真正意义的少数族群的三锹人,几乎是被忽
视的。岑躭村九组的成立,很大程度上会给边缘化的三锹人某种社会
结构上和文化归属上的存在感,创造在同质化与异质化并存交织的都
市中一个仿佛可以感知和体验的文化空间。

图 2-4　黔湘桂边区中心城市黎平县城(陈启鹏 摄)

---

① 周大鸣:《多元与共融——族群研究的理论与实践》,北京:商务印书馆,2011 年,第 22
页。

岑追村九组从 2011 年成立以来至 2017 年,一直按其规章每年组织全体村民开展一次聚会,聚会时以家庭为单位,男女老幼都可以参加,聚会的时间没有固定,基本确定在冬季,大家相对有空闲的时间,聚会的场所也没有固定,有时在有自建房、场地较宽的人家,更多时在开有餐馆的人家店面,大家参与,自己做,自己吃,其乐融融。用他们的表述,有了岑追村九组,在黎平的岑追人就像一个大家庭,像一个房族,像仍然还在老家岑追一样。所有参与进来的人家,对于岑追村九组的认同度都非常高,没有一家表达要退出的。岑追村九组俨然成为在黎岑追人一致认同的社会组织。岑追村九组的成立,基本没有共同的经济目的。在黎的岑追人之间,虽然也经常会发生互相救济、资助、借贷的情况,但总体上,大家在经济上的直接关联性还是相对较少,远远没有形成共同的经济行业或者领域。大家各自凭借自身的劳动和坚韧,在社会结构的底层默默地承受生活的种种压力,过着一份比在岑追好很多,而比一般的城里人又有很大差距的所谓城市生活。从他们自身生活的纵向比较,他们对于当下的生活,还是有比较高的认同度和满意度的。成立岑追村九组,虽然包含有抱团发展的愿景,但他们更多体会到的还是文化上的、精神上的一种归属感,仿佛仍然还生活于岑追那样一个原生的文化环境中,给他们在异乡的打拼和辛苦一份慰藉。因此,每当村民聚会的时候,或者哪个家庭有红白喜事的时候,所有的家庭都积极参与,许多人会丢下手头的活路。这既是淳朴的乡风的表达方式,也是他们获得文化上和精神上满足的一种方式。大家聚在一起,既可以聊家常、互通信息、互致问候,更重要的还在于可以痛快地说三锹话、行三锹礼、唱三锹歌、遵三锹俗,由此强化和凝聚他们作为三锹人的自觉意识,赋予他们在日常生活中所缺失的那种作为三锹人的文化上的获得感。

从更宽泛的层面来看,由于岑追村九组的存在,在黎岑追人与老家岑追的原生组带就联系得更紧密了。他们没有了那种被从老家抛掷出来的失落感、孤独感,时刻感觉到与老家是关联着的。进一步说就是让他们始终有一种有根的踏实和安全。而且由于是在县城中生活,各种信息和社会资源自然是在岑追时所不能相比的,他们会经常向村里提供各种信息和各种建议,村里做任何事情,也会通过各种途径向他们征求意见,甚至向他们寻求帮助,完全作为村里的一个村民小组看待。我去采访他们的时候,他们正在各方筹措,拟为村里制作三锹人服饰,三十套男性服饰,四十套女性服饰。他们的这种作为自然得到村里的高度评价和认可,进而更进一步激发他们文化上的自豪感和自觉意识。

学者周大鸣在对都市中的各种人群状况,尤其是对迁移流动到都市来谋生的打工人群的研究时,提出了二元社区的概念:"二元社区即指在现有户籍制度下,在同一社区(如一个村落和集镇)外来人与本地人在分配制度、就业、地位、居住上形成不同的体系,以至心理上形成互不认同,构成所谓'二元'。"在二元社区中,"从本地人与外地人的关系看,当前外来人口和本地人口的相处模式不融洽、不接触,基本是两条无交叉的并行线"。① 由于黎平是属于西部的县城,且县城规模不大,房屋价格不高,90 平方米左右的二手商品房,花 15 至 20 万元就可以买到,在县城定居不算很困难的事。但在黎的岑迳人与黎平本地人之间,基本上没有交集和往来,处于"不融洽、不接触,基本是两条无交叉的并行线"状况,虽然岑迳人没有集中的聚落区域,但与黎平本地人也处于一种虚拟二元社区状态。也正是这种虚拟二元社区状态,使在黎岑迳人处在一种没有存在感的空洞与焦虑中,成立岑迳村九组,很大程度上,可以使他们的这种缺乏存在感的空洞和焦虑得到某种程度的消解。

岑迳村九组的成立,一方面体现出在同质化与异质化交织并存的城市空间中,作为边缘族群的三锹人在社会结构的庞大体系中维护和强化族群意识,形成族群自觉的一种文化策略和实践;另一方面,也体现传统作为一种力量,尤其是民间生活形式作为一种力量对于都市生活的一种影响和充实、改变。都市生活的异质性不仅仅是由于都市中生活着众多的生态人群而形成的,而更多地是由这些众多的生态人群中的传统所决定的。尤其对于亚洲的都市而言,决定都市生活异质性的,不仅仅是纯粹的都市人丰富的都市生活方式,很多时候,也取决于

① 周大鸣:《"二元社区"与都市居住空间》,《山东社会科学》2016 年第 6 期。

都市中众多的生态人群的传统，取决于那些从乡村通过各种方式迁移而进入都市的生态人群的生活方式。在发展中国家，在从农业社会向工业社会，从农耕生活向现代生活过渡的进程中，城市一开始就不是任何人的家园，而是一个体现出巨大模糊性的现代性生存空间，城市的异质性就是由来自各个地域、各个族群、各种不同生活方式的生态人群所表达和塑造出来的，体现着从乡村生活移植过来的文化上的延续性。正是各种各样的乡村生活和族群传统的移植，在城市中就会形成各种不同的社区聚落，既有实在的具有空间延展性的社区聚落，也有虚拟的社区聚落，比如岑趸村九组就是一个典型的虚拟社区聚落。城市乡村生活的移植，很大程度上，不是生态生存上的需要，而主要是在城市中生活的各种乡村人的一种文化表达，是他们试图在陌生的城市中建构存在意义和获得归属的一种文化策略，是他们的一种文化生存方式。印度学者苏巴德拉·米特拉·钱纳(Subhadra Mitra Channa)说："在许多直生城市(villes orthogénétiques)特别是第三世界的城市里，城市化来自并根植于乡村或前城市时期的文化和价值观，尽管全球化车轮滚滚、城市化进程显而易见，但这种文化和价值观却薪火相传。"[①]黎平城作为黔湘桂边界区域的一个中心城市，是在近三十年的开放进程中迅速发展起来的，其城市特色，既与当前迅速发展和扩张的全球化进程相关联，是中国改革开放中城市化进程的一部分，但也始终与西南边区多民族杂居错处的居住格局和多族群的社会现实密切关联，与这一区域的多民族文化传统相关联。"一座城市的特色往往取决于其居民的多样性、人口迁入迁出的性质和在生活在其间的人们的归属感"[②]。相对于乡村，城市是一个特色模糊的地带，或者说是一个融合了鲜明的乡村生活和乡村传统的现代化生活空间。

提出著名的大传统、小传统观点的美国学者罗伯特·雷德菲尔德引用克鲁伯对于农民的定义："农民就是居于乡村而与城镇市场相联，

---

① ［印度］苏巴德拉·米特拉·钱纳著：《印度的"城里人"》，彭姝祎译，《第欧根尼》2017年第 1 期。

② ［印度］苏巴德拉·米特拉·钱纳著：《印度的"城里人"》，彭姝祎译，《第欧根尼》2017年第 1 期。

构成了包括城市甚或大都市区在内的整个人口中的一个阶级,构成了拥有部分文化的部分社会。"①作为人数很少的三锹人族群,在黎平城这个庞大的城市体中,他们似乎微不足道,但他们仍然构成了城市生活的一部分,仍然是黎平这个城市科层结构中的一环。雷德菲尔德强调大传统主要是人口占少数的上层阶级所制造和传播的系统化、抽象化、精致化的文化体系,而小传统则是人口占多数的下层阶级接受、改造并重新解释了的多样化、具体化、不规则的民间文化系统,二者的影响是相互的,传播是双向的。雷德菲尔德说:"在某一种文明里,总会存在着两个传统:其一是一个由为数很少的一些善于思考的人们创造出的一种大传统;其二是一个由为数很大的、但基本上是不会思考的人们创造出的一种小传统。大传统是在学堂或庙堂之内培育出来的,而小传统则是自发地萌发出来的,然后它就在它诞生的那些乡村社区的无知的群众的生活里摸爬滚打挣扎着持续下去。"但"大传统所包含的全部知识性的内容都实际上是脱胎于小传统的。一个大传统一旦发展成熟之后倒变成了一个典范了;于是这么一个典范便被当局拿出来推广,让所有跟随着小传统走的人们都来向这么这个典范学习。其实大传统和小传统是彼此互为表里的,各自是对方的一个侧面"②。在对岑趸村九组的调研和分析中发现,岑趸村九组的形成和成立,是与大传统直接关联的,或者可以说,是受大传统影响而相应成立的一种结构形式,但岑趸村九组的实际存在和运作方式,则又完全是由小传统所决定的,他们是完全按照三锹人的方式来建构这个自己做出主张成立的社会组织的。在三锹人内部传统中,最注重的是房族关系,任何三锹人,在村寨中必须通过房族来进行活动和生活表达,每个家庭都必须隶属于某个具体的房族。房族是三锹人一种基本的社会组织形式。而在黎平的三锹人看来,岑趸村九组的功能,很多时候,就是老家岑趸房族功能的一种延展,也正因为如此,他们的规章中,要求35户人家,无论哪家有红白喜

---

① 余冰:《西街社会:对一条广州老城街道社区组织的研究》,中山大学博士学位论文,2008年,第6页。

② [美]罗伯特·雷德菲尔德著:《农民社会与文化——人类学对文明的一种诠释》,王莹译,北京:中国社会科学出版社,2013年,第95、116页。

事,其他人家就必须无条件参与进来。这里遵循的就是小传统的法则。三锹人当下的生存境况和他们的生活能力,使其不能在黎平城形成一个属于三锹人的聚落和生活空间,但他们通过成立岑趸村九组这种形式,保持了他们的地域性,维护了他们的族群性,划出了作为三锹人自己的无形的族群边界。

图 2-5　岑趸寨寨门(潘健康　摄)

第三章
三锹人的迁徙落寨和生计方式

第一节　清水江流域的开发和三锹人的迁徙

人类诞生于森林之中。森林不但孕育了人类,而且以其丰富的资源禀赋和多样化的生命形态养育和启发了人类。人类从森林的物理环境和植物生长形态中发明了农业,一点一点地将森林生存环境改造成原野生存环境,从而使森林成为人类赖以依托的巨大背景场——属于人类自身的生活和社会,就是在开发森林中建立起来的。韩国生态学者全京秀说:"人类认知了农业生产的规律之后,人类就开始创造新的历史,这就是文明概念的基础。人类为了种植农作物,而砍伐森林,人类就从消费者转变成了生产者,以人工方式从破坏了的森林中取得食物。人类支配自然的文明概念产生于农业起源时,它是森林与人类之间角色错位的产物。"①这是生态主义立场的阐释,但从文化社会学和经济学角度,人类对于森林的开发,则是文明的巨大进步。人类对于森林的可持续的有效的开发,与人类的进步始终相一致。

————————

① ［韩］全京秀著:《环境·人类·亲和》,崔海洋译,贵阳:贵州人民出版社,2008 年,第75 页。

森林作为人类生存的资源,从人类一诞生就不可或缺。但许多森林由于人类无度的开发而消失了,而森林的消失,则带给人类更严峻的生存危机;而有的森林则在开发中,融为人类生存环境和文化环境的一部分,为人类提供绵绵的福祉和社会的进步。重要的不在于森林是不是可以开发,而在于在森林开发中建立起怎样一种机制,从而保障森林开发的可持续性。

清水江流域的森林开发史,或许可以给我们某种启示。

清水江是贵州第二大河流,是注入洞庭湖之沅水之上流。清人徐家干说:"清水江,盘折苗疆,源出都匀马尾河,经凯里西北,会于重安江,径施洞口,过清江厅,出远口而入湖南。清深可通舟,实沅水之上流。"①清水江流域指黔东南州麻江、凯里、黄平、台江、三穗、剑河、黎平、锦屏、天柱等县大部分地区,面积2万余平方公里,人口近300万。这一区域自古以来,都是自然生态保存最好的区域,森林类型多样,有常绿阔叶林、常绿落叶阔叶混交林、落叶阔叶林、针阔混交林、针叶林、灌木林与灌丛林等。森林植被水平分布和垂直分布明显,季相变化十分突出,植物成分复杂,有热带植物成分、亚热带植物成分,又有暖温带、温带植物成分,是多种植物区系交叉荟萃区域。清人爱必达在《黔南识略》中,对这一区域的生态环境描绘道:"山多载土,树宜杉……至清江以下至茅坪二百里,两岸翼云承日,无隙土,无漏阴,栋梁宋桷之材,靡不备具。坎坎之声,铿訇空谷,商贾络绎于道,编巨筏放之大江,转运于江淮间者,产于此也。"②明朝以前,这一区域大多由未经开发的原始森林所覆盖,虎豹出没,瘴疠横行,很不适宜人类居住,被看成是荒蛮之地,没有纳入国家行政辖地。

最早对这一区域进行记载的文献是南宋朱辅的《溪蛮丛笑》:"溪蛮者,即《后汉书》所谓'五溪蛮'者。章怀太子注称:'武陵有雄溪、樠溪、

---

① (清)徐家干:《苗疆闻见录》,吴一文校注,贵阳:贵州人民出版社,1997年,第143～144页。

② 《黔南识略·黔南职方纪略》,杜文铎等点校,贵阳:贵州人民出版社,1992年,第177、93页。

图 3-1　这条大河叫清水江,就是屈原歌咏的"乘舲船余上沅兮"的沅江的上游(余刚 摄)

酉溪、潕溪、辰溪,悉是蛮夷所居,故谓五溪蛮。'"[①]但他的记述也还局限于这一区域的边缘地带,即湘黔边界沅水中游地区,而广阔的清水江中上游区域,则还是未开化的"生苗"区域。宋王朝为防范蒙古人从云南进犯江南,加紧了对五溪地区的控制,于崇宁二年(1103 年)将湘西南属于羁縻州的诚州改为直隶靖州,政和八年(1118 年),在湘黔边区中部建思州,领务川、邛水、安夷三县,宝祐六年(1258 年)十一月甲寅,赐名镇远州。朱辅就是在这样背景下在沅水中游麻阳一带为官。"元朝建立以后,实行经营西南策略,一方面加强对当地土著蛮夷的防御,另一方面,加紧对西南区域的开发,中原、湘楚、江右汉民大量进入,或者由这一区域向贵州中部、西部和云南迁移。明朝建立后,朱元璋进一步加大对西南的开发,实行'调北填南''移民就宽乡'的屯垦政策,向西南大量派驻屯军和移民。隶属于广义上的西南的湘黔桂边区,迎来了

① 符太浩:《溪蛮丛笑研究》,贵阳:贵州民族出版社,2003 年,第 62 页。

历史上人口的第一个高峰期,四面八方的民人,通过种种途径进入,改变了这一区域从来是蛮夷之地的格局,而成为夷汉犬牙交错、互为你我的多族群互动区域"①。各种人群的进入,由此揭开了对这一区域进行开发的序幕。

经济层面对这一区域的开发,从宋代开始,主要在两个方面:矿产和森林资源。但也主要局限在这一区域的边缘地带,即沅水中游地带。《溪蛮丛笑》中,关于这一区域矿产开采和森林开发的记载有十余条,矿产牵涉到铁矿、银矿、铜矿等的开采,森林开发中关联到杉木和楠木。在"野鸡斑"条目中,记载了当地人对杉木分等级的情况,指出"野鸡斑"是杉木中最好的等级。"枋板,皆杉也。木身为枋,枝梢为板。又分等则:曰出等甲头,曰长行,曰刀斧,皆枋也。曰水路,曰笋削,曰中杠,皆板也。脑子香以文如雉者为最佳,名野鸡斑"。学者符太浩认为,被称为"野鸡斑"的脑子香,即现代俗称的"阴沉木",系杉树在生长过程中,树干的基部被土埋住,但杉树还在继续生长。由于树根及树干基部与空气隔绝,一方面导致其生长缓慢而使木质极其坚韧致密,另一方面土中微生物在侵害树干的同时,也使杉树本身出于自卫而大量分泌草酸和松脂,并密布在埋入土中树干的细胞中,致使这一段木材抗腐蚀能力特强,据说可以千年不腐。称其为脑子香,乃是因为木材中密布的松脂经化学反应后会自然形成类似于紫罗兰的香味,故名。② 虽然不能据此判定存在大量木材交易,但这种等级划分显示出当地人对于杉木价值的充分认识,暗示木材交易存在的可能性。

对清水江流域的森林开发,正式文献记载是从明代开始的。据光绪《黎平府志》载,明洪武三十年(1397 年),为镇压黎平府洪州泊里、永从福禄等地长官司发生的动乱,明军"由沅州伐木开道二百余里,抵天柱,以偏师从渠阳、零溪西南山径间,衔枚夜发,犄角以进直抵洪州泊

---

① 余达忠:《近代湘黔桂边区的族群互动和"三锹人"的形成》,《贵州师范学院学报》2017 年第 1 期。
② 符太浩:《溪蛮丛笑研究》,贵阳:贵州民族出版社,2003 年,第 122 页。

里、福禄永从诸洞寨分道夹击"①。说明在明初,属于清水江下游的天柱都还是森林广布,尚未得到开发,至于地势更高、属于苗疆腹地的清水江中上游地区,则更是深谷大箐,是典型的原始森林区域。明朝甫一建立,就大兴土木,广建宫殿,在全国各地征派楠木、杉木等桷木。到明正德年间,在四川、湖广森林的原生大木被砍伐殆尽之后,清水江流域绵延广袤的森林被关注,列为征派皇木之区。先是在靠近湘黔驿道,即苗疆走廊重安江、邛水一带,后延至清水江中下游锦屏一带。是由于在清水江流域派征皇木而带动清水江流域的木材贸易,还是由于木材贸易而影响到官府的派征皇木,学术界一直存在争议。② 但清水江的木材贸易和采伐皇木,都是从明代开始,则是学术界共识。

从文献记载和民间口述传说,最迟在明代万历年间,民间木商就在清水江中下游一带活动了。万历二十五年(1597 年),天柱官府在县属瓮洞,"新建官店数十间,募土著,聚客商,往来鱼盐木货泊舟于此"③,而官府在贵州采办皇木,则在更早的正德年间。明武宗正德九年(1514 年),"工部以修乾清、坤宁宫,任刘丙为工部侍郎兼右都御史,总督四川、湖广、贵州等处采取大木……邓文璧于贵州,李寅于四川分理之"④。官府和民间互为表里的森林开发和木材贸易,终于唤醒了这一片沉睡了亿万年的原始森林,发现了这片森林所蕴含的巨大的经济价值和商机,并将之纳入中国走向近代商品市场的轨道上,使清水江流域成为僻远荒蛮的西南最早响应商品市场的区域。《哈佛中国史·挣扎的帝国:元与明》的导言中说:"中国之外的历史学家也同样重视 1368 年,不过,理由则是因为这一年标志着帝国晚期的开端,以及中国走向

---

① 《黎平府志》,黎平县县志编纂委员会办公室点校,北京:方志出版社,2014 年,第 1711 页。

② 参见林芊:《明清时期清水江流域林业生产与木材贸易研究的思考——清水江文书·林契研究之一》,《贵州大学学报(社会科学版)》2016 年第 5 期。

③ 乾隆《镇远府志》卷 2,《关梁·天柱县关梁》,贵州省图书馆藏。

④ 《明实录·武宗正德实录》卷 117,转引自贵州省编辑组:《侗族社会历史调查》,贵阳:贵州民族出版社,1988 年,第 7~8 页。

现代世界的漫漫之路的起点。"①明朝虽然是一个专制的王朝,但古老的中国毕竟从明朝开始走上现代之路,而僻远荒蛮的西南边缘之地的黔东南,则因为一条名为清水江的河流,因为河流两岸广袤茂密的森林所蕴含的巨大资源,而与商品市场接上轨。

从明中叶开始,清水江流域的木材,已开始源源不断顺江而下,至沅水而至洞庭湖,汇聚至汉口,再顺流而下到全国各地和帝王宫中。进入清朝之后,从官府而言,采办皇木成为一种固定制度,每年均向广布森林之省份下达一定尺寸规格的皇木份额,因此,在清代又将皇木称为"额木"。而湖广则由于额木采伐殆尽,也向清水江流域采办。清乾隆十二年(1747年),湖南巡抚在向工部的奏文中说:"湖南每年额办解京桅木二十根,断木三百八十根,架木一千四百根,桐皮槁木二百根。"四川、贵州所征皇木向来与之不相上下。而湖南所征皇木在本境则难觅,需至贵州采办,"桅、断二木,近地难觅,须上辰州以上黔省苗境采取"。② 而"黔省苗境",即清水江流域苗族、侗族地区。从明朝后期到清朝初期,清水江流域的木材贸易场所逐渐由下游瓮洞、托口向中游锦屏迁移,至雍正朝,已形成茅坪、王寨、卦治三寨轮流当江的格局,锦屏境域成为清水江流域木材交易之中心市场。据清雍正九年(1731年)黎平知府在布告中宣称:"茅坪与王寨、卦治三处,皆面江水而居,在清江之下流,照地与生苗交界。向者生苗未归王化,其所产木放出清水江,三寨每年当江发卖。买木之客亦照三寨当江年分,主于其家。盖一江厚利归此三寨。"③说明这一阶段,茅坪、王寨、卦治三寨已自发形成木行,充当交易中介,轮流值年当江,分享一江厚利、专利独归的局面。学者林芊说:"由万历末到康熙、雍正时期清水江流域不断兴起的木材生产与采伐,为后来例木采办及木材贸易准备好了物质基础。尤其是康熙中后期在清水江下游各地推行的木植生产对后来木材贸易产生了直接影响,它促进了该流域内尤其是锦屏县境内的采木活动,改变了清

① [加]卜正民著:《哈佛中国史·挣扎的帝国:元与明》,潘玮琳译,北京:中信出版社,2016年,第1页。
② 单洪根:《清水江流域地区的皇木征办》,《原生态民族文化学刊》2009年第1期。
③ 万红:《试论清水江木材集市的历史变迁》,《古今农业》2005年第2期。

水江流域木材集散中心的市场格局。"①雍正朝后期,清水江水道全面疏通,在苗疆治理上实行宽松灵活的政策,整个国家经济也处于上升期,显示出充分的活力和爆发力,涌入清水江流域的商人、木客、资本逐年增多,到乾嘉时期,清水江流域的木材贸易达到鼎盛期,形成了清水江两岸"坎坎之声,铿訇空谷,商贾络绎于道,编巨筏放之大江,转运于江淮间者,产于此也"②之空前盛况。

有了市场,就有利益,有了利益,就会吸引来自各方、各个层次的逐利的人群和集团。清水江流域林木资源的开发,让闭塞的苗疆成了一个各方竞相逐利的大舞台,既有掌握政治权利的官府和各级官员,又有背倚财团、拥有雄厚资本的大商帮、大木商,但在这个舞台上更多的演员还是从各个途径流入这一区域谋生的各色人群,如流民、移民、难民、罪愆之人、冒险者、投机者等。学者张应强说,清水江流域"木材流动的这一过程,实际上也是白银以相反的方向流动的过程……这一货币的流动过程,不仅加快了区域社会商业化发展进程,而且是王朝货币制度的地方性实践的一个重要方面,同样也是王朝制度深入到苗疆社会的一个不容忽视的过程"③。正是各色人等的汇聚,清水江流域在明中期以来 400 余年的历史进程中,才演绎了一出至今仍然让人仰望的历史大戏。

从南宋开始,南方开发进入繁盛期,人口迅速增多,尤其是福建、江西、湖南人口增长迅速,而湘黔桂边区仍然还是化外之地,中央王朝在此实行的是羁縻制度,属于华夏的边界,没有纳入中央王朝正式行政建制中。与中央王朝的这种松散关系,为因各种原因而四处迁徙的无籍流民进入提供了机遇,由此,这一区域原先纯粹蛮夷之地的格局渐渐改变。有明一朝,西南边疆的开发作为重要国策得到施行,作为化外之地

① 林芊:《清初清水江流域的"皇木采办"与木材贸易》,《原生态民族文化学刊》2016 年第 2 期。
② 《黔南识略·黔南职方纪略》,杜文铎等点校,贵阳:贵州人民出版社,1992 年,第 177 页。
③ 张应强:《木材之流动——清代清水江下游地区的市场、权利与社会》,北京:三联书店,2006 年,第 274 页。

的贵州和湘黔桂边区开始纳入中央王朝行政系列中,从各地进入的汉人迅速增多,使贵州历来夷多汉少的人口格局发生改变,成为一个多族群聚居省份。《楚南苗志》载:"元大德元年,江南道肃政廉访司佥事官张经言:判蛮田万墳等,虽已诛,靖、辰、澧三州接界,率多旷土,宜如民耕种,使蛮疆日渐开拓,异时皆为省地。湖广行省然其言,行之。"作者由此进一步诠释:"按张经屡上言,皆大有益于边境。而此召垦之举,使辰、沅、澧三州荒郊旷野遂成沃壤,民地日广,蛮疆益促,诚万世利也。"①清水江流域也正是在这个大背景中成为一个多族群聚居区域。

最早溯清水江进入的是江右人,开始主要聚居在清水江下游区域。在湘黔边界区域,尤其是清水江流域,无论是苗族、侗族或者其他族群,普遍流行其祖籍来自江西的说法,且以来自江西吉安为主流,茅坪以下清水江下游各宗族,几乎都认定其祖先来自江西,且均有族谱记载。这其实不全是一种攀附,而是有事实依据的历史说法。20 世纪 80 年代编撰的《侗族简史》在论述侗族族源时,也予以认同:"至于侗族先民来自江西之说,亦非偶然。早在宋元时期,就有不少江南籍的汉人,因战乱或不堪忍受封建统治者的剥削压迫,便迁入侗族地区。到了明代,朱元璋为了巩固地方政权,加强封建统治,除沿袭元代衣钵以'随军有功'人员任长官司而外,还在侗族地区安屯设堡,'拔军下屯,拔民下寨',对侗族人民进行军事统治,而且这些人大都是来自江西吉安府的汉人。"②湘黔边界清水江下游区域,在宋元时代,正是华夏边缘与中心间的过渡地带,为开发西南、扩展华夏势力范畴,势必不断由中心向边缘迁移人口,建立政权。处于古苗疆走廊锋线上的清水江下游区域,显然成为西南区域最早接受移民人口的聚集地,也成为古苗疆走廊上最早开发的区域。我们在前面的论述中曾经强调,最早迁徙到清水江流域的是来自江西吉安的吴氏宗族。吴姓是湘黔桂边区人口大姓,人数在60 万以上,湘黔桂边区吴姓人群,无论是苗族、侗族,还是其他族群,均

---

① (清)段汝霖撰,谢华著:《楚南苗志·湘西土司辑略》,伍新福校点,长沙:岳麓书社,2008 年,第 101～102 页。

② 《侗族简史》编写组:《侗族简史》,贵阳:贵州民族出版社,1985 年,第 12 页。

一致认同天柱远口的吴家祠堂为总祠,视其开基祖为南宋大理寺丞吴盛,说吴盛因刚直忠敬而得罪权贵贾似道,为避迫害,携子吴八郎于南宋淳祐年间(1241—1252年)由江西泰和远迁湖广靖州天柱千户守御所远口,是湘黔边区早期最重要的开拓者。其夫妇合葬墓位于远口镇新市村,碑铭落款为南宋景定元年(1260年),为其儿子所立。这是在清水江流域发现的年代最早的碑刻,说明吴盛迁黔是真实的历史事件。① 南宋以后,湘黔边区的开发不断向西扩展,延伸至贵州境域,并溯着沅水上游的各条支流向纵深推进。天柱县境清水江下游区域,就是最早得到开发的区域。学者张应强在论述湘西边区的开发时说:"随着明至清湖南苗疆的逐步开发,与府州县地方政府及卫所军事机构设立相一致,我们能够清楚看见的,就是沅水上游诸支流的开通与控制,而且基本上都是沿传统通滇驿道逐渐向两侧扩张的过程。"② 进入明朝之后,清水江流域的开发逐渐由下游向中游推进,森林资源开发逐渐成为清水江流域开发的主流,一个以木材贸易为主的商品市场在清水江下游、中游区域形成。一方面,源源不断放筏出江的木材既吸引了各地更多商人加入商品市场中,又促使大量的白银溯流而上,使这一区域的财富迅速增长,改变这一区域亘古以来的贫困现状和亘古以来以物易物的交易方式,而开始以白银作为货币形式交易,白银成为财富的最重要的象征;另一方面,木材市场的形成和木材交易带来的巨大利益,带动了这一区域的林业生产,栽杉种树成为普通百姓谋生致富的主要手段,一个围绕木材贸易而形成的市场体系和生产体系已然形成,尤其是生活于清水江流域两岸,世代靠山地耕作为生的苗、侗族群,直接参与到木材商品市场的资源竞争中,转而以林木种植和采伐售卖为主要生产方式和生计方式。生产方式、生计方式的这种改变,极大地扩大了这一区域人口和劳动力的承载容量,吸引大量来自江西、湖南、福建等地的流民、移民和来自黔湘桂边界区域其他族群人口进入。

---

① 天柱县文史学者秦秀强提供。
② 张应强:《通道与走廊:"湖南苗疆"的开发与人群互动》,《广西民族大学学报(社科版)》2014年第3期。

一个地区的人口和劳动力承载容量，固然与其资源和资源禀赋相关，但发挥决定性作用的还是其生产力发展，是生产力发展中建立起来的生产关系。王沪宁说："资源总量制约着社会选择组织形式，一个社会没有足够的资源总量，它就只能选择较为古老和简单的组织形式。资源总量的多寡与生产力发展的水平密切相关：生产力发展水平高，社会的资源总量就多；生产力发展水平低，社会的资源总量就寡。""商品经济的发展使人们可以通过市场渠道获得生存资源，一部分农村人口逐渐开始依靠商品市场获得生存资源"。[1] 当森林资源通过市场成为商品流通的时候，一个围绕市场交易的产业链就会自然形成，而这个产业链底端的山地开发和林木营造，都会对人口和劳动力有巨大的包容性。各种层次、各种渠道、各种原因的人群的进入，终于到清代中后期，在这一区域建构起了一个多族群社会——原来以苗族、侗族族群为主体的社会结构格局，进入明以后，演变成以苗族、侗族、汉族为主体，其他多族群混杂相处的社会格局。而且，由于木材贸易而建立起来的商品市场，也使整个清水江流域的社会形态发生了变化，直接促进这一区域由氏族部落社会向封建商品经济社会转型，获得和具有近代社会品质，完成社会发展进程的一种质的飞跃。历史学家强调，明代社会处于向现代社会的转型进程中，[2] 而由于木材的交易，处于边远闭塞地区的清水江流域，处于文明边缘的黔湘桂边区，其靠近木材交易市场的村寨，也在有意和无意间加入中国社会的这场巨大转型实践中。近十余年来发现的大量的清水江文书说明，明清时期，清水江中下游沿江两岸，人们普遍建立起商品观念和市场意识，一个具有初级契约社会特征的社会形态已经呈现端倪。

黔湘桂边区的多族群社会，是湘黔边区和清水江山地开发的必然结果。乾隆朝曾任贵州巡抚的爱必达，在其任上所著的《黔南识略》中，就注意到这种情况：镇远府"居民皆江楚流寓，向称简朴，掇科第者不乏

① 王沪宁：《当代中国村落家庭文化——对中国社会现代化的一项探索》，上海：上海人民出版社，1991年，第32、110页。
② ［加］卜正民著：《哈佛中国史·挣扎的帝国：元与明》，潘玮琳译，北京：中信出版社，2016年，第1页。

人，而以武略著者尤众……峒人即土人，风俗与汉人同，妇女亦汉妆，惟足穿草屦，所织之布曰峒布，细而有纹，婚丧俱汉礼，耻居苗类，称之以苗，则怒目相向云"①。道光朝曾任贵州布政使的罗绕典，在其《黔南职方纪略》中说："黎郡（即黎平府）岁科考试，府学额入二十五名内，例取苗生十三名，是以读书识字之苗民各寨俱有。其间客民之住居苗寨者，又较别地为多，盖其地虽有崇山峻岭，而两山之中每多平坝，溪流回绕，田悉膏腴，村墟鳞比，人户稠密，其富庶之象易起客民觊觎之心。且地利肥美，物产丰亨，山土种木棉，苗妇勤于织纺，杉木、茶林到处皆有，于是客民之贸易者、手艺者，邻省邻府接踵而来，此客民所以多也。"②清人陈浩所绘著的《八十二种苗图并说》中记载的八十二种苗，其中至少有四分之一的"苗"与汉族族群有渊源关系。③ 居住在清水江下游，即天柱坌处、远口、白市、蓝田、瓮洞、竹林等区域，以说酸汤话为主，在族别上划为苗族，外界一般称其为"酸汤苗"的族群，其实是汉族人群进入清水江流域区域后，在族群互动中形成的新族群，其所说的酸汤话属于汉语方言，是汉语中赣方言和湘方言的融合。

　　清水江流域多族群社会的形成，与清水江森林开发有直接关系，是由于木材贸易形成的商品市场而建构起来的。

　　生活于湘黔边境贵州黎平、锦屏两县交界区域的三锹人正是在清水江开发这个大背景下，从清初开始，由湖南靖州锹里地区迁徙而来的。2014—2017 年，笔者多次深入黎平、锦屏交界区域的三锹人村落进行田野调研，得到许多第一手资料。黎平县大稼乡的岑趸、乌山是黎平区域最重要的两个三锹人村落，以吴姓和潘姓为主，其族谱和寨老的叙述都表明，吴姓和潘姓都是清代初期顺治和康熙年间从靖州三锹的地笋、地妙、黄柏屯、万才等寨迁徙而来的。最开始只来了几户人家，为当地人伐山，向当地人佃山种树，或者佃田耕种，年节时都还回到三锹

---

① 《黔南识略·黔南职方纪略》，赵文铎等点校，贵阳：贵州人民出版社，1987 年，第 115 页。

② 《黔南识略·黔南职方纪略》，赵文铎等点校，贵阳：贵州人民出版社，1987 年，第 322 页。

③ 李汉林：《百苗图校释》，贵阳：贵州民族出版社，2001 年。

去,后来,跟着来的人不断增多,慢慢地在伐山、佃山的地方形成了村落,随后就定居了下来。

黎平县在乌山收到的林业契约对此进行了印证。

例契 1：

  立断卖杉山坡地蜡树约人吴告良。为因缺少用度□出,情愿将□分祖业杉山蜡树坡地一副,凭中出断卖与乌山寨吴相宇为业,当议断价作禾六秤,每秤六十斤,亲手领回。□自断之后凭□吴□永远管业,不与兄弟房族寨内人相干,一断百了,永无异言,恐□□□凭,立此断约存照。

  凭中 吴化敛 禾一手

  计开四至:上平岭路,下平□冲,左平小岭,右平小□。

  代笔 杨起庐 禾一手

康熙四十三年二月十三 立①

例契 2：

  立断卖山坡约人苗举寨龙甫依。为因家下缺少,自愿将祖业山坡一所,坐落土名定包,上平田水沟,下平溪,左平头沟冲,右走路岭。平(凭)中卖与乌山寨小苗光吴文明、有才、富才、得先、才英名下,得买议定艮八两亲手收回应用,恁后无平立此断字是实,凡有约在□堂□乎保管。

  吴艮包

  凭中:吴翻化

  代笔:杨起搂

雍正八年十月十八日 立②

这两件林地买卖契约是黎平县至今发现最早的林地买卖契约,也

---

① 《罗里乡文书》,未刊稿,黎平县档案馆藏。
② 《罗里乡文书》,未刊稿,黎平县档案馆藏。

是浩繁的清水江文书中年代较早的林地买卖契约。这两件契约表明：
一是最迟在清康熙四十三年（1704 年），三锹人已经在乌山、岑蕻立寨
定居了——从三锹迁徙到在乌下江区域立寨定居，一般要有几十年时
间，可见三锹人在清初期，即顺治年间最早来到乌下江流域，是可信的。
二是三锹人是通过佃山种树垦殖积累一定财富后，才渐次向当地人买
山种植，然后定居下来。例契 1"当议断价作禾六秤，每秤六十斤"表
明，是以以物易物的方式进行交易，折合禾谷 360 斤，说明交易额不大，
木材还不算特别值钱，且"祖业杉山蜡树坡地"表明，出卖的不是纯粹的
杉山，而是有杉树、蜡树等的杂山，暗示此前没有专门植树栽杉，很有可
能属于三锹人的吴相宇等是最早到乌下江区域佃山栽杉的。在黎平、
锦屏等林区，一直没有专门栽种蜡树的记载，蜡树一般是自然生长的天
然树种。例契 2"卖与乌山寨小苗光吴文明、有才、富才、得先、才英名
下"表明，是多户人家联合买一户人家的山地，说明三锹人的经济实力
是有限的，"小苗光"是距乌山近 30 里路程的地名，现称为"小瑶光寨"，
也是三锹人聚居的村落，很有可能那时小苗光还没有成为村寨，还只是
一个地名，有三锹人在那里佃山种树为业，他们与乌山寨的吴姓应该存
在亲缘关系（有才、富才是吴相宇的孙子），或者是他们在乌山定居，但
在小苗光佃山种树，因此将他们称为乌山小苗光。① 三是在清代初期，
清水江中下游区域已经形成初具规模的木材交易市场，伐山种杉已经
开始作为产业，显示出强大的经济效益，并吸引各色人等进入这个以木
材交易为中心的市场体系中，由于市场的初步形成，这一区域的人口和
劳动力承载量得到充分显现，具备建立多族群社会的基本条件。林芊
说："清水江流域木材市场从明末的托口，到清初的远口、垄处，再到清
中期的茅坪、王寨、卦治的'三江'的过程，实际上是清水江流域区域性
林业经济中心转移的过程，一方面它显示出清水江林业经济重心由下
游天柱向中游锦屏三江一线转移的动态轨迹，另一方面由于三江又承
纳了由上、中游台拱、清江放流而下的木材，呈现出上、下游向中游锦屏

---

① 2017 年 8 月，笔者到乌山调研，实地考察吴相宇的墓地，有才、富才等与其存在亲缘关
系。

三江靠拢的聚合特征。"①正是清水江流域的森林开发，吸引了百余里之外的三锹人从靖州锹里地区迁徙到清水江中上游区域落寨定居，成为这一区域多族群社会中的一员。

中仰是锦屏县最大的三锹人村落，其迁徙落寨史，与乌山、岑垫相一致。中仰全村 312 户，1448 人，以陆姓为主，另有龙、潘、张几姓。最早落寨的陆姓是清初由靖州锹里地区迁徙而来的三锹人——其他几姓也是由锹里迁徙而来的，均系三锹人。我在田野调研时，当地人说，祖先早先没有住的地方，为文斗寨守山种树，后来慢慢买下山场，才在中仰落寨，落寨后，由三锹迁来的人家就更多了，成了现在的村寨。文斗保存的林契中反映了这一史实。

例契 3：

> 立清白投字人龙梅所、陆富宇。二姓为因迁徙外无地方安身，立意投到文斗寨界内地名中仰住店。蒙众头公姜程元、姜现宇、姜隆宇、姜科明等把我二姓安身，大家相为邻寨兄□。自投落坐之后，无论前后左右，寸土各系文斗地界，我陆□二姓不过借以安居，莫生歹心。如肯出力勤俭挖掘，所得吃上层之土皮，倘蒙伯佑之心，天神鉴察。假文斗众等不许挖动者，抑天神鉴察，所有当不到之处，任凭中仰打草打柴□活、挖种收租等，情如弟妹兄，大家不使以强欺弱。
>
> 恐日久人心不古，立此清白投字为照。
>
> 代笔、中人　陈艾宇
>
> 康熙四十三年正月十五②

这份林契包含着多层含义：一是在康熙四十三年（1704 年），中仰还只是一个地名，不是村寨名，为文斗所辖地，龙、陆二姓是中仰最早落

---

① 林芊：《清初清水江流域的"皇木采办"与木材贸易》，《原生态民族文化学刊》2016 年第 2 期。
② 文书来源于王宗勋：《锦屏文书征集手记》，广州：世界图书出版广东有限公司，2015 年，第 102 页。

寨姓氏;二是龙、陆二姓成员到文斗寨辖地中仰后,向文斗寨"头公"租地生存,以"吃上层之土皮"谋生;三是龙、陆二姓是结伴而来的,结成兄弟关系,系初到清水江流域区域;四是中仰四周,均属文斗寨辖地,还存在着大量的无主荒山,文斗人一般管顾不到,即文书中所言"抑天神鉴察,所有当不到之处,任凭中仰打草打柴□活、挖种收租等",属于地旷人稀状态,说明清水江流域的开发,是在开辟苗疆后的乾嘉时期到达高峰的,正是林地开发,文斗人建立起了初步的地权观念,将实质上的无主地纳入村寨范畴中;五是迁徙而来的三锹人,在这一区域是明显的弱势群体,属于边缘族群,担心本地人"以强欺弱"。

　　人类学者张应强的调研也得出相同结论:"'中仰',意思就是招(人)来(替我们文斗)守山的。也就是说,原来中仰一带地方都是文斗所属山场,而陆姓及其他姓氏的居民,是以替文斗山主种山守山的身份而最终在那里定居下来的。"[1]但随着清水江流域木材贸易的不断发展,商品经济市场的不断发达,进入这个市场体系中的各种人群不断增多,从各地迁徙而来在清水江流域垦山种树的人群更多。在康熙时还只是一处地名的中仰,已经成为一座人声鼎沸的三锹人村寨,三锹人获得了地主的身份。

　　另一份立于清嘉庆十三年(1808年)的林契,真实地反映了这一历史事实。

　　例契 4:

　　　　立合全人辰溪县张德元、有元,麻阳县万明、海明、黄世龙等,因先年佃到文斗寨地主姜弘文、廷理、大集、绍望、绍祖、绍滔、有位,中仰地主陆通隆、廷玗、光辉等山场乙所,土名因堆,种地栽木要,已今长大成林,我等宾主原议定作式股均分,地主占乙股,栽手占乙股。日后砍伐出河,德照价股收具,二比不得争论。自立合全之后,各执一张,永远为据。

---

① 张应强:《木材之流动——清代清水江下游地区的市场、权利与社会》,北京:三联书店,2006年,第248页。

计开山内所栽：

张德元乙团,张有元乙团,滕万明乙团,黄世龙乙团。

此约二张,文斗姜绍滔乙张,与张黄、滕三姓分,中仰陆通隆存一张,与杨、袁二姓分。

凭中　陆廷珠、姜廷智

张有元　　笔

嘉庆十三年三月十二日　　　　立[①]

这一份林契包含的信息也是非常丰富的。一是这一张契约与上一张契约相距 104 年,100 多年来,清水江流域的山地开发和木材交易一直在有序发展中,而且,这 100 多年,正是清水江流域的木材市场最繁盛的时期;二是进入清水江流域栽杉种树的人群来自各个地方,说明各种人群对于林业商品市场的响应是积极主动的,而由于市场的建立,这一区域的人口容纳明显增多;三是作为地名的中仰,经历百余年的发展之后,已经成为一座村寨,没有身份的三锹人已经获得了身份地位,成为当地地主,具备向外来移民佃租山场的实力,说明在市场体制中,人们财富增加的速率明显加快;四是人们佃山的主要目的是栽杉种树,将木材砍伐出河是地方的主要经济收入;五是由于栽杉种树的周期长,大部分栽杉种树的人都会定居下来,渐渐成为永久居民。

在 100 多年的时间内,经过一辈辈人筚路蓝缕、艰苦卓绝的垦殖与开拓,至嘉庆、道光年间,三锹人终于在清水江下游乌下江、八洋河流域区域落寨生根。三锹人的迁徙落寨是分批进行的,不是一次完成的,一般以宗族或者家庭为单位进行迁徙。由锹里地区迁徙至清水江乌下江、八洋河流域的目的,主要就是参与这一区域的商品市场进程,作为这一市场最底层的基础,但由于是外来者、是后来者,三锹人的聚居必然是分散的,在迁徙落寨中,呈现出族际居住隔离状态。我在另一篇论文中就此有过阐述:"三锹人居住格局的现状,三锹人所置身的这种族际居住隔离状态,既是这个多族群互动环境中因为资源竞争、生存策略

① 《锦屏工业契约》卷 9,锦屏县档案馆藏,第 35 号。

而不得不选择的一种生存方式,但同时,也是作为一个弱势族群、少数族群、边缘族群在特定的社会环境中,即以权利为主导的半市场化、半商品化的社会环境中的一种自觉的、自愿的居住模式选择,是三锹人维护其族群认同和族群边界的既被动又主动的文化应对策略。"①

第二节　族际居住隔离:三锹人的迁徙落寨与族群认同的建构

　　从流浪的猎人变成大地上的定居者,人类经历了一个漫长的过程。在这个过程中,农业耕作和犁的发明,具有决定性意义。历史学家威廉·麦克尼尔说:"犁使谷物生产者能够永久性地定居在一个地方。"②定居的方式,建立起人类明确的空间观。但从一开始,定居就不是一种随心所欲的形式,而是一种文化方式,是生态关系和社会关系互动的结果。地理学者爱德华·W.苏贾说:"社会存在在一种显然是历史和地理的语境化中积极地安置于空间和时间。"③人类以人群的方式生活于一个个物理空间中,而这些相对独立的物理空间,又从另一方面形塑了人类。大地上不同种类的人群,都是在时间和空间中形塑而成的。人类在居住中成为人类,人类更在居住中发展为种种不同特质的种群,由此带来了人类生活的无限丰富性和多样性,从而使人类更便利地适应自然环境。文化的多样性和生物的多样性一样,都是人类在资源竞争中必然的一种互动形式。对于人类居住格局的探讨,是我们解读人类文化、理解人类自我认同和族群认同的重要途径,是把握人类结成种种

---

① 余达忠:《族际居住隔离:边缘族群三撬人的迁徙落寨与族群认同的建构》,《北京林业大学学报(社科版)》2015年第4期。

② [美]威廉·麦克尼尔著:《世界史——从史前到21世纪全球文明的互动》,施诚、赵婧译,北京:中信出版社,2013年,第24页。

③ [美]爱德华·W.苏贾著:《后现代地理学——重申批判社会理论中的空间》,王文斌译,北京:商务印书馆,2007年,第11页。

形态的社会关系的重要方面。

三锹人是清代由于清水江流域山地开发而由湖南靖州锹里地区迁徙而来的,主要居住于清水江下游重要支流乌下江和八洋河流域的崇山峻岭中。自古以来,黔湘桂边界地区,都是一个多族群互动区域,是《水经注》中就提及的著名的五溪地区,居住着被《后汉书》称为五溪蛮的众多族群。宋朱辅《溪蛮丛笑·提要》言:"溪蛮者,即《后汉书》所谓'五溪蛮'者。(章)怀太子注称:'武陵有雄溪、横溪、酉溪、潕溪、辰溪,悉是蛮夷所居,故谓五溪蛮。'"①一方面,这一区域是汉族群与少数族群交界的边界区域。区域以西,就是明清时期著名的尚属于"生界"的广大的苗疆——清雍正朝开辟苗疆,建立的新疆六厅,即紧邻这一区域的都江厅、古州厅、八寨厅、丹江厅、台拱厅、清江厅,而八寨厅、丹江厅、台拱厅、清江厅均属于清水江流域,位于清水江流域上游和中游地区;而区域以东,则属于湖湘的核心区域,是南方汉族群最重要的居住区域。如果套用著名史学家王明珂先生关于华夏形成的观点,这一区域,也正属于华夏边缘区域。②学者孙秋云在研究18世纪汉苗文明的传播与碰撞中,也称这一区域为苗汉文明交界的边缘区域。③另一方面,从明朝开始,朝廷在这一区域实行派征皇木,随即带动这一区域的林木开采,清廷开辟苗疆之后,随着清水江水道的全面疏通,清水江流域的开发,尤其是清水江中下游地区的山地开发进入全面繁荣时期,大量木材商人涌入,大批移民涌入,纷纷参与到山地开发中,由此带来这一区域经济发展的繁盛期。三锹人就是在这样的背景下,由靖州锹里地区迁徙至清水江下游乌下江、八洋河流域的。光绪《靖州乡土志》卷二释:"苗里,俗名锹里。"而锹里正是三锹人历史上的居住区域。其"说苗"中亦言:"靖之锹里,由二六团,有苗而无猺(瑶)。"④在明清时期的文献中,"苗"是一个含义宽泛的概念,是对各少数族群的一种泛称,包含今

---

① 符太浩:《溪蛮丛笑研究》,贵阳:贵州民族出版社,2003年,第62页。

② 王明珂:《华夏边缘:历史记忆与族群认同》,杭州:浙江人民出版社,2013年。

③ 孙秋云:《核心与边缘——18世纪汉苗文明的传播与碰撞》,北京:人民出版社,2007年。

④ (清)金蓉镜纂辑:《靖州乡土志》卷2,清光绪三十四年刻本。

之苗、侗、水、布依、仫佬等族群。光绪《黎平府志·地理志·苗蛮》云：
"贵州居万山中，四省路道，羊肠一线，左右皆陡崖峻壁。府卫州县仅择
其地势稍平者，或坡头，或沟底置立城垣，居民多五方客籍，去来无定，
城以外遍地皆苗。其种类繁多，曰仡老，曰倮倮，曰佯僙，曰八番，曰九
股，名不胜数。"[1]三锹人由靖州锹里地区迁徙至黎平、锦屏交界区域
后，也从来自觉地将自己与周边的侗苗区别开来，看成是与侗苗不一样
的人群类别。1982年5月，三锹人根据三锹古歌描述，在黎平大稼乡
俾嗟村（三锹人村落）的"翁九老"塘中，挖掘出一块立于清乾隆己巳年
（乾隆十四年，1749年）的款约碑。

　　碑文全文如下：

　　　　尝思朝廷有国法，鳌里有里规。兹余三鳌自先祖流离颠沛于
斯，迄今已近百年。为铭志先祖之习俗，故三鳌各寨里长约集，宰
生鸡而誓志，饮血酒以盟心，计照规约于后：
　　　　（一）务须击鼓同响，吹笙共鸣，同舟共济，痛痒相关，一家有
事，阖里齐援。
　　　　（二）男女婚姻务须从父从母，原规结亲，不准扒亲赖亲，水各
水，油各油，不准油来拌水，亦不准水去拌油，倘男不愿女罚银三十
三，若女不愿男罚银六十六。
　　　　（三）倘遇外来之侮，阖里应齐心以击，尤对客家与苗家，更应
合力以抗之。
　　　　恐嗣后无凭，刻有坐卧碑各一块，永远存照。
　　　　　　　　　　　　　　　　　　　大清乾隆己巳年孟春毂旦日立[2]

　　碑文明确地传达出，三锹人在迁徙至黎平、锦屏交界区域前，就已
经是一个有明确自我认同意识的群体了。三锹人既不同于客，即汉族，

① 《黎平府志（下）》，黎平县县志编纂委员会校注，北京：方志出版社，2014年，第1264页。
② 黎平县"三锹人"族属调查工作组：《黎平县三锹人族属识别调查材料》，黎平县民族宗教事务局档案，全宗号147号。

也不同于苗，即今之苗、侗族群，而且主观上还不愿意与客、苗融在一起。至少说明，在清代，汉、苗、侗、三锹，是分得很清楚的族群概念，周边族群一般称之为三锹或者锹老。

从前面的碑文推算，三锹人是在清顺治年间由湖南靖州锹里地区迁徙而至的。2014 年 8 月，笔者走访了大部分三锹人村寨，大家普遍认同于清初从靖州三锹迁来的说法。黎平县大稼乡的岑趸寨，是黎平县境域最大的三锹人聚集村寨，全寨由吴、潘二姓组成，最早迁徙落寨的是吴姓，吴姓始祖墓碑上的年代也是清顺治年间。三锹人迁徙至黎平、锦屏交界区域山区的主要原因是佃种山场。从明代开始，由于朝廷在贵州实行派征皇木，带动清水江中下游地区的木材交易，进而带动这一区域的山地开发。最早涉猎清水江木材交易研究的先驱杨有赓先生说："明正德年间，贵州民族地区所产的楠杉，即作皇木贡献京都，至嘉靖、万历，更屡贡于朝。是杉木先作为贩运江淮的贡品勾起王室贪欲而生贡木之制，还是苗杉先作为贡木引起商人的兴趣而木商遂兴？似属后者。"他进一步论述说："商业始兴，在清水江下游就产生了为木材交易服务的木行。据成文于嘉庆、流传于民间的抄本《争江记》载：'明朝太祖坐江山，天下太平万民安。贵州安定十五府，上七下八各一方。下游边界黎平府，管辖一带清水江，卦治王寨和茅坪，三寨轮流当木行。'木行诞生于明的史实，证明商业资本输入清水江流域的时限，当在明代无疑。"[①]正是木材交易的繁荣，促进了清水江中下游区域的林木种植和山地经营。在这个背景下，大量外来移民进入清水江中下游区域。早期的迁入者在定居之后，往往引来更多与其有血缘或地缘关系的人群迁入，人口逐渐增加，进而形成村落。史籍中对此也有记载："又有清水江边之三江九寨，当即吏目所辖之地，皆不归土司管辖，山高岭峻，高坡苗聚族而居，土多田少，客户数人，悉皆承佃苗土，租挖苗人公山之蓬户。其蓬户土有定址，住有定向，与古州一带蓬户相同，大率典买苗产

---

① 杨有赓：《清水江流域商业资本的发展、流向与社会效应》，《贵州民族研究》1989 年第 3 期。

者十居五六,非若镇远之抱金、邛水蓬户迁徙靡常也。"①居住于黎平、锦屏交界区域的三锹人,几乎都是在清初至清中期的一百多年间陆续由湖南靖州锹里地区迁徙而来的。

中仰村是锦屏县域最大的三锹人村寨,全村312户,1448人,分为陆、龙、潘、张几姓。各姓均是清代康熙至嘉庆时期从湖南靖州和本省天柱等地迁来的移民,初时均向文斗、加池、韶霭等村寨山主佃种山场,以后则通过用现银购买和劳股折价等方式逐渐占有周边山场田土。清代中期至及民国,中仰人为争取山场的永佃权与文斗、韶霭、加池等村寨进行长期斗争,民国中期官司曾打到重庆最高法院。乌勒是位于乌下江南岸山麓的一座三锹人村寨,全村64户,307人,人均耕地面积0.6亩,人均林地面积2~3亩。全村分为吴、潘、杨、陆、张、黄几姓。吴姓最早落寨,是乾隆年间从湖南靖州三锹迁徙而来,先在乌山住了一短段时间,后由乌山再迁徙到乌勒。乌山属于黎平县大稼乡,距乌勒和乌下江岸约10公里。三锹话中,乌勒作为地名,指牛赶不回来的地方。传说,乌勒吴姓祖先由乌山赶牛到乌勒去放养,但牛放在那里却不愿回家。人们认为那里一定是好地方,就从乌山搬迁了去,从此就有了乌勒寨。为了纪念原来的老寨乌山,起名为乌勒,意思为由乌山分立出去的子寨。乌勒人由乌山搬迁到乌勒有200多年。乌勒北面和东面是侗族人居住区域,南面和西面主要是苗族人居住区域,间杂有汉族村寨。乌勒距最近的三锹人村落在10公里以上,是一个独立的三锹人村落。根据三锹人在黎平锦屏交界区域的普遍的落寨史推断,应该是乌勒祖先由乌山到乌勒佃种山场,渐渐取得合法身份而在乌勒定居下来,这里隐喻的是一种族群间的资源竞争关系。

三锹人主要居住在清水江下游重要支流乌下江、八洋河流域一带的崇山峻岭中,属于典型的山地族群。

清水江系沅江上游干流,乌下江和八洋河是清水江中游的支流。乌下江发源于黎平县盘奴山和岭梅岭山涧,流经黎平县茅贡、孟彦、罗

---

① (清)罗绕典:《黔南职方纪略·黎平府》,赵文铎点校,贵阳:贵州人民出版社,1992年,第322~323页。

里、大稼,锦屏县启蒙、固本、河口等乡镇,在瑶光河口汇入清水江。乌下江河长 83 公里,平均年径流总量 4.71 亿立方米,流域面积 760 平方公里。2019 年 8 月,我再次到乌山和乌勒田野调研,获得关于乌下江的说法,真正的乌下江,就是指乌山、乌勒以下至河口这一节江段,乌下江的中游上游分别称为罗里河、孟彦河、地理河。乌下江的本意是指乌山、乌勒以下放运木材至大河口(清水江干流)的河段。八洋河发源于锦屏县启蒙镇便幌村,流经锦屏县启蒙、平略等乡镇,在平略镇八洋村汇入清水江,全长 27 公里,流域面积 197 平方公里,其流域是锦屏最重要的杉木产区。乌下江与八洋河流域区域,属于中山峡谷地貌,山势陡峭,山体切割强烈,从谷底到山顶,海拔落差达 700 米以上,系黄红壤、山地黄棕壤分布区,山多载土,适宜各种林木生长,是清水江区域中最主要的杉木产区。但由于地质构造踞侷,山体破碎,切割强烈,山顶和谷底落差大,自然坡度均在 40 度以上,很不适宜人类居住开垦。在清水江中下游山地未开发前,这里的居民主要是苗族和侗族土著居民,人烟稀少。由于清水江山地开发,大批商人和移民进入这一区域。商人主要在清水江干流沿岸,从事木材交易、贩运,而移民则深入崇山峻岭深处,以山地耕作和林木种植为生。研究这一区域族群关系的王宗勋说:"锦屏等地清水江中下游外来移民明末至清康熙时期即有少部分进来,大量的则是清乾隆后期至道光前期进来,尤以嘉庆时为盛。"由于是移民身份,且无户籍,地位低下,被当地人称为"来人"或"来苗",主要以向本地山主佃山栽杉和林间耕作为业。[①] 三锹人大多也是在清初至清中期阶段进入乌下江、八洋河流域。从田野调研和收集到的民间文献看,三锹人是分期分批进入这一区域的,以宗姓为单位,通过租佃山场定居落寨。正是由于三锹人外来移民的身份和佃山栽杉、林间耕作的谋生方式,决定了三锹人在这一区域定居的时候,不能连片聚居在一起,必须是采取杂居、混居的方式,分散落寨于乌下江、八洋河流域方圆百余公里的范围内。

---

① 王宗勋:《从锦屏契约文书看清水江中下游族群关系》,《原生态民族文化学刊》2009 年第 1 期。

图 3-1　乌下江流域。在田野调研中，说乌下江即指乌山或乌勒以下的
河段，笔者认为此说较合理（余刚 摄）

在居住格局上，三锹人与汉族、苗族、侗族杂居，大部分三锹人独立
立村建寨居住，少部分与汉族、苗族、侗族同村共寨居住。三锹人的居
住格局，呈现出几方面特征。一是没有形成连片的三锹人村落。在黎
平、锦屏交界区域间的二十余座三锹人村落，基本上没有三座村落相挨
连呈片状聚集在一起的情况，最多是两座村落相连接，呈线状结构，而
其周边即是其他族群村落。生活于黎平的三锹人大多集中在大稼乡，
但三锹人村落均是呈线状纵向分布，没有形成连片的三锹人居住区域。
二是三锹人村落间的距离最近都在 5 公里以远，大部分三锹人村落间
的距离都在 10 公里以上，最远的三锹人村落间的距离，在 100 公里以
上，其间分布着众多的苗族、侗族、汉族族群村落。三是三锹人村落的
规模一般都不大，大多在 100 户左右，300 至 600 人间。黎平县的岑趸
村，锦屏县的中仰村是两个最大的三锹人村落，其人口规模也仅在 240
户、1017 人，312 户、1448 人，相对于这一区域间的苗族、侗族、汉族族
群的村落，其规模都相对较小。四是三锹人村落一般距离中心集镇都
比较远，且一般都筑列在崇山峻岭深处的高山大岭之上，海拔一般在
700 米以上。岑趸村距乡政府所在地大稼 10 公里，中仰村距乡政府河
口陆地距离 40 公里、水上距离 15 公里，美蒙村距河口 28 公里，岑梧村

距平略镇平略 15 公里。所有三锹人村寨,距县城都在 60 公里以上。岑邑村建筑在一道山岭顶端由几匹山汇聚形成的一个浅浅的山坳处,村委所在地水塘海拔 960 米,而两边列筑的人家,海拔高度则在 1000 米以上。中仰村筑列在大坪山巅所形成的一个狭窄盆地上,海拔高度 860 米。美蒙村位于锦屏、黎平、剑河三县交界处最高峰青山界下,是距青山界主峰(海拔 1400 米)最近的村寨,海拔高度 980 米。所有三锹人村寨,没有一座村寨居住在海拔 700 米以下。五是三锹人村落中,许多村落属于族群孤岛。乌勒是隶属于黎平县大稼乡的一座三锹人村落,位于乌下江南岸山麓,其北面和东面是侗族人居住区域,南面和西面主要是苗族人居住区域,间杂有汉族村寨。乌勒距最近的三锹人村落在 10 公里以上,是一个族群孤岛。美蒙村位于青山界下,其西北面是海拔 1400 米的青山界主峰,其南面、东南面均是汉族、侗族、苗族族群村落,距最近的三锹人村落有 20 公里以远。六是有许多三锹人与其他族群同寨共村居住,其户数、人数规模更小,甚至只有三四户人家。岑努村是一个多族群村落,全村 180 余户,1014 人,居住着苗、侗、三锹、汉四个族群,三锹人有 82 户,全是潘姓。黎平县大稼乡董翁寨总共有 50 余户人家,居住潘吴二姓,以路为界,路的上坎为潘姓,全是说三锹话的三锹人,有 20 余户;路的下坎为吴姓,全是说汉话侗家人——吴姓在民族上申报为侗族,但一直说汉话,且说原来系汉族。在这一区域,这种多族群村落很多,是一种普遍现象。

清水江中下游区域,是一个多族群生活的环境。首先,作为社会主体的是苗族和侗族族群,苗族、侗族族群在这个区域的生活史,即使从文献上,也至少可以追溯到宋代朱辅的《溪蛮丛笑》——《溪蛮丛笑》总计 79 个条目,反映的即是五溪地区,即今湖南湘西地区和黔东南州区域内的物产、风情、习俗、民族关系等。其研究者符太浩甚至认为,在宋代,"'五溪'各民族与中原汉族之间,已经存在着极其频繁的木材贸易活动……侗族以宗族村社为依托开展规模性的商品林生产,可以上推到 12 世纪"[1]。如果从苗族、侗族的古歌追溯,则其在这一区域的生活

---

[1]　符太浩:《溪蛮丛笑研究》,贵阳:贵州民族出版社,2003 年,第 20 页。

史则更长久,当在秦汉时代。其次,这一区域生活的另一主体是汉族,是通过各种方式,如移民、经商、屯垦、迁谪、为官等而从不同地域到来的汉人(当地称为客家)。早在唐代,朝廷就在锦屏县亮司设羁縻州。北宋大观时,于今铜鼓敦寨设羁縻州。元代,在黎平县境域设古州八万军民总管府。据说,唐代著名诗人王昌龄就曾经贬谪到锦屏县隆里任龙标尉。① 在三锹人落寨这一区域前,清水江中下游区域的多族群生活环境已经形成。在清初至清中期时代才陆续到来的三锹人,在这一区域中,显然属于典型的外来者、后来者,且人数更少,而其社会地位和身份,则根本不能以也属于外来者的汉族相匹比。在这个多族群互动的环境中,三锹人属于典型的少数族群、弱势族群、边缘族群。根据居住隔离(residential segregation)是指群体在空间上的非随机分布,并且形成以某些社会特征为基础的系统性居住模式的定义,②可以说,在清水江下游这个广大的区域中,三锹人总体上处于族际居住隔离状态。著名学者米歇尔·福柯在论述权利与环境的关系时说:"一种完整的历史,需要描述诸种空间,因为各种空间在同时又是各种权利的历史(这两个术语均以复数形式出现)。这种描述从地理政治的大策略到居住地的小战术。"③清水江下游区域的这种空间格局,既是资源竞争的一种形式,受制于这一区域的资源状况,受制于区域所提供的生态环境,但在一个流动和开放的社会区域中,村寨和人群的分布,更是权利表达与运作的一种形式。在一个流动开放的社区环境中,决定村落距离的,更多还体现在社会关系上。作为空间的距离一定与权利、社会关系、社会结构、社会资源等相关联。著名人类学者埃文思-普里查德在分析努尔人的村落分布时说:"生态距离是社区间的一种关系,这些社区是以人口密度及其分布状况来界定的,同时也与水源、植被、野兽及虫害等情况有关。"但"距离是指在一种社会制度中,人们群体间的距离,它是

---

① 关于王昌龄贬谪地有两种说法:一说在贵州锦屏县之隆里,一说在湖南原黔阳县(今洪江市)之黔城。

② 郝亚明:《城市与移民:西方族际居住隔离研究综述》,《民族研究》2012 年第 6 期。

③ 转引自汪行福:《空间哲学与空间政治——福柯异托邦理论的阐释与批判》,《天津社会科学》2009 年第 3 期。

以价值观来表达的。土地的自然条件决定着村落的分布,并因此也决定着它们之间的距离,但是价值观用结构术语限制、界定着这种分布并为之赋予了一套不同的距离"。① 三锹人居住格局的现状,三锹人所置身的这种族际居住隔离状态,既是这个多族群互动环境中因为资源竞争、生存策略而不得不选择的一种生存方式,但同时,也是作为一个弱势族群、少数族群、边缘族群在特定的社会环境中,即以权利为主导的半市场化、半商品化的社会环境中的一种自觉的、自愿的居住模式选择,是三锹人维护其族群认同和族群边界的既被动又主动的文化应对策略。

三锹人在清水江下游乌下江、八洋河流域的居住,整体上呈大分散、小聚居的格局。从分散来说,仅仅 6000 余人的三锹人,分散于乌下江、八洋河流域方圆 100 公里的范围内,包括黎平县大稼、平寨、德化、尚重,锦屏县平略、启蒙、河口、固本,总计 8 个乡镇,涵盖人口在 10 万人以上,这一范围内的族群主体是苗族、侗族、汉族族群;从聚居来说,大部分三锹人是同村共寨聚居在一起的,总体上保持族际居住隔离状态,即便与其他族群同村共寨居住,三锹人在居住空间上,与其他族群还是相区别的,即三锹人有自己的居住地域和空间。

相比于这一区域的其他族群,三锹人始终处于一种最不利的状态。三锹人村落规模小、村落间的距离远、村落环境相对恶劣。在清水江下游这一广大区域中,三锹人几乎都处于族群孤岛状态中,其族际居住隔离更表现出典型性。族际居住隔离是一种社会学上的空间分异。一般可以从五个空间维度来衡量居住隔离:"均质性"(evenness)、"接触性"(exposure)、"集中性"(concentration/isolation)、"向心性"(centraliza-tion)、"集聚性"(clustering)。具体而言,"均质性"指的是不同群体在城市中人口分布的均匀程度,"接触性"衡量两个群体接触、交往和互动的可能性,"集中性"衡量少数群体占据区域内空间的数量,"向心性"指的是少数群体集中居住在城市中心的程度,"集聚性"衡量少数群体在

---

① [英]埃文思-普里查德著:《努尔人——对尼罗河畔一个人群的生活方式和政治制度的描述》,褚建芳等译,北京:华夏出版社,2002 年,第 128~129 页。

区域内居住不对称或不成比例的程度。① 从均质性来说,仅只 6000 人的三锹人分散于 10 余万其他族群中,其数量上的少数是显见的,甚至可以对其忽略不计。从接触性来看,作为少数的三锹人必须主动与其他族群发生更多接触,才会为这个多族群环境所容纳和接受。三锹人有自己的语言三锹话。三锹话不同于苗语、侗语,是介于苗、侗语间的语言。为什么叫三锹人,三锹人自己有一种解释,就是晓得三种话的人,即会说苗话、侗话、汉话的人。② 从集中性来说,三锹人占据区域空间的数量是明显不足的,这既表现在三锹人的村落规模小,也表现为三锹人居地的空间促狭。受空间环境的影响,三锹人居住空间在这一区域内是最促狭的。从向心性来看,三锹人居住空间上的边缘性是最突出的,所有三锹人村落,距离集镇所在地都在 10 公里以上,距离县城则都在 60 公里以上,美蒙、小瑶光、岑桃等三锹人村落,位于黎平、锦屏、剑河三县交界之地,距离三县县城的距离都超过 100 公里。从集聚性来看,在这一区域内,三锹人的居住格局是最不呈现集聚性特征的。三锹人的村落是分散镶嵌于其他族群区域内的,至多只能呈线状分布——大稼乡岑戛、乌山、俾嗟三个三锹人村落呈线状分布,更多三锹人村落则属于族群孤岛。这里还要着重强调,在这一区域中,三锹人的居住环境是最恶劣的。三锹人居住区域属于中山峡谷地貌,山势陡峭,山体切割强烈,从谷底到山顶,海拔落差达 700 米以上。由于地质构造踞侸,山体破碎,切割强烈,山顶和谷底落差大,自然坡度均在 40 度以上,很不适宜人类居住开垦。春夏季节,暴雨山洪会造成程度不一的滑坡和泥石流,而冬季,北风冷雨又极易形成凝冻。三锹人村寨和田地都开列在这样的地带上,可以想象其生存环境之恶劣。所有三锹人村寨,没有一座村寨居住在海拔 700 米以下。由于海拔高,环境恶劣,无论垦山还是耕作,都极端不利,其劳动力成本之高难以想象。三锹人耕种的田亩,看上去不远,但走起路来,都在七八里以上,且都是筑在坡度

---

① 陈杰、郝前进:《快速城市化进程中的居住隔离——来自上海的实证研究》,《学术月刊》2014 年第 5 期。

② 黎平县"三锹人"族属调查工作组:《黎平县三锹人族属识别调查材料》,黎平县民族宗教事务局档案,全宗号 147 号。

40～60 度坡墈上，种田要爬坡上坎进冲，其辛苦艰难，不是一般人能承受。岑趸和中仰由于村寨大、人口多，还有一些客田，即在其他村寨地界内的田，最远达 20 里之上。三锹人正是在这样恶劣的环境中，顽强地生存、生活了两三百年，并成功地维护了整个族群对于三锹人的文化认同。

加拿大著名学者威尔·金里卡在论述少数族群文化权利时，提出"社会性文化"的概念，他说："我将集中关注的那种文化是一种社会性文化——即一种为它的成员提供跨越人类全部活动范围的有意义的生活方式的文化，这些活动包括社会的、教育的、宗教的、娱乐的和经济的生活，而且既包括公共领域又包括私人领域……它不仅包括共享的记忆或价值，也包括共同的制度和习俗。"他强调，社会性文化的"出现是与现代化的过程密切联系在一起的"，"是现代经济的一种功能性要求"。[①] 三锹人族群认同的建构与维护，始终受制于清水江下游区域的经济活动，是在这个多族群活动环境中进行资源竞争必然结成的一种人群形态，其族际居住隔离状态，既是他们参与区域经济活动的一种方式和机制，是他们自觉或不自觉，主动或被动建构其社会性文化的一种形式与实践，也是他们争取和维护族群权利、争取族群合法身份、强化族群认同的一种方式。

三锹人是由于清水江流域山地开发而在清初至中期阶段由湖南靖州锹里地区逐渐迁徙至乌下江、八洋河区域的。而清水江流域山地开发是一种准现代经济，或者是一种相对发达的封建商品经济形式。研究这一区域的学者张应强说："从明代后期到清初，由于王朝势力的介入和以木材采运为中心的区域经济的次第开发，清水江流域的社会经济出现了一个商业化发展的契机……整个清水江流域，尤其是沿江傍河地区，种粟栽杉、伐木放排、当江市易，已经成为主要的区域性社会经济活动，而许多相应的社会经济制度也就逐渐形成和发展起来……这是在特定历史条件下，区域社会经历的一个商业化发展的过程，这一发

---

① ［加］威尔·金里卡著：《多元文化公民权：一种关于少数族群权利的自由主义理论》，杨立峰译，上海：上海译文出版社，2009 年，第 96～97 页。

展过程对于地方社会所产生的影响极其深远。"①对于三锹人而言,是清水江下游市场的形成或者说商业化契机吸引他们迁徙落寨于这一区域的,他们在这一区域的佃种山场的经济活动,与传统农耕经济的土地租种不同,而更多地具有现代经济的特征。虽然在参与这一区域的经济活动中,三锹人及其他外来移民仍大多处于不利的地位,但随着社会的契约化和市场化程度的不断提升,他们的地位也渐次呈现出一个不断改善和提升的过程,最终在这一区域的竞争中获得了合法的地位和普遍认同的身份。研究这一区域族群关系的王宗勋说:"移民初到这里时,地位低下。他们多向本地山主佃山栽杉,有的做些小本生意。"有的村寨"甚至不许他们进寨居住,只准在所佃山场起棚窝居",而且必须忍受本地山主的残酷剥削,"本地人佃栽杉木,与山主分成杉木股份比例一般按对半,最差也是佃二主三。外来人对半分成比例对半的很少,一般为佃二主三,佃二主八、佃一主九的也不少"。② 但这些移民的身份是自由的,是按照商品契约形式与山主建立关系,这显示他们在经济地位上,与本地主体族群是平等的。正是这一区域表现出来的契约化和商品化趋势,促使他们通过诚实的劳动和在经济活动中的智慧,而逐渐在这一区域中站住脚跟,从而生存下来。中仰的三锹人就是通过这种艰难的开拓,在清中期即在中仰立寨,并为争取山场的永佃权与当地山主进行旷日持久的诉讼,到民国时,还与邻近的文斗寨打了一场历时六年的官司。③

三锹人的落寨不是一次完成的,总体上是一个被动的过程。往往是三五户人家在佃种山场搭棚蜗居,然后不断有三锹人从靖州锹里迁徙而来,加入租佃户行列,渐渐地,在几个有一定规模的本地村寨的边缘区域,形成一个三锹人聚落区,向周边各村落佃种山场,久而久之,通过购买股份、股价折银的方式,或者购买土地的方式,渐次获得土地权或永佃权,由此形成三锹人村落。由于是由佃种山场的临时聚落区衍

---

① 张应强:《木材之流动——清代清水江下游地区的市场、权力与社会》,北京:三联书店,2006 年,第 44、46、49 页。
② 王宗勋:《清水江历史文化探微》,昆明:云南美术出版社,2013 年,第 187~188 页。
③ 笔者 2014 年在中仰田野调研所得,锦屏县史志办主任王宗勋也证实笔者调研情况。

化而来,三锹人村落居地海拔往往较当地侗、苗、汉族群高,环境自然要恶劣些;又由于是向周边各寨佃种山场,三锹人村落往往建于各族群之边缘地带,是插花于这一多族群区域之间隙。总体上看,这一区域内,虽然生活着苗、侗、汉、锹等族群,但各族群在居住空间上,大体上呈族际居住隔离状态。各族群有各自的居住地域或者居住空间,族群间存在着或明或暗的边界,通过各自的方式维护自身的族群认同,形成有自身文化特色的族群认同机制。

经过一年又一年,一代又一代人筚路蓝缕、艰苦卓绝的垦殖与开拓,至嘉庆、道光年间,三锹人终于在清水江下游乌下江、八洋河流域落寨生根。三锹人是以宗姓为单位陆续迁徙而至的,各宗姓间有紧密的血缘联结,即使是不同的宗姓,在迁徙中也会建构起包含浓郁血缘意识的弟兄传说,将三锹人凝聚在一起,强化三锹人之间的族群认同。三锹人村落间普遍流行的"三个劁猪佬"的落寨传说则对此有印证。[1] 三锹人的落寨故事,与一般的弟兄祖先故事不同。一是三弟兄没有血缘联结,是一种地缘的结合。一般的弟兄祖先故事中,弟兄都来自一个地方,且有共同的血缘联结。王明珂说:"这类故事有其模式化之叙事:如一山沟中有三个寨子,各寨居民说起本地三个寨子居民的起源时,常说:'从前有三个弟兄到这儿来,分别到三个地方建立寨子,他们就是这三个寨子村民的祖先……'"[2]但在三锹人的落寨传说中,三个人是结拜的弟兄,没有血缘上的任何联结。二是三个人都不以耕作为生,而是以手艺或贩运为生计。传统的弟兄祖先故事,都有鲜明的农耕背景,以农耕作为主要生计模式。这体现出当时进入封建商品经济社会的特征,隐喻三锹人落寨时的社会环境,隐喻三锹人在资源竞争中的不利地位。三是三锹人落寨时的社会,是一个阶序和分层都很明确的社会,而且,三锹人明显处于社会之最底层,处于阶序化之最低级。王明珂对此分析说:"其叙事结构(三弟兄故事)是社会结构(三个村寨)的反映。其

---

[1] 黎平县"三锹人"族属调查工作组:《黎平县三锹人族属识别调查材料》,黎平县民族宗教事务局档案,全宗号 147 号。

[2] 王明珂:《英雄祖先与弟兄民族——根基历史的文本与情境》,北京:中华书局,2009年,第 23 页。

主要叙事符号：'弟兄'，也对应社会人群间的合作、区分与竞争关系——'弟兄'隐喻着人群间的合作、区分与对抗。"①三锹人落寨的故事反映，三锹人作为一个族群能够在清水江下游区域生存发展，能够形成这种族际居住隔离模式，是三锹人的社会性文化所做出的一种抉择，而这种文化抉择，又只有在资源竞争和社会交往达到相当深度和广度的社会环境中才会自觉或者不自觉地做出，或者说，正是三锹人广泛地参与了这一区域的社会开发，反而从另一方面维护了三锹人的族群认同，促进三锹人族群意识的建构。学者陈志明说："社会化的不同类型及强度都会引起对其类型不同的冲击及族群情感的强度。社会化的经历也包括生活在异族人中及生活在民族国家中的经历。"②三锹人在清水江下游区域落寨，是进入一个社会化程度相对较高的区域，是受商品经济影响或者激励的一种经济行为，在这个多族群的社会环境中，为了适应资源竞争的需要，他们必须建构一种准血缘的文化叙事来强化族群认同和凝聚族群力量，从而才有可能获得在这一区域立足的根基。而在这一区域间形成的族际居住隔离模式，某种程度上，也是各族群强化认同的途径，更是各族群凝聚力量，能够更适应于这一区域资源竞争的一种生存手段和方式，是一种文化策略。三锹人的这种族际居住隔离，既是这一区域间资源竞争的一种模式化形式，是多族群环境中必然结成的合作、区分、对抗的一种物质化的隐喻形式，同时，也是适应和应对这种合作、区分、对抗的生存策略而必然采取的一种文化保护和文化表达形式。埃文思-普里查德在考察努尔人的村落时说："人们赋予居住地、亲属关系、宗族、性别以及年龄的价值观通过裂变把不同群体的人们区分开来，而裂变分支之间的相对位置为我们提供了一种视角，使我们能够把它们之间的划分说成是结构空间的划分。"③我们进一步就可以说，在一个多族群共生的环境中形成的族际居住隔离模式，其实是

①　王明珂：《英雄祖先与弟兄民族——根基历史的文本与情境》，北京：中华书局，2009年，第23～24页。
②　徐杰舜主编：《族群与族群文化》，哈尔滨：黑龙江人民出版社，2006年，第294页。
③　［英］埃文思-普里查德著：《努尔人——对尼罗河畔一个人群的生活方式和政治制度的描述》，褚建芳等译，北京：华夏出版社，2002年，第128～129页。

族群边界区分的一种形式，这种空间分异，不纯粹是地理的，更多是文化的、是价值观的，是建构族群认同的一种必然形式。族际居住隔离模式，不但会在部落社会中存在、传统社会中存在，就是在社会化程度很高的环境中，在完全商品化、市场化的社会环境中，这种族际居住隔离模式也同样存在，也包含着文化空间的隐喻性，是一种文化表达的形式。

在族际居住隔离状态下，三锹人的族群认同建构鲜明地体现出作为一个边缘族群、弱势族群、少数族群参与多族群环境资源竞争、生存竞争时不得不采取的文化应对策略。这里显示出，在一个相对开放的社会环境中，三锹人族群认同的建构，呈现一种多元状态，不能完全用原生论或者单一的场景论进行概括，是一个多向度的、系列性的文化抉择和文化表达，其族际居住隔离模式，只是三锹人建构族群认同、强化族群凝聚力的方式之一。

第三节　三锹人的生计方式：吴相宇家族发展史

2017 年 8 月，在潘健康和朋友谭福军的陪同下，我专程到属于黎平县大稼乡的乌山去进行田野调研。2014 年我就有去乌山调研的计划了，但去了乌山的子寨乌勒，却错过了乌山。从大稼向东，过了岑氹，再行走 10 公里，就到了乌山。乌山在乌下江边的半山上，顺着盘山公里再往下走，就是乌下江边上的村寨平底和归斗。三板溪电站蓄水后，归斗顺着山塝向上搬迁，一部分人家则通过移民的方式，到了黎平城，在一处叫上五开的地方建寨兴归斗。乌山属于平底村辖，是行政建制村平底村的自然寨。

乌山是一个以吴姓为主体的三锹人村寨，是三锹人在乌下江流域最早建立的村寨。

到了乌山，我们径直去了村长吴开科家。他事先约好的对村寨历史比较了解的几个老人也已经在他家等我们一段时间了。于是，我们围聚在一起,一口一口地品着家酿的米酒,漫漫地聊了起来。我们首先聊到的是乌山建寨的历史。他们都不约而同地很明确地回答我,乌山寨是明末或者清初建寨的,最先到的是杨姓,随后吴姓也来到了乌山,但吴姓人口发展得更快,形成一座以吴姓为主体的村寨。还有人补充说,在杨姓落寨乌山前,先是龙姓在这里居住,但一直发展不起来,杨姓和吴姓来了后,龙姓就没有了,不知是搬走了还是断了烟火,大家都不知道。但从吴姓来了后,寨子就兴旺起来,在这一潮水都有影响。很自然地,大家就将话题引到了乌山寨开创者吴相宇的故事上。他们很明确地说,乌山的吴姓,包括从乌山搬迁出去到乌勒的吴姓,都是从相宇公这一支繁衍发展来的——整个席间,都是围绕着吴相宇及其家族的繁衍发展来议论。大家你一言我一语,表述上很凌乱,许多地方甚至前后矛盾,但认真梳理,还是能够分辨出从清初至清代中后期吴相宇家族繁衍发展的脉络,而这些脉络,又正好与他们留存下来的吴相宇家族的契约相应合。饭后,为进一步印证吴相宇家族存在的真实性和发展历程,他们还带着我到乌山山背,靠近另一座三锹人村寨俾嗟寨边的吴相宇家族的墓地考察。将深密的茅草和恣漫的荆棘清除后,在海拔800米高处一片浅浅的塬地上,吴相宇家族的墓地渐次显露出来,有吴相宇的墓,有他的孙子吴有才的墓。吴相宇的墓碑题名为"吴公讳向与之坟墓",由其儿子吴德全率孙子有才、富才立,墓碑上注明其生年为清顺治十四年(1657年)二月初五,而卒年则看不清楚。其边上是其孙子吴有才的坟墓。吴氏家族的后裔告诉我,整个乌山的吴姓,每年清明都要到相宇公的墓地祭扫。相宇公是贵州黎平乌山吴氏的一世祖——在族谱、墓碑和存下来的契约中,吴相宇分别表述为尚与、尚以、相宇等,为便于叙述,统一为相宇。站在相宇公的墓前,看着逶迤的山岭,看着落拓于山岭低凹谷地上的乌山寨,我眼前幻出了300年前,三锹人筚路蓝缕,在这片土地上迁徙、繁衍、奋斗、创业的情景。

吴相宇家族的繁衍发展史,正是三锹人迁徙至黎平锦屏区域的一个历史缩影。

吴相宇是靖州三锹地笋寨人氏,据说他少年时就跟随家族中的人学风水、看地理,不到二十岁就开始在外闯荡了,到过靖州城,也到过黎

图 3-2　在村长吴开科家,我们一口一口地品着家酿的米酒,
漫漫地聊起乌山建寨的历史(谭福军 摄)

平府城,是湘黔边区很有名的地理先生。他到乌下江流域帮人看风水,
看中了落拓于乌下江半山上的乌山的这一片地,就萌生了来这里安家
立业的想法。回到地笋老家后,动员家族中的人和亲戚跟着来。开始
先是向本地人租山租田地,慢慢发展起来了,就不断买下山场田地,乌
山寨子也就建起来了,而从地笋等锹里地区迁来的人也越来越多,在乌
下江南岸山区,就形成了三锹人聚居村落,有岑冱、乌山、岑努、乌勒、俾
嗟、啤雅、董翁等。

　　在这一区域三锹人的口述史中,吴相宇一直是一个极富传奇色彩
的人物。关于他的传说,主要集中在几方面。一是他如何会看风水,无
论是阳地阴地,都看得极准,凡是经他堪舆的风水,无论是阳宅还是阴
地,主家都会人财两发。湘黔两地,请他看风水的人家非常多,名气也
很大。二是他为人讲义气,不怕事,肯为地方出头出面,三锹人遭地方
上欺负,他会拼了命去力争。为了地方山场买卖,他不惧打官司,多次

告到黎平府去,而且每次都胜诉。他出门,都会背一把直柴刀,任谁都不怕,但也不轻易惹是生非。三是说他如何精明能干,有生意头脑,特别会估山。一片坡,一片岭,只要经他的眼估看过,买卖亏赚就知晓了。他说可以买下的山,买下就一定不会亏,他说可以卖出的山,卖出去就一定会赚。在估山上,这一潮水,没有比他更厉害的。正是他的古道热肠,能力出众,在黎平乌下江流域三锹人聚落中,他被看成是公认的领袖人物和地方精英。许多三锹人甚至说,正是有他,三锹人才能在黎平站住脚,生存下来。

从明中叶直至清代,风水观念在湘黔边界区域很盛行。从元明时期湘黔边境贵州一侧纳入中央王朝直接统辖之后,以中原文化为正宗的汉文化渐渐在这一区域具有主流文化地位,对于这一多族群区域的社会文化生活有重要影响,在民间最直接的表现就是清水江流域宗族制度的繁荣和中原风水观念的盛行。明代中后期,正是江南、华南民间宗族组织大发展的时期。宋代朱熹倡导的家祠进一步发展,到了有明一代,终于允许臣民祭祀始祖,"庶民户皆有权置祠庙,在一村镇中几乎所有农民都被纳入一个族姓的宗祠或家庙,由祠庙所联系的大众大为增加"①。形成了清代"聚族而居,族必有祠"的格局。顾炎武言:"爱宗敬长之道达诸天下,其能以宗法训其家人立庙以祀者……往往皆有。"②合族共祀祖先之建筑为宗祠,宗祠一般规模较大,祭祀始祖。宗祠之下又有支祠、房祠、家祠,支祠、房祠为族中各支派所建,用于供奉本支、本房的祖先,家祠则是一家或兄弟数家所建,只供奉两三代直系祖先。在清水江下游区域,由于大量江右人、湘楚人的涌入,这些汉族姓氏,带来了江南地区的宗族文化,进一步影响到清水江沿岸生活的苗族、侗族族群等。到清代中后期,清水江流域宗族文化达到一个繁盛期,各姓氏都以宗族组织的形式在社会生活中占据自身的位置,以宗族为单位开展社会文化活动,并在宗族中形成认同,由此体现个人和家庭

①　李文治:《宗族制的体现形式及其基层政权作用》,《中国经济史研究》1988 年第 1 期。

②　(清)顾炎武:《华阴王氏宗祠记》,转引自余达忠:《祖先·祖籍·宗祠——古代宗族制度下的文化认同》,《南通大学学报(社会科学版)》2010 年第 3 期。

的存在感。可以说,宗族组织制度,是清代清水江流域社会制度的一种基本形式。研究者龙泽江、李斌、吴才茂在对清水江流域的宗族制度研究中强调:"根据田野调查,清水江下游的建祠修谱活动始于康熙年间,而大量兴起于乾隆年代。现在天柱县始建于康熙年间的宗祠有 2 座,始建于乾隆年间的宗祠有 27 座。"[①]宗族文化的繁荣同时带来了这一区域风水文化的盛行。人们普遍认为,一个宗族的兴盛繁衍,与其居地的风水密切相关,与其祖先茔墓龙脉朝向密切相关。有清一朝,既是清水江流域大建宗祠、大修族谱的时期,也是各种风水观念大力盛行的时期。风水先生大行其道,普遍被看成地方的能人、精英,看成是地方社会秩序的建构者、维护者。乌山吴氏一世祖吴相宇,也正是在这个大背景下,获得了发展机遇,在乌下江南岸建立起了乌山寨。

图 3-3　坐落于乌下江岸边的乌山寨。这是三锹人村寨中海拔最低的村寨,约 600 米(余刚 摄)

我们从被称为中国四大文书的清水江文书中,来进一步梳理吴相宇家族的历史发展脉络。

从现今发现的林契可以看出,三锹人是清水江流域森林开发最早的外来参与族群。清水江文书是关于这一历史进程的最忠实的见证。

---

① 龙泽江、李斌、吴才茂:《王化背景下的族谱编撰与身份建构——清水江下游流域苗侗家谱研究》,《原生态民族文化学刊》2012 年第 1 期。

从现今收集到的几十万份清水江文书看,98％以上的文书都是清代和民国年间的,明代留存的文书很少,还没有发现明代林地买卖的契约文书。迄今最早的林地契约买卖文书是天柱远口竹林乡高坡村为从事林业生产而缔结的契约,缔结于清康熙二十二年(1683 年),其买卖的山场是在本地间转让,无涉外来人。而吴相宇家族留存下来的这份契约,则是卷袠浩繁的清水江文书中最早的林地买卖契约之一,立契于康熙四十三年(1704 年),是三锹人向本地人购买杂树山用于栽杉种树,且是以以物易物的形式交易。

例契 1:

　　立断卖杉山坡地蜡树约人吴告良。为因缺少用度□出,情愿将□分祖业杉山蜡树坡地一副,凭中出断卖与乌山寨吴相宇为业,当议断价作禾六秤,每秤六十斤,亲手领回。□自断之后凭□吴□永远管业,不与兄弟房族寨内人相干,一断百了,永无异言,恐□□□凭,立此断约存照。

　　凭中　吴化敛　禾一手
　　计开四至:上平岭路,下平□冲,左平小岭,右平小□。
　　代笔　杨起庐　禾一手

康熙四十三年二月十三　立①

　　订立这份契约时,吴相宇已经 47 岁,已经在乌山寨完全定居下来,被称为乌山寨人了,并有了一定的财力,显然已经在乌山安下家、立下业,显示长住下来了;而且,吴相宇所购买的杉山蜡树坡地,不在当时的乌山寨内,很有可能是周边村寨的坡地。这份契约说明,三锹人口述史中,说吴相宇很年轻时就在外闯荡是可信的。从离家闯荡到在乌山定居下来,至少要有一二十年时间。三锹人说,他们的祖先,开始时是两头住,平时在生产生活地居住,给人栽山种杉种田,年节时则回老家居住。只有完全将家业打造出来,生活完全安定下来,才会将家人接去,

---

① 《罗里乡文书》,未刊稿,黎平县档案馆藏。

有了孩子，并且完全适应生活地的生活之后，才会在迁入地安居。而这个过程，没有一二十年，是无法完成的。这份林契透露，三锹人落寨初期，其生计方式呈现出多样化，既伐山栽杉，直接从事林业生产，也兼事农耕，佃田佃土从事山地耕作。"当议断价作禾六秤，每秤六十斤"表明，是以物易物的方式进行交易，折合禾谷 360 斤，说明交易额不大，木材还不算特别值钱，且"祖业杉山蜡树坡地"表明，出卖的不是纯粹的杉山，而是有杉树、蜡树等的杂山，暗示此前没有专门植树栽杉，很有可能属于三锹人的吴相宇等是最早到乌下江区域佃山栽杉的。在黎平锦屏等林区，一直没有专门栽种蜡树的记载，蜡树一般是自然生长的天然树种。"作禾六秤"，禾是种植于水田中的水稻作物，在黎平侗族地区大量种植，以糯禾为主，禾即为糯禾。清罗绕典在其《黔南职方纪略》中，对这种既耕作又垦山种树的情形，有过描述："又有清水江边之三江九寨，当即吏目所辖之地，皆不归土司管辖，山高岭峻，高坡苗聚族而居，土多田少，客户数人，悉皆承佃苗土，租挖苗人公山之蓬户。"[①]所言之客户，显然是从各个途径进入清水江流域参与山地开发和商品经济市场的各种人群，其中就包含有三锹人。

随着清水江流域林木交易市场的不断发育成熟和形成规模，三锹人的生计方式更多地是由林木交易市场所决定的，是对商品市场的直接参与。而这种参与，带给了三锹人更多的经济利益，也同时促进了三锹人的在地化。

我们继续追溯吴相宇家族的发展史。

例契 2：

　　立断卖山坡约人苗举寨龙甫依。为因家下缺少，自愿将祖业山坡一所，坐落土名定包，上平田水沟，下平溪，左平头沟冲，右走路岭。平（凭）中卖与乌山寨小苗光吴文明、有才、富才、得先、才英名下，得买议定艮八两亲手收回应用，恁后无平立此断字是实，凡

---

① 《黔南识略·黔南职方纪略》，赵文铎等点校，贵阳：贵州人民出版社，1992 年，第 322 页。

有约在□堂□乎保管。

　　吴艮包

　　凭中：吴翻化

　　代笔：杨起搂

雍正八年十月十八日　立[①]

　　上一份契约签订时间为康熙四十三年(1704 年)，这一份契约的签订时间为清雍正八年(1730 年)，在时间上相差 26 年。但签订契约的当事人则由吴相宇换成了吴文明、吴有才、吴富才等，而吴有才、吴富才正是吴相宇的孙子，吴相宇已经 73 岁，由前台退到了后台。这份契约购买的仍然是其他村寨的山——苗举寨是距乌山路程在三十里以上的村寨，属于乌下江的下游，更靠近乌下江江岸。这一份契约与上一份契约一样，都是买断山坡，从买断的价格看都不贵，很可能是荒山，或者仅有价值不高的杂树，如蜡树等，其买山的目的都很明确，就是用来栽杉种树。这透露出：一是在康雍时期，清水江流域的木材交易还处于初期阶段——清水江航运的水道，也正是在这一年由贵州巡抚张广泗全面疏通的——清水江航道的疏通，才标志清水江流域的木材贸易进入新阶段。而属于清水江支流的乌下江流域，对于木材市场的响应显然会滞后一些，吴相宇应该是最早响应清水江流域山地开发的三锹人。二是在康雍时期，栽杉种山还远没有成为一种主要的生计方式，大量的山坡或者是荒山，或者生长着各种杂树，而且人们对于地权的概念还很模糊，采用的是买断的方式。

　　这在清水江边上的文斗也是一样的情况。

例契 3：

　　立清白投字人龙梅所、陆富宇。二姓为因迁徙外无地方安身，立意投到文斗寨界内地名中仰住店。蒙众头公姜程元、姜现宇、姜隆宇、姜科明等把我二姓安身，大家相为邻寨兄□。自投落坐之

---

① 《罗里乡文书》，未刊稿，黎平县档案馆藏。

后，无论前后左右，寸土各系文斗地界，我陆□二姓不过借以安居，莫生歹心。如肯出力勤俭挖掘，所得吃上层之土皮，倘蒙伯佔之心，天神鉴察。假文斗众等不许挖动者，抑天神鉴察，所有当不到之处，任凭中仰打草打柴□活、挖种收租等，情如弟妹兄，大家不使以强欺弱。

恐日久人心不古，立此清白投字为照。

代笔、中人　陈艾宇

康熙四十三年正月十五[①]

　　这份林契的投字人龙梅所、陆富宇，也是从靖州锹里地区来谋生的三锹人。这份契约包含着多层含义：一是在康熙四十三年（1704 年），中仰还只是一个地名，不是村寨名，龙、陆二姓是中仰最早落寨姓氏；二是龙、陆二姓成员到文斗寨辖地中仰后，向文斗寨"头公"租地生存，以"吃上层之土皮"谋生；三是龙、陆二姓是结伴而来的，系初到清水江流域区域；四是中仰四周，均属文斗寨辖地，还存在着大量的无主荒山，文斗人一般管顾不到，即文书中所言"抑天神鉴察，所有当不到之处，任凭中仰打草打柴□活、挖种收租等"，属于地旷人稀状态，说明清水江流域的开发，是在开辟苗疆后的乾嘉时期到达高峰期的；五是迁徙而来的三锹人，在这一区域是明显的弱势群体，属于边缘族群，担心本地人"以强欺弱"。

　　我们就例契 2 进一步分析。例契 1 是通过物物交易的方式获得山坡经营权的，而例契 2 中，则是通过银钱购买，是多人联合购买一片山来经营。这暗示经历了二十多年后，买山种树栽杉已渐渐成为人们一种普遍的生存方式了，很多人看到或者预想到了买山种杉所带来的利益。通过银钱购买说明，经过二十年的开发，商品观念已经渐渐深入人心，货币日渐成为这一区域商品交易的主要形式。而且，吴有才、吴富才的身份是乌山寨小苗光。小苗光又称小瑶光，是乌下江下游北岸的一座三锹人村寨。但在当时，小苗光很可能像中仰一样还是一处地名，

---

① 　文书来源于王宗勋：《锦屏文书征集手记》，广州：世界图书出版广东有限公司，2015 年，第 102 页。

还没有成为村寨,是三锹人到那里栽杉种山之后,才渐渐成为一座村寨的。从出卖人为苗举寨龙甫依分析,龙甫依是侗语汉译的表述,"甫"系侗语父亲的音译,即有一个叫依的孩子的龙姓侗家人。显然,吴有才、吴富才是向当地人购买山场的。正是三锹人联合向当地购买山场栽杉种树,为方便生产,大家聚居在小瑶光(小苗光)处,渐渐地小瑶光就成为一座三锹人村寨。在小瑶光周边,属于三锹人的村寨还有九桃、美蒙、格朗,其村寨规模都比较小,村民的落寨和生计方式大概与小瑶光类似。

我们继续向着时间深处和历史深处追溯。

吴有才、吴富才兄弟及其他三锹人联合买下的这片山场,在经历了几十年的时间后,经过三锹人两代人的栽种管护,已经由濯濯童山,成为杉木蓊郁的林海了。对这片山场进行砍伐时的分单合同保存了下来。

例契 4:

　　记开单为定包之木吃打□:

　　成思

　　米二十件、盐四两

　　酒四十二件

　　士贞三十五件,盐半斤

　　用肉四两银

　　吃用各食五两,余存七百□十两

　　召扣

　　每股七十九两

　　每钱占落七钱九十

　　壹股叁百九十四两五钱

　　壹两山占落七十九两

　　壹钱山占落七两八钱八十

　　壹分山占落七钱八十八厘

　　小苗光一两七钱五分之山占落一百叁十七两九钱[①]

---

① 《罗里乡文书》,未刊稿,黎平县档案馆藏。

　　这份分单合同没有标示年代。但我们通过合同中列示的人名可以推断，出卖这片山场与购买这片山场，之间已经相隔了整整两代人，即有近五十年时间了。合同中出现了两个人名，一是成思、一是士贞。而成思正是例契 2 的购买人吴有才的孙子。吴有才等是在雍正八年（1730 年）购买这片山场的，当时乌山吴姓一世祖吴相宇已经 73 岁，而其孙子吴有才，至少有 25 岁。吴有才的孙子参与了这片山场的分山，显然是成年人了，而且是直接参与这片山场的管护开发和砍伐的，其年龄也应该在其爷爷购买山场时的年龄，也就是说，在买下这片山场近五十年后，三锹人将这片山场的杉树全部砍伐卖出去了。时间当在公元1780 年前后，即乾隆四十五年。这个时期，正是清水江流域的木材贸易达到鼎盛的时期。

图 3-4　作者与吴相宇后裔一起考察位于乌山后山的吴相宇的墓地（谭福军 摄）

　　为了进一步理清吴相宇家族的发展脉络，我们有必要理出其家族发展的世系来。由吴相宇家族后裔拟就的一份年代不详的《吴姓谱根》保存了下来，记载了由一世吴相宇至五世成思的世系脉络。

例契 5：

谱根，尚以公由湖南地笋寨来到乌山等处居住，尚以父亲名绍波。

一世 尚与公，娶潘氏，子一，名德全。

二世 德全公，娶潘氏，子二，长子有才，次子富才，富才不当家。

三世 有才公，娶潘氏，子三，前娘子学仲，后娘子学程、学盛，孝盛不当家。

四世 长房学仲公，娶潘氏，长子成思，次子成寿。

五世 长房成思公，子二，文安、文周；二房成寿公，子四，文华长、文光次、文吉三、文辉四不当家，妹子嫁本寨杨光兴。

四世公枝 二房学程、学盛公，子二，长子世珍、次子世祥。

世珍公 子一，文通；世祥公子三，文开长、文昌次、文明三。[①]

我们先就这份不明年代的谱根分析，然后再分析例契 4。

据亲眼见证了这份谱根的邓刚博士表述："该谱根书写在一张宽约 30 厘米，长一米有余的纸张上，以横线分隔出一世至十一世，但写到七世便没有继续。除提到第五世成寿公之女，以及嫁入吴氏家族的女性外，谱根所载均为家族男性成员。"[②]如果这份谱根是由吴相宇家族第十世或者十一世后裔列出的，那么，其时间当在清末或民国初年。

"尚以公由湖南地笋寨来到乌山等处居住"。一世祖吴相宇迁徙到贵州黎平境时，开始还居无定所，也没有明确的目标，在其他地方都有短暂的停留，只是到了乌山后才正式定居下来。乌山吴氏家族一世至四世都是娶潘氏女为妻，说明吴潘二姓间一直存在传统的婚姻联系，也是三锹人中的主要姓氏——黎平境最大的三锹人村寨岑趸就是由吴潘

---

① 《罗里乡文书》，未刊稿，黎平县档案馆藏。

② 邓刚：《清水江中下游的山地开发与族群政治——以三锹人为中心的研究》，中山大学博士学位论文，2010 年，第 50 页。

二姓组成的村寨,二姓之间一直结有传统的婚姻关系。吴氏家族的女儿嫁予本寨杨光兴,说明吴姓与杨姓间也存在婚姻联系,且共同是乌山寨的开寨姓氏。杨姓也是从地笋迁徙来的,说明三锹人的迁徙是村寨间互相带动起来的。一二三世时,吴氏家族的子嗣并不兴旺,到了四世之后,吴氏家族的子嗣兴旺起来,因此吴氏家族的分家裂变就势在必然。二世德全公生子有才、富才,但富才不当家,且没有子嗣。很可能富才身体有残疾,不能生育,或者成年后早逝。三世有才公前后娶两个妻子,前妻生学仲,后妻生学程、学盛,但学盛不当家,情况可能与富才相似。从后面将要列示的分家契约来看,学仲与学程间的年龄差距应该比较大。四世之后,即学字辈学仲、学程的子嗣繁衍壮大起来了。一个大家族的气象显露出来了,乌山吴氏家族的裂变也就在所难免了。

我们回到例契4。例契4中出现两个人名,一是成思,即三世有才公之孙,二是士贞,身份不详。联系前面例契2中出现的5个人名,只有相宇公这一族始终参与小瑶光这片山的开发,并且有序承袭下来,其他人的情况则不得而知。从分红情况来看,虽然对交易分成中的分红不能看得很明白,但当时花八两银钱买下的这片山,所获的利润是相当丰厚的。“每股七十九两”很可能是各种费用之本,而“壹股叁百九十四两五钱”则可能是扣除费用之后的分红。但无论哪种情况,无论其分为多少股,小瑶光这片花八两银子买下的山,在经历了五十年的经营管护之后,其利润都是巨大的。这份分单契约向我们明示,在康雍乾年间,清水江流域的森林开发,给整个区域社会带来了巨大的变化,即便是在社会最底层从事挖山种杉的民众,也可以从中获得巨大的经济利益,而至于那些在木材商品流通环节从事经营贸易的士绅商贾,其获得的巨额财富则更是可想而知。这样就可以理解,在短短几十年间,文斗等村寨,就出现了姚百万等富商士绅了。再则,正是荒山可以用来栽杉种树,这片区域对于人口和劳动力的承载量和容纳度都会大大提升。由此才会有大量的三锹人由三锹地区迁徙而来,在乌下江和八洋河流域建立起新的家园,其生计方式,也由以山地耕作为主的农民转变为以营林采伐为主、兼事山地耕作的林农。

在征集到的清水江文书中,还有与吴氏家族有关的契约。我们再进一步来看吴相宇家族的发展进程。

例契 6:

> 立断卖佃栽杉木约人乌山寨杨庆明,佃栽吴姓之山,土名高粮坡,上凭坎,下凭盘,左凭岭,右凭冲,四至分明。凭中出卖与土主吴德全名下承买为业,当日凭中□□价银三两整,亲手收回应用,其杉木自断之后,恁凭买主修理蓄禁管业,卖主不得异言,一卖一了,恐后无凭,立此断约一纸存照为据。
>
> 　　凭中　杨受还
> 　　代笔　杨正孝
>
> 乾隆三十年十二月初一日立①

这份契约是乌山吴姓二世祖吴德全与人立下的。从康熙四十三年(1704 年)至乾隆三十年(1765 年),经历六十余年之发展,一世祖吴相宇已然作古,二世祖吴德全也已是高寿之人。吴氏家族从靖州锹里地区迁徙到黎平境乌山寨已有八十年左右时间,第五世成思应该出生。从这份契约看出,吴相宇家族不但在乌山落地生根,而且有了相当的经济实力。这份契约与例契 1 的最大区别在于,前者是购买山场的契约,吴相宇向当地人购买山场栽种杉树;而这份契约则是吴德全将属于自己的山场租佃给他人栽种杉树,然后将栽手的股份又全数买回来,已然是一个有实力的、资深的山主。大量发掘出来的契约表明,在清水江流域,一般栽手与山主间是二二分成,吴德全将栽手的股份全买回来,表明其实力是相当可观。在这个时期的契约中,还有其子吴有才购买田地的记录。② 这份契约的当事双方都是乌山寨人,佃栽吴姓杉山的是乌山杨姓,土主是乌山吴姓,是乌山吴氏二世祖。到乾隆中后期,乌山

---

① 《罗里乡文书》,未刊稿,黎平县档案馆藏。
② 邓刚:《清水江中下游的山地开发与族群政治——以三锹人为中心的研究》,中山大学博士学位论文,2010 年,第 50 页。

已经成为一座有一定规模的三锹人村寨，而且，三锹人内部也出现了明显的分层。吴相宇家族在这个时候，已经俨然成为乌山寨第一家族。我们再从前面的吴氏家族世系也可以看出，吴有才娶妻生子后，又娶二房，生子二，也由此可证吴氏家族之实力。

到乌山吴氏三世祖吴有才当家的时候，吴氏家族已经是一个在地方上有很大经济实力，而且人口也众多的大家族了。这样的大家族的裂变，则是势在必然的。果然，三世祖吴有才去世后，这个大家族开始分灶，其儿子们分家立户，其分关合同保存了下来。

例契 7：

> 父吴友才所娶贰宫，前娘生孝仲，晚娘生银琏、孟琏，共生三子，父已去世，母子不录，堂叔、伯兄、亲友均分家产房廊、屋宇、地基、杉山并茶山什物等件，先除本寨脚大田十五担，高绍寨脚田乙丘十担，又除盘沟杉山乙块，又对门茶山油乙块，抽与前娘之子吴孝仲，余剩田产、杉山、茶山三兄弟平平均分，并列于后：

> 　对门秧田乙丘，□边旧屋场上坎一连二丘，践或田上坎田贰丘，旧屋塘乙眼，寨脚塘边田乙块，架牢田二丘，特牛过路岭上冲边共田四丘，鄙界田贰丘，归斗冲头田三丘，正隆下坎田乙丘，九秧田乙丘，正隆塘脚荒塘乙丘，鄙保大小田柒丘，乙共六十二担。

> 　高绍邓岑岭猛垒田四丘，有风水四方田乙丘，弟兄三人仝进，八牢屋脚得屋坊田乙共六丘，过路上坎田贰丘，得面田乙丘，屋地基田乙丘，乙共廿八担。[①]

这份分关契约，透露出三锹人家庭关系、生产、生活等方面的丰富信息。

吴有才是乌山吴姓第三世，至吴有才去世，距一世相宇在乌山落寨应该有百年时间。例契 6 立契时，友才的父亲德全还在世，且仍当家，例契 7 的立契时间至少要晚于例契 6 十年以上，甚至更久，即在乾隆后

---

① 《罗里乡文书》，未刊稿，黎平县档案馆藏。

期。这份分关契约中,没有出现小瑶光那片山场的信息,说明分家应该
是在那片山场出卖之后,即 1780 年之后。吴氏家族分关时,是一个人
口众多的家族,根据世系的记载,这个家族的人口当在 30 人左右。

例契 2 中,有才在雍正八年(1730 年)即与人一起购买山场,独立
打拼,但至例契 6 立契时(1765 年),这个家族的当家人还是其父亲德
全,表明三锹人在清水江流域落寨生存,一般是以大家庭的方式来共同
应对激烈的资源竞争环境的,且分家是在堂叔、伯兄、亲友主持下进行
的,进一步表明三锹人内部结成的一种紧密的亲缘关系,这种关系,是
三锹人的族群认同一直能够维持的重要方面。三锹人从迁徙到清水江
流域落寨,就一直实行族群内婚姻,不与外族群联姻,有自己的婚姻圈,
寨上不同姓氏间可以互为婚姻——分关契约中的亲友,即指存在姻亲
关系的亲戚。前列的《吴姓谱根》中,就有"妹子嫁本寨杨光兴"的表述,
说明不同姓氏间的三锹人普遍存在婚姻关系的事实。① 分关契约表
明,经历近百年的打拼,到第三世吴有才,吴相宇家族不但在乌山落地
生根——早已拆除旧屋建了新屋,可能不止一处新屋,因此才不析分,
且已经积累了相当的财富,有杉树山场、茶油山场,还有数量不少的田
产。其田产一共 115 担,近 20 亩,在清水江流域山区,可算是富裕家庭
了。契约中,家产不是三子平均分配,而是吴学仲先抽一部分后再平均
分配。这里体现的应该不是前娘子与后娘子的区别,而应该是对吴学
仲对家庭的付出的肯定和奖励——吴学仲应该很早就随吴有才打拼,
家业很有可能都是他与父亲一起挣下的,他与后娘之子的年龄差距也
应该较大。

由这份分关契约,再结合前面的契约,我们可以清晰地理出三锹人
在清水江流域山区落寨后生计方式的演变脉络。

在清朝初期,即顺治、康熙、雍正时期,是三锹人迁徙至清水江流域
的早期,迁徙来的家庭、户数都还不多,甚至还不是全家一起迁来。这
个时期,清水江的林地开发也还处于早期,木材交易市场正在形成阶

---

① 余达忠:《近拒远交与远近无交:边缘族群三撬人婚姻圈的解体与困境》,《贵州民族大
 学学报(哲社版)》2015 年第 3 期。

段,其规模和效益都还有限。三锹人在生计上采取双栖模式,既砍树伐山、种树营林,充当栽手,同时还向本地苗族、侗族族群佃田耕种。在三锹人村寨调研中,普遍都强调其先祖中男人主要是伐山栽树,妇女耕田种地,苦累不堪。到乾隆朝后,从锹里迁来的人家多了,田地少,基本上靠木头为生,先帮本地人砍山伐树,有资本后,再佃山种树,变成青山可卖了,才有钱起房树屋,勤快的、吃得苦的,会有余钱向本地人买些田地。三锹人的迁徙几乎与清朝的盛衰相一致,至清末,就很少有三锹人由锹里迁徙来了。在乾嘉时代,三锹人的迁徙进入高峰期,而这个时期,也正是清水江流域木材交易市场最兴盛的时期,可以说,是清水江流域木材商品市场的利益吸引了更多的三锹人参与这一区域的资源竞争中,因此,其生计方式也就主要与木材交易直接相关,即在木材商品市场的最底端从事树木的植造、管护、蓄禁、砍伐、运送,用当地的话说,就是做伐工、排工和栽手。当他们有一定的经济实力,具备落地生根的条件后,也会通过各种渠道,向本地人购买少量田地,由在家的妇女经营。在三锹人村寨调研发现,三锹村寨的妇女比周边苗族、侗族村寨的妇女更勤劳、更能吃苦,几乎所有男人的农活都会做,所有田头地角都种有作物,这显然与他们迁徙落寨的这段艰辛经历相关。我们再看分关契约中列举的田地,都分散在不同地方,其中高绍、鄙界、鄙保、正隆、归斗、得面、八牢都是村寨名,距乌山的距离都在 5 里以上,属于插花田,即分散于村寨境外的田地。可见这些田地的积累经历了一个漫长而艰辛的过程。

三锹人的迁徙落寨和生计方式表明,一个封闭偏远、历来被视为蛮荒之地的山地区域,一旦置身于一个开放的商品市场中,其人口承载量和张力都会得到无限的扩张和放大,只要建立起允许竞争的商品市场,对私有权——即林产权、地产权——给予充分的保证,且容许市场呈现相对的开放性,这一区域就会在商品市场的规范中正向发展,不但会建成一个有充分包容度的多族群社会,而且这个多族群社会——即便有的族群还处于氏族部落发展阶段——同样能够通过契约的方式建构起基本的社会秩序,更重要的在于,这一区域的可持续发展也会在商品市场的发展中得到某种程度的保障。从 16 世纪初期到 20 世纪中期,清水江流域经历了四百年的森林开发,树木被伐了一茬又一茬,森林更换了一批又一批,但清水江流域森林广袤的格局并没有根本改变,很大程度上,与绵延几百年的开放的木材商品市场是直接关联的,或者说,相对开放的木材商品市场和这个市场创造的经济效益,是清水江流域森林资源可持续开发的根本原因。

—————— 第四章 ——————
三锹人的婚姻习俗、婚姻圈
和婚姻生态

第一节　三锹人的恋爱与婚姻习俗

　　2015 年 11 月,受靖州苗学会请邀请,我专程从福建赶到靖州锹里地区进行文化考察。靖州苗学会会长杨桂兰、副会长龙家贵及本土文化学者陆湘之等专门陪同,同行的还有黎平县民族宗教局的李屏、县人大的潘健康及锦屏县苗学会、通道县苗学会的朋友们。我们从靖州县城出发向西行,一路经过铺口、藕团,从藕团折向西北,就进入历史上的三锹区域。属于三锹区域康头寨的本土学者陆湘之告诉我说,历史上著名的零溪巡检司就设在这里。零溪巡检司与三岩桥汛合署,驻地在藕团乡三桥,设千总一员(六品),领马战守兵 47 名。光绪《靖州直隶州志》载,"靖州界连黔粤,地杂溪峒,实楚之门户也。炎宋始置戍兵,明设卫所,规制略备矣";"分防三岩桥汛,右哨千总一员,领马战守兵丁四十一名。协防查塘关汛,右哨外委千总一员,领马战守兵丁二十八名。分防黄泥关汛,左哨头司把总一员,领马战守兵丁三十一名"。① 早在南宋淳熙元年(1174 年),朝廷就在这里设置零溪砦。砦是宋代基层军事

———————————
① (清)吴起凤修,唐际虞纂:《靖州直隶州志》,长沙:岳麓书社,2012 年,第 72、73 页。

单位。明朝之后,零溪军事地位更加得到强化,于嘉靖九年(1530 年)设立零溪巡检司,清代因之,直至宣统年间才裁撤。零溪历来被看成是湘黔之咽喉,是控制蛮区之要塞,是"熟苗"与"生苗"间的边界。设置零溪巡检司,其目的就是防止属于锹里区域的"生苗"进入"熟苗"区域滋事,同时也控制内地汉人进入苗疆骚扰。正如靖州苗学会在黄柏寨发现的《汉苗同居碑》所言:"杜汉奸不入苗寨,宄苗人不入内地,两相安宁之致意。"①显然,零溪巡检司是设立在"生苗"与"熟苗"间的一个关隘。

进入藕团后往湘黔边境走,山势渐渐高峻突兀,属于典型的中山山地。明清时期的三锹人就生活于这一区域中。胡彬彬曾经对三锹区域进行专门调查测绘:"为了正确界定古代靖州'锹里'所涉地域范围,在田野考查中,我们分别派出七个小组,对锹里二十四个大寨及其下辖的小寨(峝)所及域境逐一进行实地走访调查与测绘得知,所涉地域西至今贵州天柱县远口镇,锦屏县茅坪、三江、铜鼓、敦寨,南及贵州隆里镇高屯及黎平县黄柏,湖南通道县弄冲、播阳、临口、木脚,东部及湖南城步县长安营、绥宁东山、乐安、寨市、黄桑坪,北至湖南会同县广坪、太阳坪、地灵等,地域涵括了今天湘黔两省八县中的许多自然村(镇)落。这些自然村落虽有部分在清代中期后划入了贵州省的行政版图,或与靖州同省相邻的其他县域,但在苗族族内的领属关系上,却依然从属于'锹里'。"②而锹里的核心区域,正是上、中、下三锹地区。一般所言之内锹二十四寨,即三锹区域的二十四座村寨。这在《靖州直隶州志》中,也有记载和表述。光绪《直隶靖州志》卷二《苗寨》载:"由一里苗九寨:地笋寨、菜地湾、地庙寨、地背寨、岩嘴头、黄百寨、弄冲寨、万木寨、水冲寨;由二里苗六寨:小河寨、排洞寨、皂隶寨、官田寨、孔洞寨、铜锣塅;寨市里苗九寨,统名曰三锹:银万寨、三江溪、滥泥冲、高营寨、塘龙寨、高坡寨、塘保寨、大溪寨、楠木寨。"③零溪司正扼守于三锹之边界上,是明清时期统治者苗防政策的重要部分。

---

① 靖州苗学会提供。

② 胡彬彬:《靖州"群村永赖碑"考》,《民族研究》2009 年第 6 期。

③ (清)吴起凤修,唐际虞纂:《靖州直隶州志》,长沙:岳麓书社,2012 年,第 29 页。

由藕团向西北方向徐行,明显地感觉到进入西南山地民族区域。莽莽苍苍的山野间,零零星星地散落着大小错落的村寨,有的村寨踞立于陡峻的半山坡上,有的村寨则逶迤在低缓的溪冲边,有村寨落拓于深深的山谷深处,有的村寨则横卧于绵延的山梁上。村寨的房屋也几乎是清一色南方干栏式木楼,有的是平地式干栏木楼,有的是吊脚式干栏木楼,大多以青瓦覆盖。陆湘之说,过了三岩桥,就进入锹里核心区域了,湖南会同、通道、城步、绥宁,贵州天柱、锦屏、黎平的三锹人,都是从这个核心区域迁徙去的,甚至包括三省坡周边的草苗,也与三锹人存在渊源关系。

这是一个初冬的日子,天空是一片阴郁沉沉的苍灰色,阳光隐伏在灰云后面出不来,有一种冷寂的寒意弥漫在空气中,整个山野更显出一种萧瑟的苍凉感,让人心里莫名地染上一份不可名状的伤感。由藕团乡驻地出去没有几公里,在一道盘山公路边,看到六七个穿着节日民族盛装的中年妇女站在山壑处的公路边上,似乎在等待什么人。熟谙风情的陆湘之说,今天怕是有歌会活动,让我们去看看。我们立即停车去探寻。歌会倒是没有,但却是民间自发组织的一次小型玩山活动。是赶场集时,与锦屏敦寨镇的人相遇,大家在场集上对歌,彼此都觉得合心合意,就约定今天在这个歌场玩山坐茶棚。站在路边的中年妇女是在等待还要来的女伴,而从锦屏敦寨过来的男伴已经在茶棚准备了。我们于是离开公路向山壑走去。

在挨着公路的一处低缓的山壑上,在稀疏的林木掩映下,一个简朴的歌场呈现在眼前。说是歌场,其实就是一片向阳的平缓的坡地,在稀疏的枞树、枫树下,随意地横立着一些临时搭建起来的草棚,草棚顶已经被风掀走了,只留下临时从四近砍来的柴桩围起来的空敞的亭子,有的围成圆圈,有的则索性排成对向的两排,供人对向而站,或者对向而坐。有七八个中年男子在准备饭菜,有的在生火,有的在切菜,有的在清理吃饭的地方。他们都是从锦屏敦寨专程过来,与藕团的妇女们对歌玩山的。他们说,大家相约快半年了,但一直腾不出时间,好不容易等到秋收后有闲了,才约定今天来对歌。与穿着盛装的妇女比较,这群中年男子则显得平常许多。他们就穿着平时的服装,是那种暗淡、陈旧的藏青色、深灰色中山装,或者土黄色、褐色夹克衫,绉绉巴巴的,终日风吹日晒的脸刻着深深的岁月的印痕,神色苍白、灰暗、滞拙,大多数人的头发都半白了,在风中硬硬地立着,或者了无生气地粘着在额头上,像一簇簇倒伏的经了霜的秋茅草。乍一看到这群没有经过任何修饰的长年在山野中劳作的中年男人,我无论如何不能将他们与那群挽着手、穿着盛装、涂着胭脂水粉,正唱着缠绵的情歌向山墰走来的中年妇女联系起来,无法想象他们一起对歌的情景。但玩山的情歌已经由妇女们轻声吟唱起来了,她们正迈着轻悄的步伐,一边吟唱着,一边向山墰走来。男子们还在自顾忙碌着,没有回应妇女们,甚至没有朝他们看一眼,好像是一群来砍柴的樵夫,而不是来对歌的情郎。舒缓缠绵、略含忧伤的情歌在初冬略显清寂的空气中弥漫开来,让人心中渐渐地生出一层薄薄的暖意,仿佛苍灰色的阴云正一点一点地散开去,我的内心莫名地充满了一种感动。我陡然意识到,这群中年妇女,此刻不是向那群男子唱起情歌,而是向我们唱起情歌,是挽留我们停下来,与他们一起对歌。歌声水一般弥漫在俨俨的空气中,把坚硬清寂的风漂洗得柔软起来,就连爽爽的林涛也似乎停止晃动,随着她们轻慢的脚步轻盈地飘拂。一瞬间,我的眼泪涌了出来,一种隐秘在心灵深处的情愫随着渐渐舒展开来的阳光萌动,让人无端地浸润在这份广大无边的突然而至的温情中,柔软、缱绻、忧伤、感怀……

我已经很久很久没有经历过这样的情景了,已经很久很久没有这种被爱情突然击中的感觉了!

……

在路上,杨桂兰会长告诉我,三锹人的爱情,永远都不能让人忘记,永远是你生命中最美好的感觉!

我们前面说,三锹人是一个来源多元化的族群,最迟在明季,在黔湘桂边区,就形成了三锹人。而三锹人在野外谈情说爱的这种爱情形式,则可以追溯到更早时期。宋代的朱辅在沅水流域的麻阳任职时,在其著作《溪蛮丛笑》中,就记载过这一区域的族群野外对歌的情形。在"飞纵"条中说:"土俗,岁节数日。野外,男女分两朋。各以五色彩囊豆粟,往来抛接。名飞縦。"①这里说,在岁时节日时,青年男女会连续多日,相约在野外游乐,一边唱歌,一边抛掷绣球。这是南方少数民族普遍都存在的一种风情习俗,民间传说中一直流传着许多因为抛掷绣球而缔结美好姻缘的爱情故事。清代陈浩所撰《八十二种苗图并说》中,专门记载有"西溪苗":"在天柱县,女子裙不过膝,以青布缠腿。未婚男子携笙,女子携饐,相聚戏谑。所欢者约饮于旷野,歌舞苟合,随而奔之。生子后方过聘,聘礼以牛。"②西溪在天柱县与湖南会同、靖州交界一带,属于湘黔四十八寨之范畴,天柱竹林乡属于四十八寨之核心区域。朱辅《溪蛮丛笑》"出山银"条中说:"西溪,接靖州境,出铅。铅中有银。银体差黑,未经坯销,名出山银。"③从其描述的方位分析,靖州境西边的大河,就应该是清水江。三锹人就是溯清水江而上,迁徙至湘黔边界四十八寨区域的。而学者符太浩也认为西溪即清水江。④ 在一定的时间,男女青年相约,男子携带芦笙,女子携带饭食,聚会于一个固定的旷野,排成相向的两排,互相对歌、宴饮、娱乐,互相表达爱意,倾诉衷肠。朱辅、陈浩在文中所描述的服饰,描述的恋爱婚姻习俗,与我们现在在藕团乡村所遇到的场景非常一致。

在以锹里为核心的湘黔边境,即传统的湘黔四十八寨区域,青年男女的交往恋爱,主要就是通过玩山坐茶棚和赶歌场的形式来进行的。玩山又称坐茶棚,是三锹人族群青年男女恋爱的主要方式。茶棚即指在野外空旷开阔之地临时搭建起来的简易草棚,一般情况下,每个团寨在其村寨边的缓坡山塆的林中,都会建有多个这样的草棚。农闲时节,寨上的姑娘们会穿着盛装,在茶棚里等待外寨的小伙后生来对歌谈情。《锹里地理歌》中,就有"古一古二吃牯脏,三十三锹开茶棚"的表述。而歌场则是比茶棚更大的青年男女交往的平台。在四十八寨区域流传的古歌中,说歌场是由古代杨武王首创的。"当初古人杨武王,武王手内开歌场。武王留下这条路,如今才得这团齐……首开歌场四方坡,再开

---

① 符太浩:《溪蛮丛笑研究》,贵阳:贵州民族出版社,2003年,第185页。

② 李汉林:《百苗图校释》,贵阳:贵州民族出版社,2001年,第88页。

③ 符太浩:《溪蛮丛笑研究》,贵阳:贵州民族出版社,2003年,第149页。

④ 符太浩:《溪蛮丛笑研究》,贵阳:贵州民族出版社,2003年,第149页。

歌场龙凤山,交界之地两头坳,大路插牌赶平茫。又嫌龙凤路太远,齐齐相约赶岩湾。七月十四中元会,男女老少都来齐"。在湘黔四十八寨歌场中,以岩湾歌场最大,以岩湾歌场为中心,有两头坳、龙凤山、平茫等20多个大型歌场。每个歌场平均覆盖4～6个村寨,青年男女们则在相对固定的时间,聚会于歌场对歌交往、表达爱意。在农历七月十四,四十八寨之青年男女,甚至包括中年人、老年人,则相约聚会于中心歌场岩湾歌场,开展对歌、相聚等娱乐社交活动,形成著名的湘黔四十八寨歌会节。相传,在很早以前,大堡子边界上有四对青年男女,在农历七月十四在岩湾巧遇,他们以歌传情,私订终身,结成佳偶。消息传开,青年们对岩湾歌场心向往之,纷纷在每年七月十四这天到岩湾歌场相约聚会,而岩湾又正处于四十八寨之中心位置,于是,一个以岩湾歌场为中心的湘黔四十八寨歌会节就形成了。早先,岩湾歌场旧址在离岩湾500米的官田冲口,叫枫木树脚。由于地方狭窄、场地拥挤,容纳不下更多从四面八方来赶歌场的人。清光绪三十二年(1906年)六月土王戊赶平茫歌场时,铜锣歌师陈金荣倡议,每年七月十四赶岩湾,把歌场迁到岩湾场上,将侃歌活动和民间贸易市场结合起来。其倡议得到其他歌手的积极响应,并联合其他村寨寨老和歌师订阅款约。1913年岩湾民贸市场开业,歌王吴会湘和杨天思商定,将枫木树脚歌场迁到岩湾市场,岩湾歌场的中心地位就此奠定下来。

青年男女们在茶棚歌场相聚,先唱相会歌,然后唱订情歌,离别时再唱离别歌。

男女相会,先唱相会歌。

男:

云会雨,雪会风

河岩会江东

蒜薹会萝卜

韭菜会青葱

孔雀会凤凰

鲤鱼会金龙

有缘千里来相会

无缘对面不相逢

初初来

银蹄白马会金街

画眉初会金鸡伴

……

女：

溪会河，马会鞍

盘路会青山

蜂子会芍药

蝴蝶会牡丹

……

唱了相会歌后，就唱展示智慧才干的盘歌。

男：

早知梅山有好伴

见得世面多

会道也会说

唱得阳雀怕开口

说得鹌鹑怕唱歌

讲得干鱼开了眼

说得螺蛳伸了脚

念歌多

郎要问妹颠倒歌

什么颠倒去砍树

什么颠倒去挖坡

……

女：

郎要盘歌就盘歌

妹要答郎颠倒歌

锄头颠倒去砍树

斧子颠倒去挖坡

……

唱了盘歌后,双方如果情投意合,就唱定情歌,也称换把凭歌。

男:

画眉借山来歇凉

鲤鱼借水来归塘

歌不给妹钱和米

借妹把凭连心肠

女:

青瓜连青藤

鸽子连山鹰

蜂子连蝴蝶

哥我妹连心

结伴要连情

连情要连心

哥妹连情六十年

生生死死不分心

……

定了情,连了心,但歌场要散,茶棚要拆,大家要分别,于是唱分别歌。

男:

去了去了又转来

梁山泊难舍祝英台

鲤鱼难舍滩头水

蜜蜂难舍桂花开

女：

郎想妹，妹想郎

双双恋爱要久长

要学江中长流水

莫学花儿一时香

男：

想妹多

想妹想得病来磨

房中有个窗子眼

望见月起到月落

女：

妹似路边一朵花

行人看见都嫌它

只要情哥不嫌弃

哥不嫌弃就来拿

……

　　湘黔四十八寨在茶棚、歌场对歌恋爱的习俗，也由迁徙至贵州黎平、锦屏乌下江、八洋河流域的三锹人保持了下来。我在黎平、锦屏两县的三锹人村寨调研时，大家对坐茶棚的习俗一直给予高度认可。40岁以上的人，都承认在其青春期有过坐茶棚的经历，在茶棚里与中意的姑娘们对过歌。黎平县民族事务委员会整理的《黎平县三锹人族属识别调查材料》档案中，也多次记载描述了三锹人坐茶棚的习俗和踩歌堂的情景：

　　男女青年爱好对歌。先前锹寨都专为青年在村边设有对歌的场所，叫"茶房"。男女青年在"茶房"内对锹歌，谈情说爱，特别是过节更加热闹。

男女青年社交方面,三锹人是最喜爱对歌的。先前每个锹寨都专为青年人在村边设有对歌的场所,谓之"茶楼"。每逢节日时异性的男女青年在"茶楼"内对唱锹歌,即"细声歌"。男的还送糖或钱给姑娘们,姑娘们则拿酒肉招待男青年。另一种社交方式是过春节期间,即正月初二至十五这段时间,异性的男青年请人到姑娘家与女方父母祈求,取得同意后,晚上到姑娘家坐夜对歌作乐。在本村或他村均可。男青年带着一些猪肉,放炮进入姑娘家,首先唱歌向老少问好。如:"怒甘怒克碑楼汗,马步你最步猛最,做沙闷歌楼那孝,乃罗低德务卡哉。"(三锹语汉译)意思是:"新年新岁郎来走,不进他家进你房,话头歌头来问你,老少身体安不安。"又如:"衣勒七脱烧勒悠,当砖交期衣官夺,碑娘怒样马波窄,望孝耐烦啊乃罗。"意思是:"一个火炉四个岩,中间烧起一炉柴,生在年幼不懂礼,拜上老人放宽怀。"然后唱其他锹歌作乐。到半夜时刻,姑娘们出酒、米等共同会餐,天快亮时唱歌分散,各自回门。

老年人亦爱对歌。每逢祝寿、打三朝、吃周岁酒等,凡请客送礼都如此。特别是讨亲嫁女,男女对唱锹歌三天三夜。有大歌、酒歌、也德歌、细歌四种。大歌主要是娶媳妇时,在男方家吃酒唱,表示大家高兴。酒歌主要是在嫁女时,在女方家唱,表示忧心。也德歌是妇女们唱的,细歌是青年男女坐夜唱。

三锹人吹芦笙、踩歌堂的历史悠久,一代传给一代。在每年正月初四到初六这三天内,互相进行邀约,确定日期,吹芦笙、踩歌堂活动。他们以本民族附近村寨为邀约对象。去邀约时,不论甲方到乙方或乙方到甲方都是如此,凡是能够去和愿意去的男性老少都可以去。出发时首先在自己的寨边或路口唱几首锹歌,而后一齐出发。到对方寨边时又停下来,既吹笙又唱歌。对方知道后,立马有人出来,大声喊,芦笙客来了,大家出来接客。这时每户都来人各领三至五位客人到自己家做客。第二天凌晨,各家送来糯米糍粑、酒、肉等,主客共同会餐。餐席上主家进行对歌。并给定踩歌堂的期限,日期限于十五日前的双日,不用单日。日期定好后。

在酒席上还要邀约吃放债酒。放债酒的意思是:今年你们我寨邀约,明年的今天我寨又到你寨邀约吃酒,等于奉还酒礼。吃放债酒的做法是,斟满六大碗酒摆在桌面上,由主方一人用一口气念完下面口语,当中不准呼吸换气。其口语是:"今天是旧年去了新年来,孔明孟获留下的,人家有芦笙堂,我们也有芦笙堂,芦笙吹到哪里好到哪里,好过苗人,强过侗家。放成九支,搓成九股,浑水到哪里,清水到哪里。打锣同响,吹笙同声,吹到空中虫不来吃,吹到地下虫不来挖。"念完后,双方各领三碗酒,酒后送客回家。

锹乡的歌堂历来是设在五角垤、归斗、乌山、俾嗟、垚打给等处。如乌山、俾嗟的歌堂地,栽有一株大枫树。各寨首领在此树上钉一个长长的铁钉,每户都要用铁锤敲一锤,还在些树下发誓愿:如若那户日后丢去芦笙,要他用嘴把铁钉拔出来;如若拔不出,他家一切不吉利。各个自然村寨还留有芦笙田。这田租给人种,收到的谷子,确定专人保管,到踩歌堂时用来请客会餐。

到了约定之日,踩歌堂开始。芦笙歌舞队敲锣打鼓,先放三柱铁炮,接着放大炮、鞭炮,慢步进入歌堂。在对方尚未到来时,先由一方的男青年在堂内吹芦笙,姑娘们唱歌跳舞等待对方到来。对方到来时,先来的一方用锹歌唱道:"堂孝累,堂孝那累孝马楼,堂孝那累孝马透,孝娘孖最啊得窄。"意思是:"等久伴,等伴这久伴不来,等伴这久伴不到,伴在家中做什么。"对方接着唱道:"开孝堂,开孝堂梁俾结楼,开孝堂梁俾培透,碑娘孖最靠海难。"意思是:"谢伴等,谢伴久等伴未来,谢伴等久伴未到,伴在家中准备娃。"双方对唱了一首歌后,然后同唱:"打闹也,打细闹也务向戈,者窄坡向布楼向,鸟又姚堪板推娘。"意思是:"堂热闹,这堂热闹好唱歌。哪个会唱入堂唱,么在两边陪狗坐。"

歌堂的四周用绳子围着,不允许外族人入内。大家集中在一起,由一位民族领袖用锹语宣誓说:"付却当在,久姑米细打,木姑米你打,三消未打革。休革短垚,居牛短钩,问戈短耗,的革短惰。休受卡得务受卡。休受哈培务受哈培。务说德久,强说德木。迢比碑能的打,迷比能久楼见。木楼木大,久楼久大。"意思是:"吃酒打刀,客侗有戏堂,苗侗有牛堂,三锹有歌堂。吹笙同响,打锣同声,唱歌同看,踩芦笙同步。吹到哪里好到哪里,唱到哪山好到哪山。胜过客家,强过苗人。只许锹人踩堂,不许外人强占。苗来苗死,客来客亡。"大吼一声,嗨。这时双方对歌开始。一边吹笙,一边对歌,唱一段歌,吹一段芦笙。对歌的内容是:甲方盘问,乙方解答。凡参加踩歌堂的姑娘们,动作都是一致的。随着芦笙的调子,先从右向左绕着歌堂走,根据吹笙音调两手起舞。前进三步,后退三步;前进三步,后退半步;前进三步,后退一步等方式绕歌堂走。同时两脚随着芦笙调和歌声调不断向左右旋转,这表示薅除庄稼和林木之草的动作,使其一年林茂粮丰。

踩歌堂的姑娘们,都穿着节日盛装,打扮得花花绿绿。她们头上佩戴着银制的花草,两耳佩戴银耳环;身穿镶着花栏干和花边的大襟衣,手上戴着七至八对银手圈,胸前佩挂着银项圈;下装穿着花长裙或花脚长裤。男的头上戴卫帽长袍,脚穿袿子。这种文娱活动,是三锹人的一种独特文艺,与侗族、苗族、汉族等大不相同。赛芦笙和对歌数小时后,芦笙歌舞队敲锣打鼓散场。留客回家欢聚吃酒。客人还向芦笙队和小孩散发糖果和其他礼品,表示祝贺。[①]

三锹人在恋爱上一直是自由的、浪漫的。每个人的人生中,都有一段陶醉流连于茶棚和歌场里的好时光,都会有一段或者几段让人刻骨铭心的爱情,都会有一个或者几个让人永生不能忘怀的情伴,都会有一些被情歌甜蜜缠绕起来的日子或者场景……正是生命中这样的爱情经历和无限投入的对爱情的感觉,当他们走进婚姻生活中时,才呈现出一种坦然的状态,才显示出一种曾经经历和体验过的从容与自信——或许,他们可能不一定与所深爱的人生活在一起,意中人也总在遥不可及的远方,但他们曾经那么投入和执着地爱过,有过那么热烈的憧憬和向

①　黎平县"三锹人"族属调查工作组:《黎平三锹人族属识别调查材料》,黎平县民族宗教事务局档案,全宗号 147 号。

往……那些被情歌缠绕起来的日子和人生，是他们整个一生的回忆和一生的信念。

　　茶棚和歌场永远是浪漫的，永远让人憧憬和向往。但又必须回到生活中，回到现实情景中来。恋爱中自由而浪漫的三锹人，在婚姻上则是不自主的，有一系列的程序和仪式，更重要的在于，其婚姻主要还是由父母和媒妁所决定。这是湘黔边界区域的三锹人延续了几百年的古老的传统。

图 4-1　三锹妇女在演唱婚姻酒席上的"也德歌"（潘健康 摄）

　　在田野调研中，无论是在锹里核心区域，还是在贵州黎平、锦屏的锹寨，关于三锹人的婚姻，大家复述得比较多的有两方面：一是三锹人相沿成俗的原亲婚配的古老传统；一是远古时代就传承下来的舅霸姑婚的制度。关于前者，我们将在后面章节中专门论述。这里，我们将专就舅霸姑婚进行分析。

　　所谓"舅霸姑婚"，就是姑娘家的女儿必须嫁给舅舅家的儿子，舅舅无子，方容姑娘家女儿另配，但必须向舅家交纳一定的钱财。这是人类历史上的直系血缘婚被禁止之后，衍生的一种姑舅表亲婚姻模式，赋予舅舅对外甥女有优先纳娶为媳的特殊权利，是母系氏族制的一种残余形式,也是父权制得到巩固的表现形式。舅霸姑婚的最典型形式,发生于锹里核心区域,内锹二十四寨民众,自发、自愿、自觉团结起来,对舅霸姑婚这种古老的习俗进行了坚决的反抗,留下让人击节赞叹并永远为后世楷模的辉煌篇章。

在锹里核心区域地笋村通向地背寨的溪流的三岔路口,立有一块名为"群村永赖"的石碑。这块石碑由胡彬彬教授和时任三锹乡乡长王华在锹里区域进行田野调查时发现。

《群村永赖》碑内容如下:

群村永赖

钦加知府湖南靖州直隶州正堂加三级 宋 为

署湖南直隶靖州正堂加三级六次 郑 为

严禁陋习 以端风俗事案 据锹里生员 岗长吴光庠 潘正立 吴通林 吴士龙等禀称

生蚁地方 人蒙作育 向化有年 惟鄙风陋俗 未蒙化改 即论婚姻 礼之大者 择婿配偶 古今无异 奈生蚁地方 不循伦理 所育之女 定为妻舅之媳 他姓不得过门 若亲舅无子 堂舅霸之 凡为舅氏者 皆得而霸之 闻有舅氏无子 将女另配 舅氏索钱 少则三五十 多则百余金 一有不遂 祸起非小 此舅霸姑婚之鄙陋 招害愈深 其多育女者 致起溺女之毒 非不知有伤造化之恩 实出不已

乾隆年间 生蚁祖人潘学贵等 以俗陋遭害 禀前陈主 蒙准示禁在案 无奈前项习气 未能尽改 只得叩乞赏准示禁 永杜陋习等情 到州 据此批示外 合行出示 严禁为此 示仰该里居民人知悉

嗣后男女婚姻 必须由父母选择 凭媒妁特聘 定不许舅氏再行霸婚索诈 倘敢故违 许被害之人 立即赴州 指名具禀 以凭严拿究惩 决不稍宽 各宜禀遵毋违 特示

右仰通知

正堂宋 批准示禁

复禀详文 宋 批 此案经出示严禁 如果再有霸索情事 尽可随

时具禀拘究 申详立案

正堂 郑 批 婚姻听人择配 岂容逼勒霸占 倘有纽于陋习 霸婚苛索情事 许即随时禀究毋容 率性示禁

计开

一遵州主婚姻听人择配 不许舅霸姑婚 如违示禁 公同禀究

一遵州主不许舅氏苛索银钱 如违示禁 公同禀究

一聘金财礼 只许一十六两 如违公罚

一过门水礼 议定银八两 如违公罚

已上数条正规各遵 州主示禁 如果违者 被害之家 必备银三两三钱 通众齐集 公议禀究

计开众案首有事姓名附后

凤神寨 生员 吴光律 吴升岱 里民 吴通睦 吴通质 吴昌鲁 吴仕盛 吴昌培

地背寨 生员 吴文浩 吴能连 里民 吴文进 吴文荣 吴文科 吴文亮 欧仕梅 吴起鉴 吴朝

凤 吴仁宽

地笋上下两寨 生员 吴文道 里民 吴在德 吴世通 吴光昌 吴先亨 吴世仕 吴光益 吴文开

吴昌清 吴昌睦

楠山聋冲两寨 生员 吴昌鸢 吴大儒 里民 龚奂义

水冲寨 吴朝相 吴道明

元贞寨 潘高文 潘仕向 杨秀应 潘大和

小河寨 生员 潘通琳 潘通奂 潘秀赞 潘秀朝 里民 潘光志

皂隶寨 杨光华 杨通濬 杨光爵 杨通湖

金山寨 杨秀清 吴天仁

孔洞 里民 潘光成 潘永科 吴正科

万才寨 生员 潘大林 潘大谟 里民 潘正元 潘大礼 潘爱先

菜地湾并岩嘴头 生员 潘国珍 潘相珍 里民 潘秀珍 潘仲举 潘通维

铜锣墩 耆员 吴正光 峝长 吴文秀

柏寨　生员　潘子仕　潘成道　里民　潘祥海　潘登和　潘琛海　潘
忠孝

九庙寨　生员　吴国益　里民　潘通成　龙忠培　陆佳达

同门界冲　生员　潘在□　李在光　王文配

其有小河　岩湾　铜锣　设官田数寨俱在内

道光二十一年六月十一日

石匠师傅伍登榜刊镌①

碑文中，"宋"系知府兼州正堂宋宴春。②"郑"系代理州府正堂郑武。③

这是靖州直隶州府与联合款约的村寨共同制定、颁布的关于婚姻改革的规约，具有地方法规的性质。制定规约的主体有两方：一方是靖州直隶州府——靖州直隶州前任知州宋宴春和候任知州郑武直接授权；一方是长期缔结款约关系的锹里二十四寨——锹里二十四寨的寨老和代表均亲自参与了规约的制定。胡彬彬教授说，"靖州三锹'群村永赖'碑在碑铭内容及立碑主体行为的构成上，已经具备了古代地方政府立法及法律概念构成的完整要素：法律的制定主体（州府）概念、执行主体（州府）概念、关系（州府与锹里）概念、客体（锹里二十四寨民众）概念、事实（舅霸姑婚，索诈银钱）概念、涉人（事主）概念、涉事（婚姻）概念，都已非常完整翔实；法律的授权性（州府正堂批准）与义务性（禀遵毋违）、确定性（不许舅氏再行霸婚索诈）、强制性（严拿究惩）也非常明确；并在假定条件（倘敢故违）、行为模式（指名具禀）和法律后果（以凭严拿究惩，决不稍宽）三方面体现了法律结构的完整性和严谨性"；"是

---

① 胡彬彬：《靖州"群村永赖碑"考》，《民族研究》2009 年第 6 期。
② 光绪《靖州直隶州志》卷 7《秩官》载："宋宴春，江西附监生，十五年（指道光十五年，笔者注）六月任……十七年十一月复任。"见（清）吴起凤修，唐际虞纂：《靖州直隶州志》，长沙：岳麓书社，2012 年，第 81～82 页。
③ 光绪《靖州直隶州志》卷 7《秩官》载："郑武，河南举人。（道光）二十年十月署。"因原任宋宴春已提拔为知府，但尚未免去现任州府职务，州内政务，由郑武暂摄原任，行使政令。见（清）吴起凤修，唐际虞纂：《靖州直隶州志》，长沙：岳麓书社，2012 年，第 82 页。

锹里所辖全体居民'禁止舅霸姑婚'可依凭的官方法定依据和物证"。①
与一个村寨制定的规约相比，《群村永赖》碑制定的规约，由内锹二十四
寨共同制定，显然可以看成是一个覆盖地域广泛的、具有普适性意义的
地方法规。

《群村永赖》碑直接否定、废除了锹里区域长期延续的"舅霸姑婚之
鄙陋"习俗，这在民族地区婚姻改革史上具有重要意义，是民族地区走
上文明婚姻的开始。对于"舅霸姑婚之鄙陋"习俗，锹里区域人民深受
其苦，终于从一个个活生生的婚姻悲剧中觉醒，联合起来，对旧习俗进
行坚决的反抗。在田野调查中，靖州苗学会的本土学者，向我详细陈述
了这场影响深远的婚姻革命。

清道光年间，在三锹核心区域菜地湾万才寨，有一个长相姣好的美
貌姑娘潘好山，聪明伶俐，是那一带人见人爱的好姑娘。多少青年男子
为之倾倒，多少有才华的后生希望与之结成情伴。但按照古俗，她必须
还娘头，嫁给舅家的儿子为妻。"生蚁地方，不循伦理。所育之女，定为
妻舅之媳，他姓不得过门；若亲舅无子，堂舅霸之；凡为舅氏者，皆得而
霸之；闻有舅氏无子，将女另配"。可怜美丽的姑娘潘好山，在强大的世
俗面前，只能忍气吞声，含泪告别意中的情伴，于道光十八年（1838 年）
嫁到地背寨舅家吴家做媳妇。但其亲表哥即丈夫却是一个又呆又傻且
性格暴戾之人。常常以殴打妻子为乐，或者无端地将鸡鸭脖颈拧断以
自娱。在舅家，潘好山每日以泪洗面，过着生不如死的日子，整日陷于
恐惧中，时刻担心被丈夫暴打虐待，身心俱疲，近于崩溃。她多次提出
悔婚，但舅家都不允许，而且，提出一次，就被暴打一次，一次比一次打
得更严重。在走投无路的情况下，这个美丽柔弱的女子终于做出极端
事情，上山采毒蕈将丈夫毒死。事情发生，一时间在锹里地区引起巨大
震动，同情者有之，谴责者有之。一场旷日持久官司也由此打起来。吴
家三年陈尸不埋，据此将官司打到靖州府城。锹里的有识之士吴光痒、
吴通林、吴士龙等及潘好山的叔父潘正立等认为，潘好山毒杀亲夫，固
然罪不可赦，但其罪恶之根源，应当是延续千年的"舅霸姑婚之鄙陋"习

①　胡彬彬：《靖州"群村永赖碑"考》，《民族研究》2009 年第 6 期。

俗。此俗不废除,潘好山的悲剧还会重演。于是,他们联名具状靖州州府,要求废除"舅霸姑婚之鄙陋"习俗。靖州直隶州前任知州宋宴春和候任知州郑武接状后,以州府禁令形式批复此案,要求锹里区域严禁舅霸姑婚,废除"舅霸姑婚之鄙陋"习俗。道光二十一年(1841年),锹里二十四寨之寨老、代表等聚集在锹里区域总款场牛筋岭,结盟立誓,废除"舅霸姑婚之鄙陋"习俗,制定出符合正统儒家礼仪所规范的婚姻规则:"男女婚姻,必须由父母选择,凭媒妁特聘,不许舅氏再行霸婚索诈。倘敢故违,许被害之人,立即赴州,指名具禀,以凭严拿究惩,决不稍宽。各宜禀遵毋违。"二十四寨一致立盟结誓,立下这块具有划时代意义的《群村永赖》碑。

第三年,又在上锹之楠木山寨,立下《流芳万代》碑。

碑文如下:

流芳万代

奉宋郭示:

不许舅霸姑婚,永远遵行此记。

尝思一阴一阳之谓道,故道之在人也。乾道成男,坤道成女。男女以正,婚姻之时,媒妁有言,配合宜均。此古帝王盛治,礼重夫妇之伦,以端天下之俗然也。惟我锹里先人,沿有陋习,其姑所育之女,定为妻舅之媳,他姓不得过问。倘舅氏无子,将女另配,舅氏索钱多金。稍有不遂,以致争讼伤和。是直使平素亲爱之人,一旦转为仇敌之家。

嗟乎! 不惟与古帝王盛治相左,其所贻之害非小者也。

是以我等于道光十九年己亥,禀恩州司二主,均蒙赏示严除。嗣后男女婚姻,必须由父母选择,凭媒妁聘定,不许舅氏再行霸婚索诈。士民等虽无不协从,若不将此案勒碑垂记,恐延年久远,从前陋习复有人为,岂不负州司二主共治边方善政。是以遵示立碑,以垂万古,以杜后患。如有不遵碑禁,各寨传知,同攻其人,以救风化,使我士民亦渐感古帝王之盛治,而风俗丕变于无已耳!

道光二十三年春月下浣上下楠木山众等立①

显然，《流芳万代》碑是对《群村永赖》碑的一种回应，是作为锹里二十四寨这个大款约联盟中一个小款"下浣上下楠木山"的一种表态方式。同样内容的碑文，在属于外锹范畴的贵州锦屏文斗寨中，也由寨中姜姓氏族刻碑立存，警示后人。这说明，作为得到官府批准、具有地方法规性质的联合大款款约《群村永赖》碑，在湘黔边界地区，得到广泛的响应，对地方改革婚姻习俗产生深刻的影响。

《群村永赖》碑立约半个多世纪后，在锹里区域著名的款场牛筋岭，三锹人又一次结盟立誓，对婚姻习俗进行改良，于民国二十五年（1936年）在牛筋岭立下了《改良风俗》碑。

碑文如下：

改良风俗

靖县第二区三锹乡长、校长、调解委员兼第四中队队长龙安礼提倡：

盖闻国家有法律，乡党有规约。有国法而系民以端，有规约而教民以正。窃我中华民国，自武昌起义，革旧鼎新，发明教育，改良时政，利兴弊除，促进大同。然我三锹，地处边隅，文化闭塞，对于礼仪廉耻，不遑计及，几乎冠履倒置，由夏变夷。同志等言念及此，深为耿怀。是以三锹人并为一气，与九寨合为一家，于古本月初八日，合寨保甲父老，集中牛筋岭会议，议决一切改良鄙俗，共挽颓风。至此之后，凡我同人，不得同乎流俗，合乎迂世，恪守总理三民主义，发扬蒋委员长八德，遵行无惭。自然风淳俗美，谦让循仁，则九寨同为仁里。其有改良陋俗章程条例于后：

一、地方对婚姻为终身重要，必须文明正娶，因时制宜，相当配合，遵从父母之命，媒妁之言，不许先奸后娶，如违者公众重罚，将男女示众，以警效尤。

---

① 胡彬彬：《靖州"群村永赖碑"考》，《民族研究》2009 年第 6 期。

二、现时婚姻，总要符合双方父母心愿，凭有行媒坐媒作证，方可办定婚酒礼；办定婚酒后，一诺千金，不得翻悔。如推诿反复，另讨另嫁，公同众罚，以昭□戒。

三、当此文明世界，结婚必效陈朱之好，秦晋之欢。但贫富不等，其行茶过礼、过门折干之费，分为上中下三等。上等折洋八元，中等折洋六元，下等不得过三元。财礼仍照旧章。

四、定婚之后，恐有天折之不幸。若只饮定婚酒一二三次天折，无相当撮合者，仍由娘家另嫁；若有相当男女可以撮合，如过财礼者，由娘家向郎家交涉妥善，方行再嫁；如郎家没有庚续者，应由娘家补还费用、财礼，方得出嫁。如违悔婚，处罚示众。

五、过门之女，到郎家初次回门，规定半月之久，便由郎家接转；过门之后，不得回娘屋坐花唱歌，并陪新娘等事。如违议者，即以女家父母处罚。

生员：□□□　□□□　　　　　　　保长：□□□

父老：□□□　□□□　　　　　　　甲长：□□□

民国二十五年二月　　　即日　立①

《群村永赖》碑等碑约的具立，还透露出另一个重要信息，即长期作为华夏边缘的黔湘桂边界区域，随着中央王朝的政治势力的不断深入，随着以儒家文化为核心的汉文化的不断渗透和辐射，随着以物易物的自然经济方式逐渐被以货币交易为主的商品经济方式所取代，随着农村集镇和乡村场集的渐次出现，其国家化进程也处在不断地加速中，由自在的国家化进程进入自觉的国家化进程中，主动地自觉地认同于国家和中华民族。可以说，锹里区域延续近百年的婚姻改革，正是处于边缘、边地的边疆民族区域自觉国家化进程的缩影。同时也昭示，正宗的统治思想即儒家思想观念和汉文化习俗，在这些区域，也渐渐获得了主

---

① 黎平县"三锹人"族属调查工作组：《黎平县三锹人族属识别调查材料》，黎平县民族宗教事务局档案，全宗号 147 号。笔者于 2015 年 11 月，到三锹牛筋岭亲自考察过这块立于牛筋岭坳口的大路边上的碑文，有些字迹漫润模糊。

流的地位。孙秋云教授在论述湘黔边区汉苗文明间的交融与冲突时说:"康熙、雍正时期在湘西、贵州生苗地区进行改土归流和强力扩展汉文明之前,作为核心地区的汉文明与作为边鄙地区的苗文明之间的关系,实际上处于赫克托所说的'扩散模式'中的第一阶段的状况之中;核心地区与边缘地区之间存在事实上的隔绝,核心地区的事件对边缘地区并非毫无影响,但程度相当有限;一个地区的个体之间发生的事件,极少有来自另一个区域的人的参与;核心地区与边缘地区在经济、文化和政治组织方面均存在显著不同。到康雍时期苗疆归流及归流之后,作为核心地区的汉文明与作为边鄙地区的苗文明进行了强烈的互动,这样,国家的关系便进入了赫氏所述的'扩散模式'中的第二阶段。"这个扩散模式的第一阶段被称为前工业化阶段,"在这一阶段,核心地区与边缘地区之间基本隔绝,核心地区的事件对边缘地区的影响微乎其微,即使有也可忽略不计。不仅如此,核心地区与边缘地区在经济、文化和政治组织方面也存在显著不同。就经济而言,区域差异可能表现为生产方式的不同,文化上的差异可能表现为在语言、宗教、工作和闲暇观,以及生活方式等方面;政治结构可能同时既存在相对集中的统治形式,又存在松散的组织及政治权威形式"。第二阶段开始于工业化发生之时。即:"随着核心地区与边缘地区的接触日渐频繁,两个地区在工业化过程中相互之间的联系逐渐增加,处于核心地区的行政机构、经济商业机构、各类社会组织机构、文化形式、消费方式逐渐向边缘地区扩散,原有的地区经济差距在缩小,边缘地区开始步入工业化进程。这个扩散的过程也就是由先进族群控制的核心地区的政治、经济、文化逐渐渗透周边地区的过程。同时,边缘地区的文化形式也会在与正在现代化的核心地区文化接触后变革自身既有的形式。"[①]正是锹里区域的这种国家化进程,正是以儒家思想观念为核心的汉文化习俗的影响和渗透,正是处在由部落氏族社会向近现代社会的转型进程中,在三锹人的婚姻习俗中,就存在恋爱自由而婚姻不自主的现象。

[①] 孙秋云:《核心与边缘:18世纪汉苗文明的传播与碰撞》,北京:人民出版社,2007年,第261~262、258页。

与周边苗族、侗族婚姻习俗比较,三锹人的婚姻习俗在程序和仪式上,更多地受到汉族婚姻习俗的影响,烙印上鲜明的汉族婚姻习俗痕迹。

三锹人的婚姻习俗主要由对歌相识、请媒提亲、上门相亲、放糖认老、定婚认亲、圆媒过礼、讨要八字、娶亲哭嫁、举办婚礼、转脚回门等10个环节组成,寓意十全十美。

对歌相识,即通过坐茶棚、玩山、赶歌会、踩芦笙等社交活动,以歌会友,建立感情,确定恋爱关系。请媒提亲,即建立感情的男女,或者心仪某家姑娘的男子,请媒人到姑娘家提亲。上门相亲,即男方在媒人带领下到女方家相亲,若女方父母同意,便会煮油茶招待,收下礼物;若不同意,则不收礼物,也不煮油茶待客。放糖认老,即男方家正式上门认亲,送上以糖果为主的礼物。订婚认亲,即男方家请歌师、长老等挑着酒肉粑粑等,到女方家去请房族亲戚。圆媒过礼,即订婚后,择吉日到女方家送礼。讨要八字,即男方家派媒人到女方家讨要生辰八字,择定结婚日期。娶亲哭嫁,即女子出嫁前女方家亲戚与男方家来的六亲对唱歌,出嫁的姑娘唱出嫁歌。举行婚礼,即指在男方家举办的婚礼仪式,包括新娘进屋、敬祖宗、说礼、请酒、吃房族酒等仪式。转脚回门,即指举办婚礼仪式后第四天,新娘回门,由新郎家的送亲队伍,担着礼品等送新娘伴娘回门,有一系列仪式,途中男女青年还要吃半路酒,唱歌作乐,新娘回门后新郎新娘要到新娘房族中敬酒致谢,一月甚至数月后,才将新娘接回男方家,至此,新郎新娘才圆房,婚姻生活正式开始。

1983年,在开展三锹人族属认定工作过程中,黎平县"三锹人"族属调查工作组也对三锹人的婚姻习俗进行了调查描述,留下丰富的文字资料。

这里将其中关于婚姻习俗的记载完整录下,进一步印证。

过去的男女青年,他们之间只有玩耍、对歌的自由,而无恋爱婚姻的自由。婚姻是由双方父母同意定的。男女青年对异族是禁止嫁娶,只允许与本族原亲结亲。四十八寨头人聚会,竖碑立传刻有明文规定:"舅霸姑媳,亲舅不堪而堂舅堪……男不愿女罚银三十三两，女不愿男罚银六十六两……"婚姻嫁娶，宗族是管得十分严的。

男的长到十八岁后，父母就给选择对象。如姑姑家有一个合适的姑娘，舅家就请媒人去求婚。因为要"还娘头"，姑姑是没有理由推却，只好煮了糊米茶招待媒人吃，吃过糊米茶就表示父母已经同意了，所以，对象就是这样定的。

第二次男方再请两个媒人携带茶叶三两、盐巴三两、炒米三件、酒肉各三斤，赴女方家请其宗族吃饭、喝茶。这样表示既有媒人又有家族的同意与作证，亲事就定下来了。

第三次男方家又请六个媒人（包括前面两个媒人在内），曰之"六亲"，也叫"三媒六证"。这次"六亲"从男方家带着三两三银子到女方家去，交给女方父母，谓之"高写"（锹语），意思是下了定银，还有三媒六证，今后男女双方无反悔退婚的理由了。

时隔半年，六亲又第四次从男方家带礼物，肩挑酒、肉赴女方家。这次叫"朝腊"（三锹语）。六亲与其父母交换意见，求其父母写下女方的生辰八字，带回男方家，再请命理先生推算，符合哪年结婚，好择定结婚的日期。这次女方家杀猪请客三天三晚，诸亲都来聚会，使大家都知道这个女子不久将要出嫁。

婚嫁日期必须择在一月、十一月、十二月这三个月当中，除了这三个月外，其他月份恐有雷雨。三锹人在婚姻嫁娶方面，特别禁忌响雷，认为天响雷是最不吉祥的征兆，将来子孙不发达，求财财不利，创业不兴旺……

男女在举行婚礼的前三天，男方家请原六亲去接新娘，每人要携带一把雨伞，伞头上捆一包茶叶、一包盐、一包叶子烟，从堂屋步至门口，就要唱一首锹歌，歌词是：船在江边上了梢，马在门前配了鞍，得呼云南花登岭，要去云南带花来。

行到女方家村边路头时，又唱一首锹歌，这首歌是信号歌，其目的是叫主人来接六亲，其歌词是：来到娘乡打一望，花开莲蓬藕上梁，带花的人来到了，花在园中闹忙忙。

六亲连续唱了数首歌后，直至女方家长来接六亲，才能进入女方家。三天三晚后,姑娘要离别父母、兄弟、姐妹去郎家之前,全寨同姓的男女小孩都来送行,娘家就把事先准备好的糯米饭团、肉片分给送行的人每人一份。这些糯米饭团特别大,有的大如猪头,有的大似狗头,现在三锹人的小孩们都还时常念着:腊月梅花正开花,你大你出嫁,我小我在家,得团糯米饭,大如狗头牙。新娘由两个平时与其意气相投的姑娘陪同出嫁。来接新娘的小伙子,每人手中持着火把,不管白天黑夜都要持着火把走路(点火把的来历:据说是先祖从发源地逃难来时,是在深夜点着火把逃上来的,这是对先人的纪念)。新娘来到新郎村,必须要在路头烧火等待良辰,良辰是由一位老先生和一位子女双全的人定的。良辰到了,那位妇女就出至路头,与新娘手拉着手,打开阳伞,遮住新娘进新郎的屋。新郎家的门口还摆着一番竹帘子,帘子上放着一把剪刀(说是驱邪用的)。新娘进屋时必须从厦门外手提一只猪潲桶,桶内放一只银手圈(这是表示人财两发,富贵双全),新娘手提猪潲桶,先跨过竹帘子,再步入厦门,然后进入伙房,面朝东方坐下。伙房内早备有一桌点心,席上有酒、肉、米饭,新筷子三双,定时的先生、接新娘的妇女以及新娘三人同吃席上的点心。过后,定时先生才步出正堂,点燃神位上的香烛,再放礼炮。新娘进屋不拜堂,只是立即生火烧糊米茶敬祖宗,祭祖宗完毕后,新娘还趁着良辰与陪同的两个姑娘步出路头去吃点酒菜,表示回娘家的样子。这样新娘在新郎家出出进进才不禁忌。

当天亲戚就登门庆贺了。新郎家即办酒席招待,多则七天七夜,少则三天三夜。六亲与新娘坐正席,其他客人坐偏席陪同,酒席间主客互相对歌,互相恭贺。三锹人的对歌有几种,即:大歌、细歌、酒歌、也德歌。各种腔调都不一样。在婚礼期间,每家每户都要请新娘去吃"年情"(只要每户到过吃一点东西就是了),但每天的深夜,全寨的老人、青年人都要到新郎家和新娘及陪同来的姑娘对歌坐夜,有说有笑,互考口才。主家还办酒席招待,每个晚上都如此。婚礼的最后一晚,是"归扭",来坐夜对歌的人自拿一把炒米,来煮糊米茶吃,唱的是茶歌。对歌到半夜后,一个穿着长袍的青年装着老先生,手提书本,假装是账本,走到新娘身边,装腔作势地说道:"你家还有旧米未上,叫你立即交清。"新娘闻言有异,害羞不答。假先生就上前七拉八扯,正在这时,一青年小伙子将事先用稻草和新娘衣裹成的小娃娃往新娘怀里一塞,并把做好的假娃娃身上的活绳套罩在新娘头上,大伙拉拉扯扯,说说笑笑。另一青年在大伙背后,把用芦叶做成的口哨使劲吹起来,声音活像婴儿的啼哭,有的在旁边打趣说:这新娘刚来几天几晚,就生下这样大的一个男娃娃,真是命好八字强,恭喜恭喜。大家欢乐大笑。新娘和陪同来的伴娘害羞,用手帕遮住脸,不与男青年们对歌答话。这时,主人就提上来一只大公鸡,杀下祭奠祖宗,求祖宗保佑,他日新娘一定生下这样一个肥胖的男娃娃。

在婚礼期间,还有这样一个礼节,由两个男青年身穿新娘的衣服,头包纱帽,男扮女装,各人挑着一对水桶,陪同新娘到井边挑水。一路上都是缓步而行,边走边对歌。三锹人谓之"新人取新水",挑来的水由新娘煮糊米茶祭祖宗,叫祖宗保佑人发家发。

婚礼结束后,新郎家族的青年与先前请的六亲,一共十余人,挑着酒、肉、粑粑等,各数百斤,欢欢喜喜送新娘返家认亲。去到的第一天晚上,新郎要敬新娘家主客的酒,另有两个青年陪同,帮提壶斟酒、喂菜。当晚,酒过数巡之后,娘家的几个妇女提来一口铁锅,放在餐桌上,将锅底烟灰把六亲脸抹黑。锹里叫煮糊米茶。这时六亲把事先准备好的茶钱分先后放入锅内,口里还要念着:这是米、香油、盐巴、黄豆、茶叶、炒米、香料等等的钱,多的十几元,少的七八元,说说笑笑,不住地对歌。妇女们看锅里的茶钱差不多了,方提了锅离开。

到了半夜,青年们一直进行对歌作乐,互比口才,一直要到天亮。

三晚后,新娘要打发新郎返家。当天吃过早饭,饭后又摆两桌酒席,即是"发郎酒",主客团席坐定,对唱了几首歌,吃了数巡酒,主人就托出茶盘,茶盘上放着两双新筷子,一对新酒杯,还有一个新瓜瓢,这些东西全都斟满了酒,同时还有赠给新郎新娘的礼物都摆在桌上。这时一位较老的六亲提取瓜瓢先饮，客人们将摆出的酒轮流饮尽，将瓜瓢插入腰带，背在背上。说是背回家。步出厦门，先唱几首感谢歌，然后送行的姑娘们就与客亲们对唱起来，边送边唱，拉拉扯扯，直送到半路才转回。

三锹人的婚礼，与其他民族大不相同，他们的新娘不要父母送嫁妆，更不允许亲戚朋友和青年来闹新房。新房都是安排在第三层楼上，房里附设简单，只有普通的平床，一张桌子，几条木凳，不摆花瓶，更没有蚊帐、门帘等。

新娘新郎在举行婚礼期间不许同房，要待一至三年接过门后才圆房。①

第二节　三锹人的社会交往与婚姻圈

家庭是社会的最小组织单位，而家庭主要是通过两性婚姻建立起来的。在以一夫一妻制为主要两性关系的社会中，婚姻在繁衍人口、建构社会秩序、维护社会发展中发挥着至关重要的作用。更多的时候，在社会关系中，婚姻不仅仅是两性关系的契约，更是人们在社会关系中达成的一种文化契约，是社会关系和社会利益的重要部分，具有一种制度性的力量和影响力。婚姻本身就是一种制度形式。唐利平说："婚姻的缔结不是生理本能的驱使，而是'文化引诱的结果'，直接受到各种社会习俗、道德、规范和制度的影响和制约。"②社会关系和文化契约的婚姻，在承担人口生产使命的同时，更多地折射出各种社会力量、社会人群间的博弈，是社会中各种文化人群的文化表达形式。不同的社会，会形成不同的婚姻规范；不同的文化人群，会有不同的婚姻制度。对于婚

---

① 黎平县"三锹人"族属调查工作组：《黎平县三锹人族属识别调查材料》，黎平县民族宗教事务局档案，全宗号147号。
② 唐利平：《人类学和社会学视野下的通婚圈研究》，《开放时代》2005年第2期。

姻起支配和决定作用的，主要不是两性关系中的"性"，而是两性所置身的社会中的各种关系，政治、经济、文化、地域、族群、阶层、宗族等。陈庆德、刘锋说："婚姻是立于生产的基点，对人类性行为的制度规范。婚姻的制度性规范的中心事实或核心指向，是'生育'这一'性'的基础性功能。而文化的渗入，使性的功能不断地被建构出来，这样便产生了联姻机制与性经验机制在重叠中的差异。"①社会生活中的各种要素都会对人类的婚姻形态产生影响。从婚姻作为一种社会关系和文化契约，就一直受各种社会关系的制约和影响，就必然地是人们在社会生活中一种社会身份和文化身份表达形式。对于人类婚姻的研究，既要着眼于社会现实中的各种社会关系和利益，也要着眼于人类的整个发展历程，重视人类发展进程中的婚姻变迁。

在一个具备最基本社会组织形态的社会中，选择和缔结什么样的婚姻，起决定和支配作用的，主要是人们结成的社会关系，是人们在社会中所进行的一种文化选择。这种在一定地域中构成的社会关系和文化选择，决定婚姻中必然存在一个有形或者无形的婚姻圈。就是说，从婚姻成为婚姻开始，人们就不是随心所欲地缔结婚姻，而必然有一定的规范和制约，这种婚姻规范和制约，就构成婚姻圈。婚姻圈可以是一个地理空间，但更是一个文化空间，是各种社会关系的一种复杂形态。

三锹人生活的黔湘桂交界地区，从来就是一个多族群互动地区。长期以来，苗族、侗族一直是这一区域的主体民族，而在苗族、侗族中，又存在许多不同的支系，尤其是苗族，虽然同属苗族中部方言区，但其中又分为不同的土语区，不同的土语区分属不同的支系，主要通过服饰和颜色区别，由此就构成了明清时代所谓之"百苗"——在明清时期的泛苗化中，侗族更多的时候，也被看成是"苗"之一种或几种。贵州区域除汉族外的所有少数族群，如苗、侗、水、瑶、土家、畲、仫佬等，在文献中，几乎都统称为"苗"。生活在这一区域的人数更少的三锹人，在历史上，也被称为三锹苗或锹里苗。光绪《靖州乡土志》卷二释："苗里，俗名

---

① 陈庆德、刘锋：《婚姻理论的建构与遮蔽》，《吉林大学社会科学学报》2006 年第 5 期。

锹里。"①——锹里的核心区域在今湖南靖州三锹乡——而锹里正是三锹人历史上的居住区域。有清一代,清水江流域山地开发进入大发展时期,三锹人由锹里迁徙至清水江支流乌下江、八洋河流域的崇山峻岭深处,与汉族、苗族、侗族杂居,大部分三锹人独立立村建寨居住,少部分与汉族、苗族、侗族同村共寨居住。三锹人主要以山地耕种和林木砍伐为主要生产方式。最初,三锹人以佃种山场为生,渐渐通过现银购买和劳股折价等方式获得土地而得以安身立寨。相对于处于社会政治文化生活主流的汉族,相对于人数更多、居住时间更早、族群身份更明确的苗族、侗族,无论在政治上、文化上,还是经济上、地理区域上等,三锹人都属于是一个边缘族群,在各大族群的边缘取得生存地位。长期以来,周边汉族、苗族、侗族一直将三锹人看作一个独立群体,三锹人自己也说,三锹人就是晓得三样话的人。② 在黎平、锦屏交界区域,汉、苗、侗、三锹是分得很清楚的族群概念。即便三锹人被认定为苗族(侗族)后,在族源、文化、语言、习俗、婚姻等诸多方面,仍然维护着对于三锹的认同,周边汉、苗、侗族群,依然一如故往地称之为三锹。三锹人划入苗族或侗族后,其边缘性并没有改变,反而处于一种更边缘化状态。

人类学家巴斯为《族群与边界》一书作序时说:"一旦(把族群)定义为归属性和排他性的群体,族群单位的维持性本质便很清楚了:它取决于边界的维持。"维持族群的边界有地理边界,但更重要的是社会边界。他强调,"维持族群间的联系不仅隐含了认同的标准和标志,而且隐含了允许文化差异存在的互动的架构";"在族群边界存在的地方,他们更多地依赖微妙和特定的机制,主要与某些地位和组合不可行性有关"。③ 著名学者王明珂也认为:"族群由族群边界来维持:造成族群边界的是一群人主观上对他者的异己感以及对内部成员的根基性情

① (清)金蓉镜纂辑:《靖州乡土志》,清光绪三十四年刻本。
② 黎平县"三锹人"族属调查工作组:《黎平县三锹人族属识别调查材料》,黎平县民族宗教事务局档案,全宗号147号。
③ 徐杰舜主编:《族群与族群文化》,哈尔滨:黑龙江人民出版社,2006年,第47、48、59页。

感。"①三锹人作为一个族群,为自己划定了严格的族群边界。除前面强调的祖源历史、三锹话是其族群认同的重要标志外,其族群的重要边界还包括其婚姻制度和习俗。

婚姻是人类生物基因与文化基因的融合。正是婚姻中的文化因素,才构成了各个民族或族群中不同的婚姻形式,才使得各个不同的民族或族群会形成自己的婚姻范畴、婚姻空间,即在婚姻选择上,不同的民族或族群会存在由各自传统、习俗、禁忌所限定的婚姻规范与禁忌,存在属于自己民族或族群的婚姻网络和婚姻圈。婚姻圈是指人类由种族一阶级一文化所限定的通婚空间和范围,或者由地域空间所限定的通婚范围。从人类走出氏族内血缘婚的野蛮时代开始,人类的通婚空间和范围就是有所限定的,随着人类文化传统的不断积淀而形成自己的婚姻圈。婚姻圈的存在是人类婚姻史的既定事实,但是,人类婚姻史的既定事实也是婚姻圈的不断被突破和超越的发展进程。人类的婚姻史就是不断突破原定婚姻圈的限制,向着更高更大的婚姻范围运动的历史进程。在黔湘桂这个多族群环境中,各个不同的族群间,都会存在自己的婚姻圈。婚姻圈的存在,是维护族群边界的重要方式,是保持族群纯正性的重要手段,是建立族群认同的重要价值观。对于人数相对少的族群,婚姻圈主要是维护族群认同的重要方式,婚姻只能在族群内部进行选择;而对于人数相对较大、地域分布较广的族群,婚姻圈则呈现出一种地域性特征,居住上比较靠近的村寨间,由于祖先历史、传统、习俗、文化生活、社会交往等因素,会结成传统的婚姻关系,建立起婚姻网络。但在传统社会中,在以自给自足为主要生产方式的部落社会中,在没有外部更具强力的因素介入的情况下,在没有比原生文明更高级的文明的影响、辐射的情况下,婚姻主要是在族群内部间选择的,跨族群的婚姻在传统社会中还是比较少。历史上,黔湘桂边界区域,各族群间虽然错居杂处,呈现总体上大聚居小杂居的格局,但婚姻主要是在族群内部选择和确定,跨族群间的通婚一般没有得到社会的认可。

在婚姻上,三锹人实行严格的族群内婚配制。我们前引《群村永

---

① 王明珂:《华夏边缘:历史记忆与族群认同》,杭州:浙江人民出版社,2013 年,第 4 页。

赖》碑,是由锹里区域二十四座村寨在官府的授权下共同制定的婚姻规范,其向我们透露的明确信息是三锹人的婚姻在"锹人"的范围内选择,二十四寨间结成的是一种相互联系的婚姻网络关系。在黎平、锦屏两县乌下江和八洋河流域生活的三锹人,是在清代初中期由锹里区域迁徙而来的,主要是受清水江流域山地开发的吸引而在乌下江和八洋河流域落寨居住。但离开锹里核心区域的三锹人,到了乌下江和八洋河流域,则由于各种条件的制约,在居住格局上没有形成连片的三锹人居住区域,而是杂居错处于作为这一区域主体的侗族、苗族连片村落间,既有三锹人共居于一村寨内的现象,也有部分三锹人与其他族群同村共寨居住,处于一种事实上的族际居住隔离状态。① 处于乌下江和八洋河流域这种族际居住隔离状态中的三锹人,虽然置身于这样一个复杂的多族群环境中,但仍然顽强地维系着三锹人历来遵循的原亲结婚的传统,不与其他族群通婚,其婚姻圈一直限定于这一区域的三锹人范围内。在三锹人村落的田野调研中,50 岁以上的人,总要强调三锹人原亲结亲的历史传统和习俗,而对于当下的相对开放的婚姻关系和几乎没有边界的婚姻圈则表现出莫可奈何。他们总是强调,原来三锹人一般不与周边的侗家和苗家结亲,都是在三锹人间结亲,哪怕路再远,也要去结亲;讲究油不掺水、水不掺油,哪里像现在,一点规矩都没有了,完全乱套了。在 20 世纪 80 年代初期进行三锹人族属调查时,黎平、锦屏区域的三锹人,更在意于三锹人原亲结亲的婚姻习俗。

《黎平县三锹人族属识别调查材料》中,在不同的材料中都有相类似的表述:

> 据传说,从前苗族人民起来造反,官府集中兵马镇压,造反队伍几次打了败仗,损失人马很多。苗族首领杨指挥为了积极扩军,到三锹村寨,要三锹人向他捐献钱粮,并要五户抽一丁。三锹人出不起钱粮,人数稀少而又忠厚老实,害怕去打仗。杨指挥愤怒地

---

① 参见余达忠:《族际居住隔离:边缘族群三撬人的迁徙落寨与族群认同的建构》,《北京林业大学学报(社科版)》2015 年第 4 期。

说：你们三锹人，一不肯出人，二不肯出钱粮。这地是我们的地，山是我们的山，已经养活你三锹几代人了。现该抽人不出人者全家诛灭，抽粮不出者要赶往他乡。结果，不愿去当兵的被杀害，出不起钱粮的被赶往他乡逃荒度日。因此，三锹人就与苗人结下了冤仇大恨。在他们之间，男女嫁娶都不结亲，钱粮短少也不相借，一代代相传，一直流传到解放前夕具是如此。

据说，两个民族之间，还杀鸡吃血酒，发有誓言：如果双方结亲，养男不大，养女不成……等。由于这些观念在人们心里影响很深，如今三锹人与苗族结亲仍然是很稀少的，即使现在有少数人已经通婚，但在亲属关系上也是很不浓念的。

三锹人在民族意识方面也有他自己的特点。如民族习俗，因本族弱小，都聚居于气候高寒的山梁之上，交通不便。在旧社会，三锹人经常受到异族人的欺侮、讹诈、践踏……所以，他们对异族人特别恨，与异族的关系特别疏远，怕与异族人接近，更不愿与异族人结亲、来往，也不接受异族的习俗。在语言、穿着、婚丧、嫁娶、逢年过节诸方面的习惯都与其他民族各异。由于语言不合，习惯不同，解放前夕的男女青年都只是与本民族的青年男女求婚、恋爱。与本民族结婚的要占百分之九十八以上，只有少数人与他族通婚。由于与他族接触少、交往少，至此形成了独特的单一的民族习惯。[①]

20世纪80年代初，根据相关民族政策，黎平县的三锹人积极向各级政府申请将之列为单独民族，经贵州省民族事务委员会和黔东南州人民政府同意，由黎平县牵头，成立了三锹人族属调查工作组。

根据三螯古歌：

---

① 黎平县"三锹人"族属调查工作组：《黎平县三锹人族属识别调查材料》，黎平县民族宗教事务局档案，全宗号147号。

问郎的,三锹合款哪条溪?

又拿什么为证据? 什么刻了几块碑?

几块山头去打望? 几块塘中去练泥?

哪里塘中留根生? 哪里塘中不差移?

回郎的,三锹合款归斗溪。

又拿岩板为证据,岩板刻了三块碑。

一块山头去打望,两块塘中去练泥。

九老塘中留根生,归斗塘中不差移。①

工作组于 1982 年 5 月,在黎平大稼乡俾嗟村(三锹人村落)的"翁九老"塘中,挖掘出一块立于乾隆己巳年(乾隆十四年,1749 年)的款约碑。2017 年 8 月,我到平底、俾嗟、乌山去进行田野调研,在俾嗟村见到了这块从"翁九老"塘中捞上来的石碑。

碑文全文如下:

尝思朝廷有国法,鳌里有里规。兹余三鳌自先祖流离颠沛于斯,迄今已近百年。为铭志先祖之习俗,故三鳌各寨里长约集,宰生鸡而誓志,饮血酒以盟心,计照规约于后:

(一)务须击鼓同响,吹笙共鸣,同舟共济,痛痒相关,一家有事,阖里齐援。

(二)男女婚姻务须从父从母,原规结亲,不准扒亲赖亲,水各水,油各油,不准油来拌水,亦不准水去拌油,倘男不愿女罚银三十三,若女不愿男罚银六十六。

(三)倘遇外来之侮,阖里应齐心以击,尤对客家与苗家,更应合力以抗之。

恐嗣后无凭,刻有坐卧碑各一块,永远存照。

① 黎平县"三锹人"族属调查工作组:《黎平县三锹人族属识别调查材料》,黎平县民族宗教事务局档案,全宗号 147 号。

大清乾隆己巳年孟春榖旦日立[①]

这块款约碑包含了丰富的信息。一是生活于黎平锦屏交界区域的三锹人是从锹里地区迁徙而来的,在三锹人迁徙至黎平、锦屏交界区域之前,就有了"三鳌"的称谓——"三鳌"是三锹人共同认同的文化符号——即三锹人作为一个文化上的人群共同体,在迁入黎平、锦屏交界区域前就已经形成了。居住于黎平、锦屏交界区域的"三鳌"是一个有着高度认同感的人群共同体,大家"击鼓同响,吹笙共鸣,同舟共济,痛痒相关,一家有事,阖里齐援",结成一个整饬有序的群体一致对外。二是三锹人在清朝开国初期迁入黎平、锦屏交界区域,迁入的原因是清水江下游区域的山地开发。由乾隆己巳年上溯一百年,正是清顺治时期。笔者在黎平最大的三锹人村落岑迸村田野调研时发现,最早落寨的吴姓先祖的碑文落款亦为顺治年间;其他三锹人村寨的大量的开寨传说也大都指向康、雍、乾时期,说明三锹人迁徙到黎平、锦屏交界区域不是一次完成的,而是在一个较长的历史时段内完成的,而这个时期,正是清水江流域山地开发进入全面发展的时期。学者张应强对此论述:在这个时期,"整个清水江流域,尤其是下游沿江傍河地区,种粟栽杉、伐木放排、当江市易,已经成为主要的区域性社会经济活动,而许多相应的社会经济制度也就逐渐形成和发展起来";"几乎所有的人群与村落都以不同的形式,不同程度地卷入到与木材采运有关的社会经济活动之中"。[②] 三锹人正是在这个背景下落拓于黎平、锦屏交界区域,从事山地耕种和林木栽种砍伐。三是三锹人一直实行严格的族群内婚配制度,在族群内以族姓为单位建立起婚姻圈。三锹人实行严格的同姓不婚制,婚姻严格限定在族群内不同姓氏的宗族间进行。"原规结亲"是三锹人婚姻中必须遵循的基本准则,"原规"即在三锹人族群内部不同宗姓间进行婚姻分配,"水各水,油各油,不准油来拌水,亦不准水去拌

---

① 黎平县"三锹人"族属调查工作组:《黎平县三锹人族属识别调查材料》,黎平县民族宗教事务局档案,全宗号 147 号。

② 张应强:《木材之流动——清代清水江下游地区的市场、权利与社会》,北京:三联书店,2006 年,第 46、49 页。

油"是对"原规"的最通俗明白的诠释,说得更直接些就是不准外族群的女子嫁入三锹,也不准三锹女子嫁予外族群男子,必须最大限度保证三锹人血统的纯正性。这是族群根基性认同的典型形式。四是三锹人的婚姻有一系列的规范和礼俗,"从父从母,原规结亲"是三锹人婚姻规范和礼俗中最普遍的形式。"从父从母"显示三锹人的婚姻普遍以父母之命、媒妁之言为基础,在婚姻上的自由选择度比较低。在锹里地区发现的三锹人的碑文对此有明确表述。2008 年 5 月,立于清道光二十一年(1841 年)的《群村永赖》款约碑被发现,这是由锹里众寨共立,由州官州府颁布的款约碑,不仅是民间款约,而且有了法律地位。碑文对锹里的婚姻礼俗作了详细规范,强调婚姻要"由父母选择,凭媒妁特聘",反对"舅霸姑婚",反对勒索财礼。其众寨所波及的范围,"西至今贵州天柱县远口镇、锦屏县茅坪、三江、铜鼓、敦寨;南及贵州隆里镇、高屯及黎平县黄柏,湖南通道县弄冲、播阳、临口、木脚;东部及湖南城步县长安营、绥宁东山、乐安、寨市、黄桑坪;北至湖南会同县广坪、太阳坪、地灵等,地域涵括了今天湘黔两省八县中的许多自然村(镇)落。这些自然村落虽有部分在清代中期后划入了贵州省的行政版图,或与靖州同省相邻的其他县域,但在苗族族内的领属关系上,却依然从属于'锹里'"。[1] 五是三锹人从来将自己与客家(汉)和苗(含侗族群)严格区分开来,认为自身是与苗、侗、汉不同的文化共同体。"倘遇外来之侮,阖里应齐心以击,尤对客家与苗家,更应合力以抗之",这里暗示,在历史上,在与苗、侗、汉族群杂居互动中,由于各种社会利益关系,尤其是资源竞争中形成的社会关系,各族群间存在深深的过节和鸿沟。

从乾隆朝以来的二百多年,三锹人的婚姻圈一直得到较好维持,其男女婚配基本上在三锹人族群内进行。三锹人与苗、侗、汉族群杂居,没有形成连片的居住区域,三锹村落间的空间距离一般在七八公里以远,两个或几个三锹村落挨邻的情况很少,三锹村落周边,多半是其他族群村落,还有许多三锹村落是族群孤岛。黎平县乌勒寨,位于黎平锦屏交界的乌下江北岸山麓,周边均为侗、苗、汉族群村寨,距最近的三锹

---

[1] 胡彬彬:《靖州"群村永赖碑"考》,《民族研究》2009 年第 6 期。

图 4-2　作者在考察从"翁九老"塘中挖出来的款约碑(潘健康 摄)

村寨的距离都在二十公里以上;美蒙坐落于黎平、锦屏、剑河三县交界的最高峰青山界主峰下,其西北面是青山界主峰,其东面、南面是汉族、苗族村落,距离最近的三锹村落九桃和小瑶光都在二十公里上;由黎平的岑迖到锦屏的岑梧,距离达到近百公里。三锹人居住的这种格局,就形成了三锹人婚姻中"近拒远交"的现象,即不与周边的苗、侗、汉族群村落发生婚姻联系,而选择与更远距离的三锹村落结亲。邓刚在三锹村落调研时也深有同感:"所谓'近拒'就是指不与三锹人村落四周的苗寨、侗寨或汉寨通婚,'远交'当然指的就是与相隔较远的三锹人村寨通婚。在访谈中,岑梧人告诉笔者,他们以前和高表、美蒙、九佑、乌山、乌勒这些村寨结亲较多。这些'三锹人'村寨中,距离岑梧最近的九佑有约十公里远,而其他村寨则有数十公里之遥。对于这种'近拒远交'通婚模式,除了听到'只觉得我们锹家的好'这一关乎'原生性情感'的解释外,从村民的其他说法中也能隐约体会到经济和文化的差异也是岑梧村民只与'三锹人'结亲的原因之一。"[①]三锹人这种"近拒远交"的婚姻模式,一直维持到新中国成立划定民族成分后,才有所改变,但大部

---

① 邓刚:《"三锹人"与清水江中下游的山地开发——以黔东南锦屏县岑梧村为中心的考察》,《原生态民族文化学刊》2010 年第 1 期。

分三锹人还是维护传统婚姻圈,以在族群内选择婚姻为主流。据成立于 1981 年的黎平县"三锹人"族属调查工作组调查,1982 年,岑趸全寨 245 对夫妻中,有 226 对夫妻是族群内婚姻,只有 19 对是与周边苗、侗族群婚配,且是 20 世纪 60 年代后发生的,大多是"文革"后期和改革开放初期发生的。①

　　三锹人的婚姻规范和婚姻圈,本质上是三锹人作为一个弱势族群在多族群互动环境中,为资源竞争而采取的一种被动策略。至少在清代中期,清水江中下游区域都还处于部落氏族社会向封建宗族社会转化的进程中,生产力发展的水平不高,整个社会的资源总量极为有限,社会的组织结构简单古朴,是以氏族或者宗族为基本架构组织起来的,各个氏族或者宗族间,因为同处一个共同的地理空间内,必然地要结成种种社会关系,但总体上,由于生产力发展水平的局限,整个社会始终呈现出一种相对封闭性和保守性,其社会化是一种低水平的社会化,这就决定了生活于这一区域的各族群,必须凝聚为一个团结整饬的共同体,形成高度一致的族群认同,才能在社会资源竞争中获得基本的地位和话语权。学者陈志明说:"社会化的不同类型及强度都会引起对其类型不同的冲击及族群情感的强度。社会化的经历也包括生活在异族人中及生活在民族国家中的经历。"②族群认同既包含一种主观性的认识和想象,更包含客观性的社会化现实关系。作为这一区域的后来者和弱势者,三锹人处于族群互动中的最低层级,必须通过不断的妥协和隐忍才能取得生存地位,而整个社会环境的封闭性和保守性及低层次的社会化,使得三锹人在放低生存底线的前提下,必须进一步强化其族群凝聚力和认同,由此获得一种平衡。就是说,在一个封闭和保守的社会里,如果生产力发展的水平不高,社会资源又相对匮乏,在族群互动中一般很难形成族群间的融合,反而会促进族群边界的生成和强化。维护族群边界,与其说是这种环境中各族群的一种文化保护和文化自觉,

① 黎平县"三锹人"族属调查工作组:《黎平三锹人族属识别调查材料》,黎平县民族宗教事务局档案,全宗号 147 号。
② 徐杰舜主编:《族群与族群文化》,哈尔滨:黑龙江人民出版社,2006 年,第 288 页。

更不如说是族群的一种生存策略。族群认同的工具论观点,在这里得到典型表现。三锹人在这个区域中要被容纳,除了生存上的不断妥协和隐忍,就是强化族群的存在感,让族群成为资源竞争环境中的一种内在力量,为在这一区域中的生存给出精神和文化上的支持与表达。布尔迪厄说,"婚姻策略的基本和直接职能是提供确保家族再生产,即劳动力再生产的手段";婚姻关系也表现为"倾向于满足物质和象征利益并根据一定的经济和社会条件安排的策略的产物"。① 二百年来,三锹人的婚姻圈一直能够维持下来,根本原因不在于三锹人的族群认同和族群意识有多么强烈,而在于在一个相对封闭和保守的社会环境中形成的社会关系,在于整个社会的社会化发育程度,而社会化发育程度的高低,则与社会生产力发展水平和社会资源总量密切关联。

清代雍正开辟苗疆后,清水江下游地区得到开发,形成了以木材交易为主的市场,商品经济得到一定程度的发展,但整个社会始终还是处于封建商品经济的初级阶段,而控制商品市场的主要是汉族及汉化程度相对较高的居住于沿江集镇的苗、侗族上层,而远离沿江集镇的广大山区,那种实质上的封闭和保守并没有因为木材交易的出现而发生根本性改变。三锹人村寨合力订立款约碑,从另一个侧面说明,在封建商品经济冲击下,其族群认同和族群意识出现了一定程度的动摇,但这种动摇距离其婚姻圈的真正解体,还有相当大的距离。三锹人只有直接置身于市场中,在高度社会化的市场中感受到竞争的压力和市场的诱惑,其婚姻圈才会发生根本性动摇并最终解体。

三锹人婚姻圈的解体终于在 20 世纪 90 年代中后期到来了。

---

① [法]皮埃尔·布迪厄著:《实践感》,蒋梓骅译,南京:译林出版社,2003 年,第 235~236 页。

第三节　现代化进程中三锹人婚姻圈的
解体与婚姻生态的失衡

　　婚姻是人类社会延续的重要形式。现代社会以一夫一妻制为主体的婚姻形式,构成了社会最小单元——家庭的基础,是人类社会人口生产的主要形式。社会的延续与稳定,根本上有赖于婚姻的稳定与平衡。一个和谐发展的社会,必须维护婚姻生态的平衡。如果一个社会中的婚姻生态出现失衡,不但会影响人口的再生产,同时也会带来一系列社会问题,严重影响社会的稳定和发展。维护婚姻生态的平衡,正如维护自然生态的平衡,对于人类之延续与发展有根本意义。

　　当整个区域都处在一个封闭的体系中的时候,三锹人的婚姻圈会一直维护下来,其男性自然不会陷入婚姻困境中。但当开放和市场化成为社会的一种生活方式和制度形式的时候,长期以来由于种种原因一直处于边缘、弱势、贫困状态的三锹人,在市场竞争中显然处于不利地位,这种不利会从另一方面加速其边缘化、孤立化,当然,其陷入婚姻困境也就似乎成为一种必然,一种不能回避和必须直面的现实。

　　改革开放后中国市场经济的不断发展和深入,社会开放度的不断加大,将处于相对封闭状态的三锹人置身于一个多元化的开放格局中。这种价值观念上的开放和经济领域、生产领域、生活领域中的开放,都从根本上动摇了三锹人历来所坚守的传统观念和文化习俗,使其不断遭受冲击的婚姻圈面临更具颠覆性的冲击。这种冲击的直接结果就是三锹人坚守了千百年的婚姻圈的全面解体。

　　从 20 世纪 90 年代开始,农村劳动力大量涌向城市,尤其是向沿海城市迁移的打工潮在全国范围席卷开来,将大量世世代代生活于、粘着于土地的农民吸引到城市,中国农村和古老的农耕生活方式固守千年的那种封闭性和保守性,由于打工潮的引领,轰然间消解了,一个新的世界,充满依赖性的现代世界在中青年农民眼中打开来。他们一方面对现代生活充满一种新奇感，为五彩斑斓的世界所诱惑和鼓动；另一方面，他们又鲜明地感觉到与现代生活的巨大的差距，与"城市""城市人"的差距，有一种深刻的自卑感。这两方面既激发起他们对于新生活和未来的梦想，又产生一种深深的身份的焦虑——对于年轻的打工者，他们已经不适应那种传统的农耕生活，更不愿再像父辈那样在泥土里讨生活，但他们也同时不属于城市，或者还不能融于城市和现代生活中。正是基于这样的现实，20世纪90年代后期，三锹人村寨中的中青年纷纷走出寨子，开始他们无尽的盲目而又目的明确的打工之旅。正是这股席卷整个农村的打工潮，导致正在动摇消解的三锹人的传统婚姻圈轰然间坍塌。

进入20世纪90年代，国家民族识别工作进入收官阶段，三锹人申请认定为独立民族的愿望落空，三锹人待识别民族待遇完全取消，国家整体上将三锹人并入苗族或者侗族中。行政层面强力推进的族群身份，使三锹人的族群认同意识出现解体甚至发生逆转。许多三锹人开始接受为苗族或者侗族中的一个支系的现实。[①] 表现在婚姻上，就是不再恪守三锹人族群内部婚配的古训，许多青年与周边其他族群通婚，甚至与外地区、外省市青年通婚。20世纪90年代后期，打工潮蔓延到三锹人居住区域，为摆脱贫困和有更好的生活，大量青年人外出打工，大部分到沿海地区打工谋生。三锹人的社会生活面轰然间扩大开来，置身于一个全球化、现代化的生活环境中，其传统的婚姻观念最终发生根本性动摇，其严格恪守的族群内婚姻的制度一点一点被年轻人超越，不再将族群内婚姻作为首选项，而是将情感、经济状况、职业、工作环境、生活地域等作为首选项，选择族群外婚姻的青年人越来越多，并且从一个极端走向另一个极端——从最严格的族群内婚姻走向完全没有族群限制的开放婚姻。

从时代发展来看，现代社会是一个开放的体系，是一个市场化的社会。20世纪中后期开始的全球化进程，使整个世界呈现出一种从未有

① 黎平县的三锹人，其第一代身份证，"民族"一栏，均显示为"錾"或"三錾"；2000年后换发第二代身份证，"民族"一栏均显示为"苗"或者"侗"。

过的开放性,各个地区间,无论是中心区域还是边缘地区,都建立起一种紧密联系。著名学者安东尼·吉登斯说:"全球化是一系列过程,它意味着相互依赖。对它最简单的定义就是:依赖性的增强。"①三锹人婚姻圈坍塌的最直接表现就是女性不再固守传统观念与习俗,不再在三锹人村寨间选择配偶,而是在一个非常开放的社会体系内进行婚姻选择。现代社会的市场化,不但让这些一直生活于传统闭塞乡村的三锹女性有了价值的观念——打工的方式,让她们直接看到了通过自身劳动所创造和获得的价值,而且,社会的开放性和市场化,还让她们发现了自身性别所蕴藏和体现出来的价值——她们可以通过婚姻获得和享受更好的生活,或者说,婚姻是她们改变自身命运的一种途径。越来越扩大开来的市场化,不但让三锹族群的青年女性们可以摆脱宗族对于她们身份的控制,更重要的在于为她们提供了一个从来没有的全新的生活平台。在这个平台中,她们发现了自身的性别价值,并且唤醒了她们作为人的本性——对于更好的生活的向往与追求。社会学家在研究 20 世纪 70—80 年代美国白人妇女的婚姻时,提出一种"上嫁模式(marrying up)"理论,即社会地位和收入较高的黑人男子娶社会地位较低的白人女子,社会地位较低的白人女子满足于自身经济地位和消费水平的提高,而事业上成功的黑人男子则可以在社会上炫耀自己娶到白人女子。② 在人类婚姻史上,女性婚姻中的上嫁模式一直存在。当三锹青年女性走出村寨后,她们成了最先不恪守婚姻传统的叛逆者,纷纷借着性别优势——实行自由婚姻后,女性在婚姻上的优势明显于男性——选择外寨、外族群优于本寨、本族群的男子为配偶。女性纷纷外嫁直接导致三锹人婚姻圈的解体,是三锹男性陷入婚姻困境的直接原因。在岑虔村,嫁在本寨的女性不到五分之一,近一两年很少有女性嫁在本寨了。美蒙村,已经有五六年没有女性嫁在本寨了。中仰村,80％以上的女性嫁与外寨外族群的男子。岑虔村干吴汉仁做过统计,

① ［英］安东尼·吉登斯著:《全球时代的民族国家》,郭忠华译,南京:江苏人民出版社,2010 年,第 4 页。
② 马戎:《民族社会学——社会学的族群关系研究》,北京:北京大学出版社,2013 年,第 441 页。

全国只有新疆、西藏、青海等五六个省市没有岑迁姑娘嫁去了。正是大批三锹女性外嫁，而外村寨、外族群女性又不愿意嫁予三锹村寨，因此就出现了三锹人婚姻生态的严重失衡。

而这种从一个极端走向另一个极端的结果，就导致从 21 世纪开始，三锹人的婚姻生态出现严重的失衡，2010 年后，三锹人婚姻生态的失衡到了非常危险的边界。

2014 年 8 月，笔者调研了黎平、锦屏两县主要聚居区乌下江、八洋河流域的大部分三锹人村落，着重考察三锹人的婚姻问题，发现其婚姻生态的失衡已经成为严重社会问题。

大稼乡岑迁村是黎平县域最大的三锹人村寨。全村都是三锹人，计 240 户，1017 人，村寨内部交往语言为三锹话。近年来，村寨常年在外打工人数在 700 人左右，留守村寨人数约 300 人，多半为老人、小孩和不能外出的妇女。据笔者与村委会干部统计，全村 26 岁至 50 岁未有配偶的男性达 78 人，涉及 65 户，几乎每三户人家中，就有一户有超龄而未有配偶的现象，其中 35 岁以上未有配偶的成年男性达 31 人。全村分为潘、吴二姓，各姓又分为多个房族，而有些房族中，婚姻生态失衡尤为严重。潘贵龙房族计 20 户，74 人，26 岁以上至 50 岁没有配偶的成年男性达 18 人，占总人口的 24%，涉及 16 户家庭。其中，30 岁以上没有配偶的成年男性达 15 人——这 15 人中，12 人从未有过配偶，3 人有过短暂婚史；40 岁以上还未有配偶有 4 人。

河口乡中仰村是锦屏县域最大的三锹人村寨。全村 312 户，1448 人，分为陆、龙、潘、张几姓。全村 26 岁至 55 岁没有配偶的成年男性计 58 人，其中，35 岁以上没有配偶的成年男性达 31 人。

美蒙村是锦屏、黎平、剑河三县交界最高峰青山界下的三锹人村寨，全村 100 户，433 人，分为张、杨、龙三姓。全村 26 岁至 50 岁没有配偶的成年男性有 21 人。

九佑是一个自然寨，分为两个村民组，256 人，26 岁至 50 岁没有配偶成年男性 19 人，其中林昌忠家四个儿子，最小的 1988 年出生，均未有配偶。

表 4-1　部分三锹村寨无配偶成年单身男性统计（2014 年）

村寨	总户数	总人口数	26～55 岁无配偶成年单身男性数	其他情况
岑趸村	240	1017	78	潘贵龙房族计 20 户，74 人，无配偶成年男性达 18 人
中仰村	312	1448	58	
美蒙村	100	433	21	

资料来源：作者田野调研。

　　上述村寨婚姻生态呈现出三种现象。一是婚姻生态失衡主要表现为成年男性找不到配偶，基本上没有女性找不到配偶的情况。用岑趸村主任吴汉生的话说，只要是女的，哪怕长得很丑，身体有残疾，也会有人娶。第二是没有配偶的成年男性的年龄主要集中在 26 岁至 40 岁之间。岑趸村 78 名没有配偶的成年男性中，41 岁以上为 11 人，年龄最大为 48 岁；中仰村 58 名没有配偶的成年男性中，41 岁以上 10 人，年龄最大为 55 岁；美蒙村 21 名没有配偶的成年男性中，41 岁以上只有 1 人；九佑村 19 名没有配偶的成年男性中，41 岁以上有 4 人，最大年龄 48 岁。由此看出，三锹人村落中出现的婚姻生态失衡，主要发生在近 15 年间，即从 1999 年以来。三是三锹人婚姻生态的失衡是一种普遍现象。本人走访了大部分三锹人村寨，几乎都存在婚姻生态失衡的情况。在三锹人生活区域的苗族、侗族村寨中，也存在婚姻生态失衡现象，但没有三锹人村寨这样严重，不是普遍性现象。农村婚姻生态失衡，是与农村的经济状况、地理环境、社会资源等相关联的。那些经济发展滞后、地理环境较差、社会资源不足的村寨，往往大量女性外嫁，男性就难于找到配偶。三锹人村落最集中的锦屏县河口乡和黎平县大稼乡领导，在接受采访时都说，在他们乡辖境，三锹人村寨中的单身汉是最多的。

　　如果没有战争或者其他人为因素，一般情况下，一个国家或一定区域内的人口性别比整体上是平衡的。世界上绝大多数国家总人口的性别比范围在 95～102 之间。相对而言，我国的人口性别比稍高。第六次人口普查时，全国总人口性别比为 105.20。原新在对我国人口性别

图 4-3　作者在九佑村调研三锹人的婚姻生态（余刚 摄）

比进行判断时说："出生人口性别比的正常值域是 103～107 个男婴对应 100 个女婴，出生人口中男性应该多于女性是一条由生物学因素所决定的自然规律。"[①]也正是这样的规律，总体上保证了实行一夫一妻制社会中婚姻生态的平衡。我国的人口性别比虽然偏高，有一定的风险，但仍然在可以控制的范围内。根据第六次人口普查分年龄组性别比数据，我国 20 岁到 59 岁人群中的性别比总体上是平衡的，性别比为103.27。

表 4-2　第六次人口普查我国分年龄组性别比

年龄组	20～24	25～29	30～34	35～39	40～44	45～49	50～54	55～59
性别比	100.95	101.32	104.00	104.78	104.03	103.78	105.14	102.12

资料来源：李雨潼：《中国人口性别比结构分析》，《人口学刊》2013 年第 6 期。

　　李雨潼对此论述说："考察现阶段婚龄人口，可以发现 20～24 岁组和 25～29 岁组的婚龄人口性别比接近 100，不考虑年龄差距的情况

----

① 原新：《对我国出生性别比失衡人口规模的判断》，《人口研究》2007 年第 6 期。

下,这一年龄段的人口性别比造成的婚姻挤压很小,而 30 岁以上婚龄人口性别比略大。"①但也仍然在风险可控的范围之内。按照中国婚姻中男性年龄一般比女性偏大的传统,我国 20 岁到 59 岁人群中,男性面临的婚姻挤压是很小的,总体婚姻生态应该是平衡的。

但对于处于地理边缘、族群边缘、文化边缘、经济边缘状态的三锹人来说,其男性所面临的婚姻挤压就空前巨大,由此导致其整个族群婚姻生态的严重失衡。根据第六次人口普查数据,我国 25～54 岁人群所占总人口的比值为 46.92％。②如果按照这个比率计算,岑趸 1017 人中,25～54 岁人口应为 461 人,再按照大约 103 的性别比概算,25～54 岁成年男性人数大约 238 人。而其中有 78 人没有配偶,比例高达三分之一,其婚姻生态失衡已达最高风险状态。其他几个三锹人村寨,没有配偶成年男性比例均占同年龄人口的五分之一以上。这种畸形的严重失衡的婚姻生态,不但容易导致各种各样社会问题,影响社会的稳定与发展,而且也严重影响其族群人口的再生产。岑趸村 1982 年人口为884 人,2014 年人口为 1017 人,32 年间人口增长 133 人,年均增长人口为 4.15 人,人口增长率为 0.44％,远远低于全国 1.07％的平均值,与其婚姻生态的失衡关系重大。

历史上,由于三锹人一直保持族群内婚姻圈,三锹人的婚配基本上在传统的婚姻网络中维持,既总体上保证了三锹人婚姻生态的平衡,又维护了对三锹的认同和三锹人族群的纯正性。但当三锹人作为自我封闭的传统农耕族群,突然被置身于一个完全开放的市场化的现代社会中的时候,其边缘性和弱势性一下子突显出来,由此导致三锹族群成年男性面临从未经历的婚姻挤压,其婚姻生态的失衡就是一种必然和现实。

现代社会是一个市场化的社会。而在当下这个开放的、社会化程度极高的市场化社会中,作为边缘族群、弱势族群、贫困族群的三锹人,

---

① 李雨潼:《中国人口性别比结构分析》,《人口学刊》2013 年第 6 期。

② 张翼:《中国青年人口的基本特征及面临的主要问题》,《江苏社会科学》2012 年第 2 期。

显然在各方面都处于不利的地位，这是全球化和市场化时代表现出来的一种新的不平等现象。三锹人婚姻生态的失衡是一种客观现实，更是全球化和市场化时代表现出来的一种新的不平等现象。

从现实来看，导致三锹人婚姻生态失衡的最根本的原因是贫困，但导致三锹人贫困的原因则包括资源、环境、交通等方面。

贵州是全国最贫困的省份之一，而黔东南则是贵州的贫困地区，三锹人居住的村落，则又是黔东南州内最贫困的村落。大稼乡是黎平县最贫困的乡镇，岑趸是大稼乡最贫困的村寨。大稼乡书记吴涛告诉我，真实来说，大稼乡村民的年收入，就在 2000 元，比起全国和全省的收入水平，差距巨大。如果没有救济和大面积低保补助，像岑趸，基本温饱都不能解决。锦屏县最贫困的乡镇是河口乡，锦屏的三锹人主要集中分布在河口乡，而三锹人村寨，又是河口乡最贫困的。陪我到美蒙村采访的乡干部说，现在外出打工的人多了，美蒙的日子要好过些。原来不够饭吃，外出讨饭的人多。三锹人的贫困是一个不争的现实。首先，三锹人的贫困与其所占有的资源总量密切关联。早先，三锹人以山地耕作和林木采伐为主要生存方式，20 世纪 90 年代中后期，国家实行长江中上游区域水土保护工程，不允许砍伐林木，三锹人的主要生产方式就是农业耕作。但作为农业耕作族群，其土地资源却奇缺。岑趸村 1017 人，田土面积 441 亩，人均 0.43 亩；中仰村 1448 人，田土面积 668 亩，人均 0.46 亩；美蒙村 433 人，田土面积 280 亩，人均 0.64 亩。在我所调查的三锹人村寨中，人均田土面积最多的是岑梧，人均近 1 亩，其他村寨都在 0.4～0.6 亩间。三锹人全部居住在高海拔山区，其耕种的田亩都是塝上田、冲头田、冷水田、望天田、锈泥田，单位面积产量亩产 700

表 4-3　部分三锹人村寨田土资源统计（2014 年）

村寨	总人口	田土面积（亩）	人均面积（亩）	田土状况
岑趸村	1017	441	0.43	塝上田、冲头田、冷水田
中仰村	1448	668	0.46	塝上田、冲头田、望天田
美蒙村	433	280	0.64	塝上田、冷水田、望天田、锈泥田

资料来源：作者田野调研。

斤左右——700 斤出田谷,大约产大米 390 斤。人均 0.5 亩田土,年均粮食不到 200 斤,尚不能维持基本温饱。由于资源有限,三锹人的生产力发展水平低;由于生产力发展水平低,三锹人的资源就寡。

其次,三锹人居住的环境相对恶劣,是造成其贫困的重要原因。三锹人居住区域属于中山峡谷地貌,山势陡峭,山体切割强烈,从谷底到山顶,海拔落差达 700 米以上。由于地质构造踞侷,山体破碎,切割强烈,山顶和谷底落差大,自然坡度均在 40 度以上,很不适宜人类居住开垦。春夏季节,暴雨山洪会造成程度不一的滑坡和泥石流,而冬季,北风冷雨又极易形成凝冻。三锹人村寨和田地都开列在这样的地带上,可以想象其生存环境之恶劣。岑戞村建在由几匹山汇聚形成的山坳上,村委所在地水塘海拔 960 米,而两边列筑的人家,则在 1000 米以上。中仰村筑列在大坪山巅汇聚成的狭窄盆地上,海拔高度 860 米。美蒙村位于锦屏、黎平、剑河三县交界的青山界下,是距青山界主峰(海拔 1400 米)最近的村寨,海拔高度 980 米。三锹人村寨都建在海拔 700 米以上的山地,其耕种的田亩,看上去不远,但走起路来,则在七八里以上,而且是 40 度的坡堰上,其耕作的辛苦艰难,不是一般人能承受。岑戞和中仰是大寨,还有很多客田,即在其他村寨地界内的田土,距离在二三十里。这样恶劣的生存环境,显然对外面女性没有吸引力,本地女性,自然愿意嫁往他乡。

最后,交通闭塞,也是导致三锹人贫困的重要因素。由于环境恶劣,山势高峻,山体破碎,坡度陡峭,落差巨大,三锹人居住区域的交通非常不便。一是居地偏远,三锹人居住于高山大谷中,距离集镇等中心区域路途遥远。岑戞村距大稼乡政府 20 里;中仰距乡政府河口陆地距离 80 里,水上距离 30 里;美蒙达 60 里。所有三锹人村寨,距县城都在 120 里以上。二是路况差。在 2014 年,所有 20 余座三锹人村寨,没有一座村寨进村道路为水泥路或柏油路,都是狭窄陡峭的泥土路,一般车辆不能通行,遇上雨雪天气,则任何车辆都不能通行。三是出行困难。三锹人居住地海拔高、坡度陡,出行极为困难,就是在村寨内串门,也要上坡下坎,很是吃力,住在最下边的人家,到住在最上边的人家,垂直距离在 200 米以上,超过 2 里。现代社会,交通在决定生活状况中起到越来越关键的作用。

王沪宁在考察现代乡村文化时强调:"商品经济的发展使人们可以通过市场渠道获得生存资源,一部分农村人口逐渐开始依靠商品市场获得生存资源。加入商品市场,意味着将自身置于更大社会体制之中,意味着摆脱家庭的控制的可能性。"①这是消解村落家族力量的重要因素。社会交易规则的市场化,其实质包含了整个社会机制的某种重新组合和结构,而那些处于市场化边缘,或者是被动进入和强行纳入市场化中的区域和人群,在市场化进程中,往往会处于一种不利的境地,遭受市场化中的新的不公平。三锹人的生存和其婚姻生态面临的处境,就是在全球化、市场化进程中表现出来的一种不公平、不平等。

越来越扩大开来的市场化,不但让三锹族群的青年女性们可以摆脱宗族对于她们身份的控制,更重要的在于为她们提供了一个前所未有的全新的生活平台。在这个平台中,她们发现了自身的性别价值,并且唤醒了她们作为人的本性——对于更好的生活的向往与追求。相对来说,作为族群文化传承人的男性青年,他们则因袭着更沉重的传统的负担和更自觉的族群继承人的身份意识,他们不能像青年女性那样毅然决然地摆脱族群的控制和家庭的控制而走进新的生活中,他们必须在族群中承担更多的责任,必须与乡村和土地厮守在一起,必须肩负起传承族群的使命和功能。正是对于乡村与土地、族群与宗族的这种粘着,使他们在市场化社会中表现为十足的弱者,而找不到配偶就是其间必须吞咽的苦果。社会生活中的各种要素都会对人类的婚姻形态产生影响。全球化和市场化进程不但直接影响了三锹人的现实生存,使其贫困得到一种放大性的突显,也决定了三锹人的婚姻,甚至整个组织机制将面临重新结构和组合,但作为一个边缘族群,其婚姻的这种重新结构和组合,比起单纯解决其贫困而言,则是更大的、更具挑战性的社会问题。

舍我其谁呢?三锹人婚姻生态失衡,是全球化时代表现出来的一

---

① 王沪宁:《当代中国村落家庭文化——对中国社会现代化的一项探索》,上海:上海人民出版社,1991年,第110页。

种新的不平等现象,是现代社会的一种新的地域歧视、身份歧视、性别歧视。

　　一个高度社会化的开放社会,一个实行市场化的社会,应该为陷入婚姻困境的三锹人找到一条破除困境的出路,这是社会的正义和良心的要求,是时代的使命。

图 4-4　岑戛村一角。三锹人村落大多位于海拔 800 米以上的高山之上,
崇山峻岭,很不利于生存(潘健康　摄)

——— 第五章 ———

多族群社会中三锹人的
祖先崇拜和丧葬习俗

第一节　神圣的神龛:多族群社会
环境中三锹人的祖先崇拜

　　黔湘桂边区一直是一个多族群生活区域。宋元以前,居住于这一区域的,主要是被称为"蛮夷"的各原生族群,朱辅的《溪蛮丛笑》中有记载。宋元以后,随着这一区域作为走廊的地位突显出来,随着汉文明的不断推进、扩张,中央王朝势力的控制不断加强,对这一区域的各种开发——军事开发、政治开发、教育开发、文化开发、经济开发、贸易开发——的进行和引向深入,这一区域的多族群社会环境表现得更充分。生活于这一区域的,既有属于苗蛮的各原生族群,也有从各地进入这一区域的汉族族群。原生族群与汉族族群的融合互动,使这一区域的族群环境变得更加复杂多样。三锹人就是原生族群与汉族族群融合互动中生成的新族群。在前面章节中有专门论述。本节中,我们再从多族群环境这一视角,考察三锹人的信仰崇拜,看看作为边缘族群的三锹人,其祖先崇拜与这一区域的其他原生族群间的差异。

　　在田野调研中,无论是在以锹里为核心的三锹人区域,还是黎平乌下江流域、锦屏八洋河流域的三锹人区域,三锹人反复自我陈述的,就是其文化习俗与周边侗族、苗族、汉族的不同。而在黎平三锹人族属调查组留存下来的资料中，也有大量凸显三锹人与周边族群在文化习俗上差异的内容：三锹人的自我陈述，也总是强调三锹的独特性，强调不能融入苗族、侗族文化生活中的事实。

靖州锹里核心区，即上、中、下三锹区域，在清代的文献中，就一直将这一区域称为苗里，也称锹里。称为苗里，这是从泛"苗"的意义上来称谓的，这里的"苗"是一种泛称，代指汉族之外的少数族群，包括了今天的苗、侗、水、瑶、土家、三锹、草苗、本地人、瓦乡人等。称其为锹里，则是专指这一区域是"锹人"聚居区域。我们前面的章节也强调，至少在清代中期，"三锹""锹人""锹里"就是人群区分的概念了。在靖州锹里区域的田野调研中，靖州的本土学者陆湘之、杨桂兰、龙贵山等，也普遍赞同笔者的看法。现在靖州三锹区域，都被看成是花苗聚居区，生活在这里的三锹人，也普遍都认同和接受花苗或花衣苗的称谓，以是苗族为荣。但在更老一代人的观念意识里，锹里区域的人们对于"苗"的接受，还是有一个过程的。我在采访中，一些七八十岁的老人就时不时强调，我们三锹早先也不是苗，而是后来变成了苗的，由于是在苗家地方生活，久了就成了苗。但早先的三锹人是什么呢，大家又回答不上来，比较一致的回答就是三锹人更早的祖先是从江西迁徙来的，先是到了清水江下游区域，即今贵州天柱远口一带，然后再由远口迁徙而流落到了湘黔交界区域的大山中。而这种回答不上来的现实，也正体现出三锹人来源多元化的事实。

20世纪80年代初期，黎平三锹人族属工作组也曾经到靖州三锹地区进行过专门调研，其资料中也收集到类似的陈述和表达：

　　据三锹、藕团两个公社部分村寨的调查了解，这里于400年前都杂居有苗、锹、侗三种民族。清朝时代这里兵荒马乱，田土荒芜，百姓到处逃亡。有的从这里逃出去，也有的从外地跑进来。直至现在苗族占多数，因此，侗、锹、汉都跟随为苗族。如宝塘寨龙姓，是1982年全国人口普查，才由汉族改为苗族。

　　锹族改为苗族，据三锹公社地笋寨吴家玉老人这样说："我们是从天柱远口老王田搬到这里来的,原来在那时不是苗。我们这个苗是到了这里以后,回老家结亲路远,才同这里的苗族人结亲,后来我们才改为苗了。"他说,他们变苗就是这样改变过来的,原来他们是三锹,虽然登记苗,但服装、风俗习惯有一部分还行三锹礼。

靖县境内的三锹、藕团、平茶、坳上、大堡子等五个公社的部分村寨,从东至西,总计有 180 华里。而从天柱远口搬过来的说他们是三锹,有江西直接搬过来的到靖县的也说他们是三锹。经了解,这五个寨子没有寨子叫三锹寨。三锹公社也没有"三锹"这样的地名。从以上材料分析来看,我们认为"三锹"两字,它不是代表地区,而是代表一种人或者一种民族的称谓。

原来老三锹上下管去 90 里,上凭平茶江边寨地段,下凭大堡子公社铜锣段。过去我们结亲都同贵州远口、同坡江口。从这里挑肉去肉臭,挑酒酒酸。后来怕路远,就把远亲丢了结近亲。地笋、枫香他们是三排,我们是六户。那时县城曾经计划立在我们这里。因为靖县城关是牛形,我们这里也是牛形,后来拿泥巴过称,谁的重就立在哪里。

为何我们这个少数民族都坐在高坡?据老人传说,那时,我们两个人被派一个汉族来管制压迫。我们拿酒灌醉汉人,就把他杀了,才跑到高坡来坐。

这个三锹人,我们上、中、下锹,在服装、唱歌、办红白喜事、礼节都是一样的,只是讲话不同,有讲苗话、侗话、酸汤话,三样话都讲,都属三锹。靖县的少数民族就是我们这里。

黄柏寨井下的石碑是同迁进里头来居住的合同。(靖县三锹公社万才寨潘仕成口述,黎平县"三锹人"族属调查工作组吴炳和记录)[1]

工作组的这些记录表明,三锹人确实是一个来源多元化的族群,构

---

[1] 黎平县"三锹人"族属调查工作组:《黎平县三锹人族属识别调查材料》,黎平县民族宗教事务局档案,全宗号 147 号。

成三锹人族群的,有汉族——主要以来自江西吉安的汉族为主,也有当地的原生族群,即后来认定的苗族、侗族。三锹人是迁徙到锹里区域后才形成的,是黔湘桂边区多族群环境的直接产物。我们从三锹人的祖先崇拜习俗,可以进一步印证三锹人族源多元化的事实。

从 20 世纪 90 年代中期,我开始自觉进行人类学研究,在黔东南区域和湘黔边界区域进行人类学田野调研,走访了许多苗族、侗族村寨,民族民间信仰一直是我所关注的内容。1995 年,我到锦屏九寨侗族地区走访调研,专门就侗族村寨的信仰习俗进行了解。九寨位于锦屏县西北,指今锦屏平秋镇、彦洞乡所辖九个大的侗族村寨及周边的自然寨,人口约 3 万余人,是锦屏侗族的主要聚居区域,也是侗族原生文化保存最完好的区域,相对于同是侗族聚居区域的启蒙、平略、大同等乡镇,这里的侗族原生文化更纯正、本色,受汉文化的影响相对少些。历史上作为锹里四十八寨之一的茅坪,正位于九寨区域的东大门上。从锦屏县城溯清水江而上约 10 公里就到了茅坪,由茅坪越清水江向西北山区行走,山势更显高大险峻——九寨侗族聚居区就落拓于这一片茫茫山野之中。锦屏人习惯上称之为高坡九寨——包括平秋、石引、黄门、彦洞、高坝、小江、魁胆、瑶白、皮所九个大的侗族村寨。我与侗族学者傅安辉合著了《九寨民俗——一个侗族社区的文化变迁》,于 1997 年由贵州人民出版社出版,作为贵州民间文化研究丛书之一,还得到了著名学者费孝通先生的题词。

在九寨侗族区域的田野调研,从茅坪开始,越往西北山野走,看到的民族原生文化就越本色,受汉文化的影响就越少。中国南方山区的少数族群,普遍都坚持多神信仰,既崇拜各种自然神,也崇拜祖先神。好巫而多信鬼神。这是南方山区少数族群信仰的普遍特点。九寨侗家人信仰中,万物有灵的、所在皆神的色彩很浓。在九寨人的观念中,自然中的各个方面都是由神灵所主宰的,有土地神、山神、水神、火神、树神、田神、谷神、月亮神、天神、雷神、风神、雨神、雪神、夜神等,不一而足。除崇拜敬畏自然神灵鬼怪外,九寨人最崇拜的就是祖先。在调研中我发现,九寨人的祖先崇拜,与汉文化的影响辐射是紧密关联的。由茅坪过去,在九寨侗族聚居区域的边缘区域,即平秋、高坝、石引、黄门等村寨,受汉文化影响,家家户户都在正屋的堂屋立有神龛,将祖先牌位立于神龛上,在年节时和重要活动时祭拜。而往九寨更核心区域,在魁胆、平翁等村寨,则没有立神龛,祖先的牌位则是置于火塘边的木墩或板凳。我们到在彦洞小学任教的张绪辉老师家,看到的祖先牌位就是安放在火塘边上的一个小木墩。我们在《九寨民俗》书中有过描述:"祖魂的灵位过去设在火塘右边屋角。灵位很简单,摆一个木墩或板凳,上面钉上一节竹筒插香烛,摆上一盏油灯,就是祖灵神灵之位了。魁胆、平翁等寨的祖魂灵位是中间为空心的一个木墩,木墩空心之处放有张小小的四方板凳,专供祖魂享用。祖魂设于火塘角落,是从祖魂可以与活人一起烤火取暖、与活人一起在火塘用餐的意思来考虑。"[①]在黔湘桂交界的侗族聚居区域,像九寨魁胆这样将祖灵牌位设于火塘角落是相对较少的。在侗族乡村,大多数村寨,其祖先牌位均立于堂屋正中的壁板上,很多村寨完全像汉族一样,在堂屋正中设有祖先牌位的神龛。在侗族乡村调研时,老一辈人说,侗家人立神龛,应该是在清代才开始的,许多村寨是民国时期才立祖先神龛的。我觉得这个表述相对是可靠的。而在黔东南的苗族聚居区域,在设立祖先灵位上,则更本色和古朴些。在黔东南区域,除开发比较早,聚居在汉族人口较多的区域外,大部分苗族村寨,其祖先灵位都设在火塘边上。苗家人的祖灵观念也相对更古朴。苗家人普遍认为,人死后有三个灵魂。一个要回东方的老家去,回到最早的祖宗那里去;一个在看守墓地,在墓地上方游荡;一个则在火塘边,护佑家人。因此,苗家人的祖先灵位大多设于火塘边,是一个木墩或者小四方凳子。在雷公山区和湘黔边界的苗寨,我都见过这样的祖先灵位。2000 年,我到黎平县大稼乡的岑努村考察多族群生活,也实地见证过苗族姜姓与杨姓设立于火塘边上的祖先灵位。2002 年,我到雷公山主峰边上的雷山县望丰乡青山村过苗家的牯脏节,住在我的学生李胜林家,他家的祖先牌位也立于火塘边,也是一个木墩。清人徐家干在其《苗疆闻见录》中,对于苗家不设祖先牌位的情

---

① 傅安辉、余达忠:《九寨民俗——一个侗族社区的文化变迁》,贵阳:贵州人民出版社,1997 年,第 30~31 页。

况,有明确记载:苗人"家不祀神,只取所宰牛角悬诸厅壁,其有天、地、君、亲、师神位者,皆汉民变苗之属"①。而生活于岑努的另外三个族群,即汉族、三锹人、侗族,其祖先灵位均立于堂屋正中的壁板上,完全按汉族神龛的格局来打造。岑努村"汉族张姓计有十多户人家,住在两幢几乎相挨在一起的长房子里,每幢房子都住有七八户人家。房子建在一面斜坡上,自然要依据地势建成吊脚楼的形式。从靠坡的一面进入正屋里,是一道长长的楼廊,穿过楼廊才进入各家各户,这楼廊是公用的,很宽,摆着很宽的长凳,可以供人歇息。迎着楼廊开着的一扇门就代表一户人家。进入大门是一个很大的空间,这是一家人的堂屋,侧边就是火塘。从堂屋后面上楼去,是一家人的卧室。堂屋里,最醒目的是设立的神龛,列祖列宗的牌位都立在这里,初一十五,逢年过节都烧香祭拜的。神龛立在堂屋的正中,立有天地君亲师位和列祖列宗牌位,一般都用玻璃镶框的,极庄重华贵。属于汉潘的多数人家里,火塘则设在一楼,一幢三开间的房子,往往中间的一间用来做走道,两边一边用来做火塘,一边用来堆放杂物或关养家禽。由一楼再上去才到堂屋,堂屋两侧的房子是卧室。神龛设在堂屋里,它是整幢房屋内最重要的设置。进入石姓侗族人家的房子里或者进入属于侗潘人家的房子里,看到的情形可能又不一样,有的人家堂屋和廊檐是连在一起的,不能把堂屋和廊檐区分开来,有的人家堂屋和廊檐则是分开的。堂屋和廊檐连在一起的人家往往不注重设立神龛,即使设立有神龛,也是非常简易随便的。堂屋和廊檐分开的人家,都设立有神龛,和汉族张姓、李姓,说汉话的潘姓一样,神龛是屋中最重要的设置。属于苗族的姜姓、杨姓人家里,廊檐和堂屋则是连在一起的,功能就是供人歇息和聚会。这里所有的人家都不设立神龛"②。近几年,我走访过黎平、锦屏的大部分三锹人村落,这些村寨都居处边远,立于海拔 800 米以上的高山岭脊,是最闭塞的民族乡村,但村落中的三锹人家,一进堂屋,看到的最醒目的装

---

① (清)徐家干:《苗疆闻见录》,吴一文校注,贵阳:贵州人民出版社,1997 年,第 175～176 页。
② 余达忠:《走向和谐——岑努村人类学考察》,贵阳:贵州人民出版社,2001 年,第 99～100 页。

饰就是其立于堂屋正中的属于祖先牌位的神龛。我也走访过湖南靖州锹里核心区域的三锹人村寨，这些村寨在靖州也属于最边远闭塞的民族乡村，但锹里区域的所有三锹人村寨，家家户户都一定立有神龛，象征祖先灵位的神龛一定是整个堂屋中最醒目的装饰。可以说，三锹人的神龛，一直是三锹人心中最神圣的祭台，无论是在祭祀功能上，还是从其装饰格局上，完全可以与汉族的神龛相比。

图 5-1　三锹人立于堂屋正中的神龛（潘健康　提供）

　　在黔东南区域和湘黔边界区域的苗族、侗族，都有追溯祖先来历的古歌，在一些重大的场合，特别是年节祭祀的时候，会由村寨中的长者或者巫师、祭师进行演唱。演唱古歌是这一区域苗族、侗族最重要最盛大的文化活动。侗族的鼓楼、苗族的芦笙坪等，都是吟唱古歌的重要场所，尤其在重大节日和祭祀的时节，是一定要有巫师、祭师或者寨老、长者吟唱古歌的。而在三锹人生活区域调研采访，则从来没有听说过他们的古歌，也没有长者、巫师、祭师、寨老会吟唱古歌。三锹人追溯历史,追溯祖先来历,基本上是通过族谱和一代代的口述传承。在三锹人的社会结构中,宗族、房族是很重要的一级结构单位。三锹村寨中的大活动,比如婚丧嫁娶等,都是以房族为单位来开展的。任何一个家庭,必须依托于一个房族,通过房族而确立在村寨中的地位。在岑趸的潘姓,就分为四个房族。岑趸人一般习惯于依房族来划分人群。到岑趸去找谁,人们一般会告诉你他是属于哪个房族的,住在哪一片。在岑趸、岑努等三锹人村寨,清明祭扫就一直是以房族为单位进行的,不像汉族那样以家庭祭扫为主要方式,而是以共一个大公的房族为单位进行。岑努潘姓潘图行房族"清明祭扫实际上是房族内部的一次全面聚会,房族的每一个人都参加进来了。祭扫实行轮流做东的形式,每年主要由一户出资,具体就是出 50 斤肉、50 斤酒、50 斤米,如果不够再进行分摊。参加祭扫的每户人家都把香纸、旌幡、祭品混合在一起,然后分成几组去祭扫本房族的坟茔,最后汇聚到一处地势开阔的坟茔处,全房族聚在一起吃清明饭。吃清明饭时所有的人都拢来了,就是那些平时很少走动出门的老人也会捉着拐杖颤颤巍巍走来吃清明饭。吃了清明饭了,就证明参加清明祭扫了,就会得到祖先的佑护。"①在田野调查中感觉到,三锹人祭祀祖先,最隆重的时节是在春节期间,大年三十和正月初一是其祭祀祖先的重要时刻,其礼仪和程序,与汉族族群的祭祀更接近。三锹人信仰习俗中呈现出来的这种现象说明,与作为原生本土族群的苗族、侗族相比较,三锹人信仰习俗中汉文化的因子更鲜明和突出一些,这也正印证了三锹人来源的多元性。

---

① 余达忠:《走向和谐——岑努村人类学考察》,贵阳:贵州人民出版社,2001 年,第 84 页。

第二节 "交拿"与"走亲"：三锹人丧葬习俗的人类学分析

我们再从三锹人的丧葬习俗来看其中隐喻的文化信息及其与三锹人身世经历的关联性。

这几年在黎平、锦屏的三锹人聚居区域进行人类学田野调研，最大的遗憾之一就是没有经历一次三锹人的葬礼。但在 2000 年，我到岑努进行人类学考察时，岑努小学的潘图行详细地向我介绍了岑努三锹人的葬礼情况。我到岑努时，潘图行 93 岁的奶奶刚刚去世没有多久，对于奶奶整个葬礼的过程记忆犹新。我与他进行了一整晚的交谈，大部分时间都是围绕岑努人的葬礼来进行的。在《走向和谐——岑努村人类学考察》这本书中，我对他奶奶的葬礼过程进行了较详细的描述。

现在我再次完整地引述于后：

> 老人远远地去了，为老人送终的铁炮响了起来，这既是送老人上路，也是告知寨上的人，寨上最长寿的老人终于走完了她的人生之路。
>
> 老人停在一张低低的篾床上。人们已经为老人洗漱过了，脸擦洗得干干净净的，还扑上一点淡淡的粉。在老人刚刚咽气的时候，人们就把一点点含口银塞到了老人嘴里。在岑努，所有的死者（凶死者除外）都要在嘴里放一点含口银的，这既是为了避邪，人们都认为金银具有避邪的功能，也是为了封住死者的嘴，让他（她）不在阴间乱说阳世的坏话。老人刚一落气，身子还未僵硬的时候，就由老人媳妇、女儿、侄女为她穿上寿衣。寿衣是早就准备了的，春夏秋冬四季的衣服都有，一般是单数，五件、七件、九件。在做着这些事的时候，就同时打发人去报表。首先是去舅家报表，舅家如果就在寨上，要由孝子亲自去的，这有向舅家赔罪的意思。同时，又

着人去其他亲戚处报丧,让亲戚们一一拢来。人上了薨床,子女及宗族中人就开始戴孝守灵,接受人们来吊唁。子女及宗族中人都一律穿白色的孝衣、孝鞋,戴白色的孝帕,并拄一根约两尺长的缠着白纸的孝杖。首先来吊丧的是舅家的人。舅家的人未到之前,人是不能入棺的,要等舅家的人来检查过了——比如是否是衰老病死,还是被虐待逼迫而死,口中是否放了含口银,寿衣穿戴是否符合要求等——对一切都感到满意了,才能让死者入棺。

丧事由宗族中人来承头操办,分有内、外总管,全权负责丧事。内总管负责接待亲朋吊唁,家族祭奠,安排道士来做法事等;外总管负责通联、采购、借办等。总管可由族中人担任,也可由族外人担任。整个丧事中,总管有绝对的权利,主家对丧事一般不再过问,只是虔诚祭奠致哀。

舅家的人到了,丧事活动就开始了,所有的丧事活动,都在总管的统一指挥和安排下有条不紊地进行。

芩努是一个有千余人的大寨,所有的丧事活动不可能全寨人都参与,一般是家族中或族姓中的人参与,及和丧事主家有亲戚关系的或私人关系比较好的人家才参与。像苗族撬人潘姓人家的丧事,一般不是全部潘姓人家都参与,而看丧事人家所属的宗族。同一宗族内的人家才全部参与。不是同一宗族的,如是汉潘人家的丧事,可能三撬潘、侗潘的人家就不一定参与,但与汉潘结为兄弟房族的其他族姓则一定要参与。而在芩努的每一个宗族或族姓,都至少要和一个族姓或两个族姓结成兄弟房族,这样,任何一个宗族或族姓的丧事活动,参与的都不仅止是一个宗族或族姓,而至少都要有两个以上的族姓参与到丧事活动中来,由两个以上的族姓来共同承当一场丧事。如果有丧事的这个宗族和两个族姓结成兄弟房族,那么,参与这场丧事活动的,就至少是三个族姓了。很多时候,只要出现丧事,寨子中半数的族姓都会参与到丧事活动之中。在芩努人看来,丧事是宗族中(当然更是家庭中)最大的事件,必须全力以赴的,其他族姓也应该尽力相帮的。在丧事活动中,最体现了芩努人的合力,也体现出芩努文化所具有的强大的整合功能。

丧事中,一般要请道士、巫师来设道场的。和附近村寨比,岑努的道士、巫师最多,各族姓都有各族姓自己的巫师,四近村寨的法事活动,一般都到岑努来请道士、巫师去主持。在岑努的四个民族七个族姓中,就有二十多个可以主持法事的道士、巫师,有的甚至到榕江寨蒿、黎平孟彦一带去主持法事。这些道士、巫师主持的法事活动大体上是一致的,有很大的共通性,但在具体操作中,他们又能根据各族姓的情况,根据主家的要求而有所变化,更多的时候,如果主家不提出什么特别的要求,那么,在操作中,他们就会自然带上自己所属族姓的特点。比如说在唱追根溯源歌时,汉族巫师唱的是盘古开天辟地的故事,由盘古的开天辟地说到孔明的七擒孟获,再说到历史上一些关于孝道的故事;而侗族巫师唱的可能就是丈良丈美兄妹开亲繁衍人类的故事;苗族巫师更多的是追溯他们祖先的悲壮的迁徙史。就是所请的神祇也会有所不同,在都立有玉皇大帝、太上老君的神位之外,侗族巫师一般还会立上丈良丈美的神位,飞山神杨老令公的神位,苗族巫师可能会立上盘瓠、蚩尤的神位。各族姓、各宗族有各族姓、各宗族的道士、巫师,但具体到各家各户的丧事活动时,就不一定是请自己族姓的道士、巫师来主持丧事活动,则很有可能是请别的族姓的道士、巫师来主持,这完全取决于主家和宗族中大部分人的愿望。在选定道士、巫师上,岑努人是淡化了族姓的界线的。为图行的奶奶的丧事开坛唱经的,就是从岑葚请来的潘姓巫师。

图行在向我描述他奶奶的丧事活动时,充满了一种自豪的神情,为他的奶奶,为宗族而感到自豪。

受苗族文化影响,岑努的丧事活动中,很注重大殓时(即入棺)给死者的"垫尸帛",他们又称为"兜尸被"。这一般由儿子、女婿和其他有血缘联系的亲属送。原来的"兜尸被"是各种花色的布,现在换成质地不一的各种床单、被面等。这是送给死者到阴间使用的。死者得的"兜尸被"越多,就说明死者的家族红火兴旺,对死者尽了孝道,也说明死者德行高,为人好,受到尊重。图行的奶奶得了十三床"兜尸被",这是事前大家都没有想到的,也是岑努最高的记录了。一些不是直系的亲属,为奶奶的德行感动,对她的逝世悲伤,也主动要求送一床"兜尸被",尽一份心意,让老人在阴间保佑他们。入殓时,老人瘦弱纤小的身体为层层花色不一,质地不一的"兜尸被"覆盖,把棺材塞得满满的,显出一种雍容华贵、神圣庄严的气象,真像是为心目中最神圣的神进行洗礼一样。

大殓后,灵柩置于堂屋中,法师根据主家的要求开始做法事,亲朋们也开始来哭丧吊唁。哭丧是岑努很独特的一种习俗。不仅止是直系亲属哭丧,直系亲属哭是一定的,但它需根据法师的要求来进行,法师规定在哪个时候哭丧,子女亲属就一定要在那个时候放声大哭,法师说不准哭的时候,子女亲属就必须含悲噤声。岑努的哭丧的特点在于村里人,其他和主家没有直接关系的人也参与到哭丧中来,来寄托自己的哀思和对死者的怀念和敬重。这种哭丧的人越多,就说明死者德行高,人品好,说明死者的家族在地方上受人敬重,有威望。这些来哭丧的人往往和死者不是一个族姓的,没有亲戚关系,只是共在村里住,平时玩得比较好,谈得投机,对死者比较敬重、留恋。这些人不参与主家的丧事,既不送礼送钱,也不到主家来帮忙(在岑努,有丧事活动,只要主家请到,任何人都不会推辞的,就是丢下皇工也要来帮忙),更不吃主家的一杯茶、一餐饭。来不来哭丧完全取决于他们对死者和主家的感情与态度,这是一种完全自愿的个人行为,任何人都不能强迫和暗示的,如果强迫和暗示了,可能会适得其反。这些人来哭丧一般是在晚上,白天把坡上、地里、家里的事忙完了,在家里吃过晚饭了,想到死者生时的许多好处,就会悲从中来,不能自已,于是,他(她)便会自己带上手帕,到丧事的主家来,在灵柩前向死者作揖后,就伏在灵柩前大放悲声,赞扬死者的美德,历数死者生前对自己的种种好处,表达对死者的哀思和怀念。往往是越哭就越感到死者的德行好,人品高,对死者的死就越发感到惋惜悲伤,内心的悲痛就越深,哭声就越能打动人,常常在座的人、主家的人都被哭丧的人感动了,大家都情不自禁地跟着哭起来,一时间,整个灵堂悲声如吼、如诉、如泣，大家都沉浸在对死者的追逝与缅怀中。死者把大家都联系了起来，成了一个有各种联系的互相拉动的和谐一致的整体。图行奶奶的死，来哭丧的人是岑努有史以来最多的。停丧七天，每天晚上都有许多人自动来哭丧，寨上大部分人都来了，大家都哭得很真诚很伤心，主家每个晚上都被感动得哭起来。

老人们说，从来没有见过这样的哭丧场面，从来没有人得到这样高的礼遇。死去的不仅止是潘图行一家的老人，这是全寨的老人，是四个族群、七个姓氏共同的老人。

老人给村寨带来深深的福祉了！

凡来哭丧的人，到出殡那一天一定来参加发丧。那一天，他们丢下手中的一切活路和家务事，打听好主家的发丧时刻之后，早早地在自家屋里吃了早饭，就聚到丧家来了，等待发丧的时刻的到来。丧家这时就着人清点来参加发丧的人数，给每个参加发丧的人发一道白孝帕。发丧的时刻到了，发丧的铁炮响了起来。孝子戴着孝帕，穿着孝衣、孝鞋，扎着孝带（稻草绳子），挂着孝杖跪在灵柩前面，后面是一样穿着的直系亲属，再后就是戴着孝帕的自觉自愿来参加发丧的人了。随着祭司的一声：送亡人上路。连续九响铁炮响起来，吹师的唢呐响起来，锣钹敲起来，所有参与送丧的人大放悲声，抬重的人随着有节奏的号子稳稳地把灵柩抬起来，向已经确定好的墓地而去……图行说，出丧那一天，几乎全寨的人都参与到发丧中来了，凡是能走动的老人都来了，在家的中青年人都来了，就是小孩子们也是围着队伍跑前跑后的。从家到墓地有三里地，要经过曲曲折折的田塍和盘旋的山路，整个一条路上，都是戴着白孝帕、穿着孝衣，或者戴着孝帕的为老人送葬的人。

这是岑努最隆重最盛大的葬礼，是真正意义上的族葬、村葬！[①]

---

① 余达忠：《走向和谐——岑努村人类学考察》，贵阳：贵州人民出版社，2001年，第132～138页。

　　岑努人这种哭丧的习俗,我们可以从明清时代关于风俗习惯的文献记载中,找到相应的描述:"苗性虽愚,亦知吊死问疾之义。当病笃时,亲友多负米,送鸡子相探问。亡故之后,以木板架床间,舁尸其上,不知殡殓。至亲好友闻信,送米至家,以勷葬费。其疏与贫者,亦必空手来吊,向尸环哭,极哀,名曰'送哭'。盖谓送死者以哭也。哭毕,赴死者同寨之家,食饭一盂、汤一碗以去。亦有代为宰牛宴客者。谓之'当客'。食毕各散。择危、成二日,以竹架扛尸山中,用竹筶卜地,连得三胜筶者,为佳地。掘地为坑,四围镶板,置尸其中,用板掩之。覆土起堆,坚筑左右。前俱砌石,惟上首不用石。苗俗相沿,恐镇压其首也。葬三日后,击竹筒报祖先。岁时不知祭扫。惟每年用火燎去茅草。且云坟热易发子孙。"①这种哭丧是否是三锹人的习俗不能确定。但由于岑努寨居住着苗、侗、汉、三锹四个族群,各个族群间的文化互相影响、涵化,哭丧习俗可能是受苗族姜姓和杨姓丧葬习俗影响的结果。

　　在黎平锦屏三锹人聚居区域调研,问到三锹人的丧葬习俗,他们总是强调其与周边苗族、侗族丧葬习俗不同,而且越往前追溯,这种不同就越是突出。但问到具体的区别时,大家又往往不知其所以然。更多的时候就强调,最近一二十年来,由于三锹人并入苗族、侗族中之后,尤其是大量的青壮年外出打工、求学等后,村寨中人少了,很多三锹人的礼节、仪式就简化了。潘健康告诉我,三锹人丧葬习俗中,最有特色的有两方面,这是周边苗族、侗族、汉族村寨都不实行的。一是人死后,在入棺时,会在其手上放一把刀,有的是杀猪刀,有的则是镰刀;二是人死了安葬后,会由孝家带着死者的亡灵到至亲的人家去走亲。原来最能体现三锹人特色的人死后走亲的习俗,现在也渐渐地简化了。有的人家还象征性带着死者的亡灵到至亲的人家中走一下,更多的人家则连走也不走了,因为没有多少人在家了,不知道怎样走才好;有的人家则出现各种各样的情况,无法进行这种走亲的仪式。潘健康说,早几年,他父亲去世,是在黎平县城去世。刚接他父亲来的时候,还反复交代,

① (清)段汝霖撰,谢华著:《楚南苗志·湘西土司辑略》,伍新福点校,长沙:岳麓书社,2008年,第169页。

临死了无论如何要送回岑董老家去,死了后还要去走亲。他老父亲在黎平县城住了十多年,习惯了城市的生活,渐渐地也不提回岑董的事了,更不提走亲的事了。他父亲去世后,入乡随俗,大体上按照黎平城关的习俗进行安葬,事后也没有再回岑董去走亲了。潘健康的岳父前两年去世,是在岑董去世的,但也没有带着亡灵去走亲,其中重要的原因就是老人去世时,两个儿子都不在家,都在外面打工。在黎平的三锹人中,像这类情况也普遍存在,由此也就使得最体现三锹人特色的带着死者亡灵走亲的习俗渐渐地式微了。

黎平县"三锹人"族属调查工作组在20世纪80年代初期进行的三锹人族属调查工作中,对三锹人的丧葬习俗进行了详细的记录,留下了丰富的资料,我将之完整地录存下来,作为三锹人文化习俗的见证:

> 三锹人家,人死后,要一主人一客人一起为其洗澡、剃头。洗澡用一小块布在死者身上擦洗三下;剃头则不管头发长短,在死者头上剃三刀,表示是三锹人,死去也留个记号。然后再身穿长袍衣,头戴卫帽,脚穿花底的白钩钩鞋;再烧化纸钱一市斤,方将死者抬上梦床。办丧事,要杀送葬的牲口,是男的就杀牛,女的就杀猪,意思是男要耕牛犁田,女要养猪发家。在宰杀之前,要用很长的一根绳子,一头拴住牲口的脚,另一头交给死者手上牵着;再整理一副担子,一头挑一把禾谷,一头挑一壶酒,拿来放在死者梦床边。然后再将少许的白银放在死者口内,死者左手要握一把杀猪刀,右手牵着牲口。诸事就绪,请本族一位老年人,向死者嘱咐道:"树倒不起,人死不转。今天你已亡故,赐给你的路费、牲口、钱粮、酒肉,你要拿去见历代的祖宗,要起家立业。路上辛苦买水,要买清水,不买浑水。苗人哄你么相信,汉人哄你么跟行。交给你这把刀,是你护身用的。假若遇汉人抢你的东西,就用刀杀汉人;若遇苗人抢你的东西,就用刀杀苗人;若是遇上三锹人,你就同他结伙同伴,抵抗苗、汉、侗人。只有这样才能找到祖宗,才能起家立业。"嘱咐完后,打卦,要讨顺卦,不得顺卦又重复,直至得顺卦方行。
>
> 这个环节三锹话叫"交拿"。

"走亲"的环节是在死者安葬后进行的。

安葬后的第二天半夜,孝家做糯米粑煮糊米茶,叫一客人,一主人,背一个饭包,里面放上一个鸡蛋,带着到路头去喊死者回家吃茶。二人返回时要把双手反背着走,表示把死者背回来了。进入大门口,二人就把事先用桃树枝制好的弓箭,向东南西北四方各射一箭,然后再吩咐死者道:你要来得新鲜,不要横头枝桠进来,不要带汉人、苗人、侗人进来,若不干净的人进来,就用箭射你。说完就向大门外连续射出三支箭,接着撒四五把五谷,驱赶邪魔。死者进屋后,孝家忙准备一个大盆,一双新鞋,一根长凳,摆着让死者洗脚。死者是否穿上新鞋,以问卦为准。然后再倒茶、烧香、化纸钱。至午夜后二三点钟,人们才散去休息。

过了七天后,孝子重新穿上孝衣,还有一位客人一位主人,陪同挑酒、肉,喊着死者的名字一同去走亲戚。每逢过桥、翻坳或过山神土地庙,都要烧香化纸钱。到了亲戚家,要打卦问死者是否来到。第二天就招亲戚的房族会餐。每个到来会餐的人家,都要喊孝子去吃饭。饭前必要煮茶,烧香化纸,并留一空座位来供奉死者。若死者是男的,空位子上放一烟袋烟叶,点火放在空位子上,表示让死者吃茶、喝酒、烧烟。要到第五天才回家。回家之前,每个亲戚都要赠送给孝子2~3角钱,几根香,几张纸钱,表示给死者回家路上备用的草鞋钱。在回来的路上,过桥过坳照样烧香化纸,喊着死者上路往回走。到家门口,烧香化纸打卦问死者是否回到家,如果问卦不到,须返回路头再喊死者,要问卦,将死者接到家来。[①]

我们对三锹人丧葬习俗中的"交拿"和"走亲"的仪式,从人类学角度进行分析。

[①]　黎平县"三锹人"族属调查工作组:《黎平县三锹人族属识别调查材料》,黎平民族宗教事务局档案,全宗号147号。

交拿仪式中，人一落气死去，首先为其沐浴剃度，这显然是受汉族习俗的影响，但为死者擦洗和剃度都只是三下，表示是三锹人，这其实是三锹人族群认同的一种形式，是三锹人维护自身身份的一种仪式符号。三锹人对于族群身份中的"三"一直是很在意的，将之当作与其他族群区别的重要的文化符号。三锹人聚居的核心区域称为"锹里"，分为上、中、下三锹，三锹人的"三"很可能就源自于此。在黎平的三锹人对于自身的表述中，很多时候则认为是会说三种话的人，即会说侗话、苗话、汉话。[①] 在三锹区域中，强调三锹人的特色时，更多强调的是锹规、锹话、锹礼这三方面。锹规主要指锹人结盟合款时订阅的各种款约，锹里区域中九龙山脉上的牛筋岭，就是三锹人订立款约的著名款场，三锹人的许多规矩盟约，都是在牛筋岭款场订立的，前面论述的三锹人婚姻款约，也是在牛筋岭歃血结盟订立的；锹话是三锹人对于自身语言的一种自我肯定，整个大锹里区域，语言交际方式复杂，有侗锹、苗锹、汉锹，但操不同语言的三锹人，其内部则一直能自如地进行交际，所有三锹人都会说三种话；三锹人一直强调有其自身的礼俗，尤其是其婚礼习俗中的坐茶棚、新娘挑水等，就是独特的习俗。在三锹歌谣中，有大量关于"三"的表述和吟唱："先开平茶四乡所，再开靖州四鼓楼，古一古二吃牯脏，三十三锹开茶房……三十三锹织花带，林源上堡绣花鞋……三十三锹共一礼，九条黄柏共一行，三十三锹几排半，哪锹奉把汉排来。"对此，靖州本土学者陆湘之先生在《三十三锹初探》中说，"三十三锹是从明朝中叶开始，以靖州由一里、由二里、寨市里（统称三锹里）苗寨为中心向湘黔边界数百平方公里苗族侗族聚居区延伸组合而成的一个巨大的苗族款组织，这个庞大的苗族款组织，在清代中叶已基本形成"；"三十三锹在地域上分布相当广阔，以湘黔三省交界的靖州三锹里为中心，横跨两省（湖南、贵州）三府（靖州、黎平、镇远）数县。靖州府：以三锹里为'锹头'，即由一里、由二里、寨市里苗二十四寨为三锹；绥宁县五锹为罗岩里、石驿里、芙蓉里、半里里、外罗岩里，包括大屯、小

---

① 黎平县"三锹人"族属调查工作组：《黎平县三锹人族属识别调查材料》，黎平县民族宗教事务局档案，全宗号 147 号。

水埂头、中团、江尾、蒙团、寺坪、马头、塘冲、苗团、高寨、李家江、黄桑、东山、鹅公岭等数十苗寨；通道县五锹为：文坡里、天星里、黄寨里、粟家里、八寨里等数十苗寨；镇远府所辖天柱县兴文里、油鱼里，清水江苗十八寨为二锹，外加后属锦屏之新兴里六寨，共三锹；黎平府明清时期实行土司制度，所以各锹不按'里'属苗寨为称谓。由于年代久远、地名变更等原因，只知道十四锹分布在原湖耳长官司所属之江口、隔寨、梧桐寨、同里寨、羊洞、平略、秀洞、元贞、大腮、张寨、卦治、地崩、瑰娥、瑰金山、铜坡、赛洞、藕洞等二十九寨以及龙里长官司、中林验洞长官司部分村寨，其余三锹（俗称锹尾），指的是明末清初从靖州三锹里迁居到黎平、锦屏、从江等地居住的村落，这些村落以黎平大稼乡的乌山、乌勒、岑趸、俾嗟和锦屏县的岑梧、中仰等为代表"。[1]　死者上梦床时，要将一副担子放在身边，还要将一把杀猪刀放在其手上，嘱咐死者可以用刀杀苗家、杀汉人。这一习俗，可以看作是三锹人对于自身迁徙流落身世的一种隐喻性的表达。三锹人正是挑着担子从锹里核心区域迁徙流落到黎平锦屏乌下江和八洋河区域的，其为落寨生存而付出的艰辛困苦，只有三锹人自己清楚，已然成为族群的集体记忆，深深地烙印在一代代三锹人的心中。至于三锹人将杀猪刀拿在死者手上，则鲜明地隐喻了清水江区域山地开发初期，三锹人参与这一进程时，生活于这一区域的种族由于资源竞争而形成的紧张的族群关系，也隐喻了三锹人在早期的生存竞争中，为在这一区域落地生根，作为一个弱小族群而不得不做出的决绝的反抗。也正是清水江区域早期开发中由于资源竞争而存在这种紧张的族群关系，强化了三锹人的族群意识——三锹人不见容于人数更多的苗族、侗族、汉族族群，三锹人由此凝结为自我意识更明晰的独立族群。

　　三锹人背着死者亡灵走亲的习俗，本质上也是三锹人身世经历的一种文化表达。我们可以从两方面来理解背着死者亡灵走亲习俗的文化意义。先看走亲习俗中的参与者。整个仪式中，从召回死者亡灵到背着死者亡灵去走亲，始终有一个客人参与，而不完全是由主家亲为，

---

① 　靖州苗学研究会：《靖州苗学研究（第一辑）》，内部资料，2015 年，第 174～176 页。

这显然与三锹人的形成和迁徙经历相关。我在前面章节论述三锹人的形成时强调，三锹人主要不是由血缘结成的族群组织，而是地缘的结合，甚至还可以将三锹人理解为一个有共同款约的联盟组织。三锹人口中的"三个劁猪佬"的传说即是力证。[①] 我在一篇论文中分析说："这个传说是一种隐喻性的表达方式，隐喻了三锹人的身份来历。一是三锹人是从外地迁徙落寨于湘黔边地的，各姓氏间，没有血缘上的联结；二是三锹人形成群体，主要是适应落籍地的资源竞争，为在湘黔桂边区犬牙交错的族群关系中生存，必须结成一个群体才能在资源竞争中凝聚力量，获得优势；三是三锹人的身世经历中，存在一个被污名化的过程，被歧视的状况，或者其身世中有过罪愆与违禁犯法的经历，因而才被迫采取逃亡之计策；四是三锹人是处于边缘状态的族群，居住在资源与自然条件都相对匮乏的深山大谷中，处在各大族群边缘；五是三锹人的凝聚中包含了某些商品经济和市场利益的要素，而不完全是传统农耕那种对土地的粘着。"[②] 正因为三锹人主要是地缘结合，在家庭和家族的重大文化活动中，都会有作为"兄弟"的客人或者房族参与进来。在三锹人的丧事中，结拜成兄弟的房族是一定要参与到丧事活动中的，这是三锹人为生存发展而进行合作的一种折射，也是三锹人社会关系的一种文化表达。王明珂对此分析说："其叙事结构（三弟兄故事）是社会结构（三个村寨）的反映。其主要叙事符号：'弟兄'，也对应社会人群间的合作、区分与竞争关系——'弟兄'隐喻着人群间的合作、区分与对抗。"[③]

再看背着死者亡灵走亲的过程。整个过程中，也始终有客人参与进来，走亲和回家期间，"每逢过桥、翻坳或过山神土地庙，都要烧香化纸钱。到了亲戚家，要打卦问死者是否来到"。这种烧香化纸、送买路

---

① 黎平县"三锹人"族属调查工作组：《黎平县三锹人族属识别调查材料》，黎平县民族宗教事务局档案，全宗号147号。

② 余达忠：《近代黔湘桂边区的族群互动和"三锹人"的形成》，《贵州师范学院学报》2017年第1期。

③ 王明珂：《英雄祖先与弟兄民族——根基历史的文本与情境》，北京：中华书局，2009年，第23～24页。

钱的仪式,实际上隐喻了三锹人在这一区域生存中的客人身份和后来者身份。三锹人也正是通过劳动,通过租佃山林、代耕代种田亩才渐渐地在这一区域落地生根,而且能够落地生根、安家立业,都是通过钱粮购买的方式来实现和完成的。至于带着死者的亡灵去走亲,这既是召唤死者亡灵,给死者亡灵一个归宿的文化表达;也是三锹人的经历和社会关系一种隐喻性的文化表达方式。由于里程遥远及老家衰落等原因,在黎平锦屏乌下江和八洋河流域生活的三锹人,已然不能再回到老家了,只能通过背着死者的亡灵在亲戚间(主要是房族等)走访的方式来完成死者亡灵的皈依,这是祭奠致敬死者的最好的文化方式。黔东南的苗族观念中,认为人死后,其灵魂一定要回到东方的老家,而且一般会通过唱古歌的方式,将死者的灵魂送到遥远的东方老家。三锹人走亲的仪式习俗,显然有受过苗族习俗影响的痕迹,但又更多地折射了三锹人在清水江流域山地开发中为参与这一区域激烈的资源竞争而形成的社会关系。家人、亲戚(房族)和结拜兄弟,构成了三锹人社会关系的一个稳定的结构。这个稳定的结构,又从另一方面促进和强化了三锹人的族群认同和族群意识。

图5-2　作者在岑蚤村调研时与三锹人一起唱歌喝酒的情景(潘健康 摄)

—————— 第六章 ——————
三锹人的语言、语言
交际和社会秩序的建构

第一节　会说三种话的人:汉锹、侗锹、苗锹

　　2015 年 8 月,我与潘健康一起到坐落于乌下江岸边的乌勒去调研。这是一座因修建三板溪电站而就地向上搬迁的三锹人村寨。三板溪电站蓄水后,乌勒有大半人家的田地和房屋会被水淹,乌勒成为三锹人中的一座移民村寨,有十余户搬迁到了距黎平县城有二十余公里的敖市镇落户,另有二十余户到黎平县城边上落户,而余下的二十几户则就地向上搬迁。乌勒寨从此分立四处。我专门写过一篇文章进行论述。[①] 我们到乌勒时是早上十点钟左右,大部分人上山下地都没有回来,只有几个暑期放假的孩子在屋边玩耍。孩子们自然是懂得汉话的,我们就一直用汉话交流,后来,陆陆续续有人从地里山上回来了,也加入我们的交流中,也都用汉话与我们交流,彼此没有感觉到交流中的障碍。潘健康是岑迳的三锹人,自然是懂得三锹话的,交流中,他时不时用三锹话与他们交流。见潘健康能说三锹话,他们就更多地用三锹话

———————————————
① 余达忠、陆燕:《族群认同的建构与消解——一座三撬人村落的当代裂变》,《西南民族大学学报(人文社科版)》2015 年第 1 期。

与潘健康交流。乌勒可以说是三锹人的一座族群岛。乌勒人是由乌山寨搬迁而去的,说是他们放牛到这里,牛不愿意回去,由此,就索性搬迁到乌勒居住下来。在三锹话中,乌勒就是乌山人放牛的地方,是乌山的子寨。而乌勒距乌山其实有二十公里以上,乌勒的西北面也还有三锹人村落,但距离也在二十公里以上,环绕乌勒的都是侗族、苗族村寨。从清代乾隆年间建寨以来,几百年过去了,作为族群孤岛的乌勒一直顽强地保持对于三锹的认同,村寨内无论大人还是小孩,都还能流利地说三锹话,在村寨内部,三锹话一直是他们的主要交际语言。而对于周边村落中所操的侗语、苗语,他们也几乎都能听得懂,也能够说,而至于汉语,则更是能够熟练地进行交际。这是我在三锹人村落调研中印象最深的。

黔湘桂区域一直是一个多族群聚居区域,除作为这一区域的主体族群苗族、侗族、汉族外,还有瑶族、水族、土家族、壮族等族群,也还有在政治身份上属于苗族或者侗族,而其文化身份属于酸汤苗、三锹人、草苗、本地人、瓦乡人、六甲人等的其他族群。在黔湘桂边区区域生活的各族群,几乎都有属于自己的语言,而人数众多的族群,其内部语言还会分为不同的方言群。比如侗语,就以锦屏启蒙和八洋河流域为界,分为南部侗族和北部侗族两大方言区,而各方言区中,又分为许多土语区。苗语也是这样。这一区域的苗族正处于苗族东部方言区和中部方言区之间,更靠近贵州一侧的苗族,如剑河、锦屏、黎平的苗族,大部分属于苗族中部方言区;而靠近湖南一侧的苗族,则更多地属于东部方言区。无论东部方言区还是西部方言区,都有许多土语区。汉语在这一区域的情况也比较复杂,贵州一侧的天柱、剑河、锦屏、黎平、从江等县的汉族,都属于普通话中的西南官话区域;而湖南靖州、会同、通道、绥宁等县的汉族,既有说西南官话的,也有说湘方言的,甚至还有说湘赣方言的;广西一侧的三江、龙胜、融水等县,则主要说桂柳话。在这一区域进行田野调研,首先面临的就是语言交际的困难。如果你只懂得汉语,到较边远的民族乡村调研,就会遇到语言交际上的障碍,在较边远的民族乡村,许多五十岁以上的中年人,尤其是妇女都不懂汉语,或者不能用汉语交际。但在三锹人村落调研,则普遍不存在语言交际上的困难。三锹人,无论是靖州锹里核心区域的三锹人,还是黎平、锦屏的乌下江、八洋河流域的三锹人,会说三锹话外,大家几乎都同时能说汉语、侗话、苗话,许多人还能说酸汤话。我在一篇论述三锹人形成的论文中也说:"三锹人形成于明代中后期和清初期,是一个来源多元化的族群体,其主体既有操清水江下游区域流行的酸汤话、来自江西吉安的汉族人群,也有来自清水江中下游两岸山区操北部侗语的侗族人群,还有来自湘黔边区四十八寨之苗族人群,这些人群在清水江山地开发的大背景中汇聚于锹里区域后,为适应资源竞争而结成新的人群体,即三锹族群。"①正是三锹人构成的多元化,由此,才形成了介于汉语、侗语、苗语间的三锹话,也才使得三锹人人人都同时会说多种语言,能够在汉语、苗语、侗语间无障碍地进行交流。三锹人在解释其为什么是三锹人时,其中一个著名的观点就是,三锹人是会说三种话的人。②

我们在前面章节的论述中强调,三锹人是一个来源多元化的族群,而且,三锹人在形成进程中及其后的历史进程中,一直处于不断迁徙的状态,一直生活于苗族、侗族、汉族这些身份更明晰的族群间。在苗族、侗族、汉族这些身份明晰而且人口众多的族群间,人数更少、来源复杂的三锹人,显然属于典型的边缘族群、少数族群,对于作为主体族群的苗族、侗族、汉族族群,或许会或多或少地有一种自觉不自觉的依附性。这在客观上,在三锹人内部,其族群状态又会出现一些或明显或不很明显的变化与区别。这种或明显或不很明显的变化与区别,在语言上表现出来,就是三锹人内部中可以区分出来的汉锹、苗锹、侗锹。

2000 年,我承担贵州省文联的一个项目,对黎平县大稼乡的一个多族群村落岑努村进行人类学田野调研,完成了一本随笔式的人类学著作《走向和谐——岑努村人类学考察》。这是我对三锹人关注的开始,也是三锹人第一次进入学术界视野中。岑努村是位于大稼乡东北约 5 公里的一个多族群村寨,全村近 200 户,1100 余人,居住着苗、侗、

---

① 余达忠:《近代黔湘桂边区的族群互动和"三锹人"的形成》,《贵州师范学院学报》2017年第 1 期。

② 黎平县"三锹人"族属调查工作组:《黎平县三锹人族属识别调查材料》,黎平县民族宗教事务局 147 号。

汉、三锹四个族群。各个族群间分层居住,各有自己的语言、信仰、习俗,但各族群间却从来没有发生冲突,显示出"和谐组合"的发展优势。生活在岑努的各族群,其在祖先来源、迁徙路径、语言、习俗等方面,都有鲜明的区别;在居住上也体现出较明显的族群界线,生活于村寨中的每个家庭和每个人,都很明晰地知道自己属于哪个族群。但在实际的生活中,人们在意的不是这些明晰的族群身份,而更多的是以姓氏来对自己进行归类的区分。整个村寨总计有七个姓氏,即潘、姜、杨、石、龙、李、张。潘姓有 80 余户,属三锹族群,是岑努的主要族群。姜、杨姓属苗族族群,各有 24 户、22 户,操黔东南中部苗族方言,是岑努寨的开寨姓氏。石姓和龙姓是侗族族群,各有 12 户和 9 户,是岑努寨中人数最少的族群,是在岑努落寨相对较晚的族群;石姓主要操南部侗族方言,属于地道的侗族,而龙姓则主要说汉语,但他们说早先他们都是会说侗语的,是在迁徙途中遗失了侗语。李姓和张姓是汉族族群,李姓在岑努是一个大姓,计有 50 余户,是由湖南靖州迁徙而来的,是明清时军屯、民屯的后裔;张姓有 14 户,也是由湖南迁徙而来的,在这一区域做小贩生意而落寨的。这七个姓氏四个族群,在居住上也大体分出层次性,从半山大路到岭脊,依次是汉族族群、侗族族群、三锹族群、苗族族群。我在《走向和谐——岑努村人类学考察》中这样表述:"岑努人的居住是相对分层的,显得严整而有序。依傍着大路的,是属于汉族的李姓的居住地,之上是属于侗族石姓和苗族锹人潘姓的居留地,再斜上去,则是属于苗族的杨姓和姜姓的居住地,也就是从山顶岭脊延展下来的那一排房子。"[①]四个族群共同居住于岑努村寨中,至少已经有二百年以上历史了。在岑努,各族群各有自己的语言,在族群内部用自己族群语言交际,即三锹人说三锹话,苗族人说苗语,侗家人说侗话,汉族人说汉语。但同时,岑努村寨中的所有姓氏族群,在会说自己族群的语言外,也同时会说其他族群的语言,即三锹人在说三锹话时,也同时能说苗语、侗话、汉语;苗族人在说苗语时,也同时会说三锹话、侗语、汉语;侗族人在

---

① 余达忠:《走向和谐——岑努村人类学考察》,贵阳:贵州人民出版社,2001 年,第 11 页。

说侗语时，也同时会说三锹话、苗话、汉语；汉族人在说汉语时，也同时会说三锹话、苗话、侗话。对此现象，我后面还将进一步论述。正是岑努村在语言上的这种包容性和多样性，为其村落居住相处和生活交际上的和谐奠定了基础。

岑努的潘姓虽然都属于三锹族群，而且都以说三锹话为主，但由于其祖先来源和迁徙路径不同，其潘姓内部所操之三锹话则又有明显的不同，分为汉锹、苗锹和侗锹三种情况。

我在《走向和谐——岑努村人类学考察》这本书中，对此有过描述。

岑努的苗族撬人潘姓，[①]在其内部分为三支，寨内人把他们称为大潘、小潘、汉潘，大小潘都是说撬语的，房族和家庭内部的交际都是用撬语，但大小潘的撬话又存在区别。大潘人口最多，计有50户，他们的撬话比较滑向苗语，很大程度上可以直接和苗语进行交流，他们是直接从湖南靖州的三撬乡迁徙而来的，他们自称为三撬、三撬潘。属于三撬潘的潘柏青老人告诉我，他们的老人说，他们三撬潘是清初就迁徙到岑努来了的，已经有近二十代了，他们一直把靖州的三撬当作他们的故地，族内已经聚议好几次了，准备到三撬去认祖，去祭扫先祖坟茔。小潘只有12户，他们的祖先是由湖南会同迁徙到贵州天柱，由天柱再辗转迁徙到邻近平寨乡的平寨、平底，后来才迁徙到岑努的。他们的撬语和侗语比较接近，一般称他们为侗撬。他们落寨到岑努，也是清代中叶了。小潘的撬语滑向侗语，和侗语有许多同源词，可以和侗语进行一定程度的交流。这是在迁徙中发生文化涵化的结果。小潘的迁徙都是在侗族聚居地区进行的，会同是一个侗族自治县，天柱也是一个以侗族为主体民族的少数民族县，小潘在迁徙中，要在侗族聚居区作或短或长的停留，甚至定居，这就使小潘所代表的苗族撬人文化必然要

① 本人在撰写《走向和谐——岑努村人类学考察》一书时，族群概念在国内还没有得到普遍接受，为不与民族政策相冲突，在书中一律将三锹人称为苗族锹人，将三锹话称为与苗族中部方言不同的另一种方言。

和侗族文化发生联系，必然要受到侗族文化的影响。当不同的文化发生持续的直接接触时，就会导致一方或双方原有的文化模式发生变化，文化结构发生的这种变化，我们一般称之为文化涵化。这里我们可以说，苗族撬人文化和侗族文化进行持续接触，发生变化的一方显然是苗族撬人文化，因为当一个种族比另一个种族强大的时候，将会出现不同形式的文化变迁，具有较强实力的社会常常把它的统治强加于弱小的社会，造成弱小的社会的文化发生变迁。我们可以想象，当苗族撬人祖先带领部族被迫离开属于丘陵宽谷区的会同的家园时，他们的内心是哀伤的、孤寂的，环顾茫茫山野，他们不知道往哪里去，他们从此踏上了漂泊的旅程。这支孤独的、弱小的队伍怀着忐忑不安的心情，开始进入主要属于侗族聚居区的黔东南湘黔交界地了。我们无法探究他们每一次迁徙的具体原因，但可以肯定，经过每一次迁徙和定居，他们都和那个曾经住在丘陵宽谷区的苗族撬人有距离了。长长的孤独的迁徙，使他们濡染上了一层怎样都无法退尽的岁月风尘和文化雨渍。汉潘有20户，一般情况下，他们家族内部的交际都用汉语，因此称他们为汉潘。他们也是由湖南靖州迁徙来的，他们先落拓在贵州锦屏的龙里司和新化所一带，后来不知是哪一代祖先才举意迁徙到岑努来的。他们不知是在哪一次迁徙中失落了撬语的，但他们从来都自认是苗族撬人，认定靖州的三撬是他们先祖的出生地，他们先祖的坟茔在那里，他们生命的根在那里，他们的血是从那里流来的，苗族撬人的潘姓祖先是他们的共同的祖先，他们和所有的潘姓苗族撬人有着潜隐的血缘联系。对祖先的这种追溯，对血缘的这种认定，就从另一方面强化了他们的族姓意识。虽然他们已经把汉语当作了母语，但他们一直在骨子里坚定地认为自己是苗族撬人，是和汉族，和侗族都不一样的苗族撬人，就是和正宗的苗族也是不完全一样的苗族撬人。我们确实不知道他们是在哪个时候失落撬语的，但对他们的迁徙路线进行分析发觉，他们的失落撬语，也一样是文化涵化的结果。他们在迁徙中，曾经长期在龙里司和新化所一带居住过，现在那里都还有他们祖先的坟茔，他们都还曾经到那里进行祭扫。龙里和新化早先是苗族和侗族的居住地,以苗族为主。明永乐十一年(公元 1413 年),辖黔东南一带的思州宣慰司被革除,设黎平府、新化府,龙里所、龙里司均为新化府所辖,互相相挨在一起。这里是属于丘陵宽谷区,土地平旷,土壤肥沃,是重要的粮食产区。随着改土归流的实行,加之明代实行"调北填南""移民就宽乡"的移民政策,大量汉人开始涌入贵州,涌入黔东南,实行屯田,采取军屯、民屯、商屯三种形式进行开发。这些政策实行的结果,大大改变了贵州的人口结构,使汉族人口的比重大大增强,汉语由单纯的官方语言开始成为这些地区民间交际的主流语言,逐渐取得了正统和正宗的地位。在这样的过程中,作为弱小部族的撬语就逐渐被汉语宏大的声音所淹没,而成为苗族撬人心中深深的无法挥去的文化记忆。随着汉人的不断涌入,苗族撬人的田亩日渐在减缩,日渐被侵占,在一个下雨的冬日或一个春花初绽的早晨,当他们在黎明的熹光中醒来,拨开浓浓大雾来到他们已经耕耘了好几代的田亩边上的时候,发觉这片深褐色的熟透了的肥沃土地已经不属于他们了。他们呐喊过,呼号过,申诉过,抗争过,但都无济于事。没有了田亩,就没有了安身立命之所,就没有了存在下去的理由,就没有了生活。为了生存,为了生活,为了那绵绵的血脉,为了祖先的承诺,他们把屈辱深深地埋在心里,埋葬了祖先,擦干了泪水,又开始他们悲壮而坚定的迁徙了。后来,不知是哪一场冬雪飘落的时候,是哪一茬春花开放的日子,这疲惫而孤独的一群就来到了岑努,来到了这属于高山峡谷区的家园……

事实上,每个民族的落寨史,都包含了深深的艰辛与苦难,既是悲壮的,又是凄婉的。[①]

2018 年 8 月,我由朋友杨村、欧秀锦陪同,由剑河南加驱车上剑河、黎平、锦屏三县交界之地的最高峰青山界,走访了位于青山界主峰

[①] 余达忠:《走向和谐——岑努村人类学考察》,贵阳:贵州人民出版社,2001 年,第 28~31 页。

大半坡上的美蒙村。美蒙村海拔 980 余米,是距青山界最近的村寨,也是清代中期就已形成的一座三锹人村寨。全村计有 102 户,400 余人,分为龙、杨、张几姓。2015 年,我曾经与潘健康由锦屏河口乡政府相关人员陪同,到美蒙村采访过。那次主要采访村寨中大龄青年未婚现象。这次继续追踪采访大龄青年未婚情况的同时,也进一步了解美蒙村人对于三锹人的认同情况。

　　在 20 世纪 80 年代初期开展的三锹人族属调查的文献档案中,对于美蒙村有如下记载:"1.(美蒙村)共有一个自然寨,3 个生产队,69 户,364 人。2.解放前有富农一户。现有高中生二人,公社干部一人。3.64 户中有张姓 30 户,杨姓 23 户,龙姓 14 户,石姓 2 户。4.张姓老家住本县三江区大同公社张家湾。张家湾人系由会同搬到锦屏。杨姓从本县稳江迁来。5.本族老人服装、家谱都还存在。我们是三锹人,讲话是讲三锹话,唱歌也是唱三锹歌,红白喜事行三锹礼。口述人:张远贞、张远松,1983 年 6 月 10 日。"①我们在美蒙采访了张远相(60 岁)、龙运森(68 岁)、杨通富(61 岁)三人。他们一致强调美蒙村原来属于三锹,与靖州的三锹人是一样的,因为国家现行民族政策,全村人就都报了侗族。全村现在讲的都还是三锹话,听起来和侗族有些相近,但不是属于侗话,与周边侗族的话有很大差别,比如与启蒙、八受、河口一带的侗话就不完全一样。他们说,就是村寨内部,各姓间的话都会有区别。张家讲的三锹话中,侗话味道就更重些,而龙家讲的三锹话中,汉话味道就多要浓些。龙家是从锦屏敦寨、亮寨司那边搬过来的,那边的汉族要多些,就受了汉话的影响。张家从大同搬来,大同主要是侗族地方,张家的三锹话受侗话影响要多些。杨家的三锹话与龙家差不多。我在听他们说三锹话时听不出之间的差异,但他们自己能感觉到各姓氏间说话的这种差异。他们还进一步告诉我,在家庭内部的交际中,张家人说三锹话更多些,几乎完全是以三锹话作为主要交际语言。而龙家和杨家,在内部交际中,虽然也主要说三锹话,但又总时不时地夹杂些汉话的味

---

① 黎平县"三锹人"族属调查工作组:《黎平县三锹人族属识别调查材料》,黎平县民族宗教事务局档案,全宗号 147 号。

道。在说汉话上，龙家与杨家说得比张家要好些、流利些。现在村寨中，日常交际虽然也主要还是以三锹话为主，即便是嫁进村寨中来的外族姑娘，年长月久了，也都会说三锹话了。但这一二十年来，由于外出打工的人多了，去外面读书的人也多了，村寨中说三锹话多少还是受到了一定影响。小青年和小孩子虽然也还会说三锹话，但只有他们在一起时，便会时不时讲汉话，有时甚至会完全用汉话来讲。不像我们这批四五十岁以上的，都是讲三锹话。美蒙村也可以说是一座三锹人的族群孤岛，距美蒙最近三锹人村落小瑶光也在 20 公里外，美蒙周边村落都是苗族、侗族或者汉族村落。美蒙人虽然在民族成分上是侗族，但他们却认为他们与启蒙、河口的侗族不一样。在族群认同上，他们更愿意认同三锹。从美蒙村的语言交际现状可以看出，三锹人在离开锹里核心区域后，普遍有过漫长的迁徙流落史。几乎三锹村落中的每个姓氏，都有过在多地短暂停留居住的经历，这种经历，正是三锹人参与清水江流域山地开发，在各地栽杉种树、佃田耕作，有过短暂居留的印证。俾嗟是黎平境域中三锹人相对集中的一个村落，俾嗟的三锹人主要以说酸汤话为主，但村寨中，又有 20 余户三锹人不说酸汤话，而是说与岑趸一致的三锹话，属于所说的苗锹。距俾嗟几里远的董翁，全寨以路为界，路上坎为三锹，说三锹话，但与俾嗟的三锹话有细微区别，属于侗锹，路下坎人家为侗族，说侗语。正是这种经历和三锹人居住隔离的现实，才使得三锹话发生了各种变化，使得有的姓氏的三锹话偏向苗语，有的三锹话偏向侗语，有的三锹话偏向汉话。这就形成了三锹人内部中的汉锹、侗锹、苗锹现象。

就锦屏、黎平两县的三锹人，即生活于乌下江流域和八洋河流域的三锹人进行考察发现，三锹人中分为汉锹、侗锹、苗锹是普遍存在的。锦屏的三锹人更多地偏向于侗锹，黎平的三锹人则更多地偏向于苗锹或者汉锹，而在黎平大稼乡的俾嗟、眼批的三锹人，则是以说酸汤话为主的，属于纯正的汉锹。两县间的三锹人的更大区别在于，在 20 世纪 50 年代初期开始登记民族成分时，黎平的三锹人一直登记为三锹族或者锹族，而锦屏的三锹人则普遍登记为侗族或者苗族。

20 世纪 80 年代的三锹人族属调查中，对此也有表述。

　　祖辈相传,我只晓得我们是三锹人。我们讲的语言是三锹侗,登记民族成份时写我们为侗族。几十年来,我们根本不知道民族政策,认为无论哪种民族,只要得衣穿得饭吃就行了。因此三锹就登记为侗族了。老人相传,我们是从天柱远口搬到这里来,已经有11代人了。我寨三锹人,吴家60户323人,张姓3户20人,龙姓1户4人,有高中生4人,中专生1人,大学生2人,省林业职工1人,地主2户,富农2户。(锦屏启蒙岑果寨会计吴传开口述)

　　过去我们都是三锹人,土改时期,因我们讲的是三锹侗话,就把我们登记为侗族。我们认为侗族也是少数民族,而上面也有人讲,国家没有承认有什么锹族。我们误认为不管登记哪样民族,只要有饭吃就行了。我们龙姓先祖是从江西搬到亮司,从亮司又搬到高表,到现在有14代人。我们这个锹族有花楼,有三锹歌,有花裙,接媳妇嫁姑娘、死人都有自己的习惯。我寨都是三锹人,共有78户,402人,其中龙姓53户285人,吴姓5户27人,刘姓7户23人,杨姓13户67人。有国家干部4人,职工3人,大学生1人,高中生3人,解放时有地主1户,富农4户。(锦屏启蒙高表大队大队长龙家良口述)

　　我们寨有吴姓、龙姓是三锹人,其中吴姓有几家是汉族不算。吴姓属于三锹人的18户110人,龙姓6户26人。国家干部1人,国家职工1人。解放后我们这里都写苗族,我们一句苗话都不会。我们吴姓由江西吉安府太和县诸史巷搬迁到贵州天柱远口区黄田后,再搬迁到小瑶光居住。龙姓是从锦屏亮寨司搬迁到小瑶光居住的。(锦屏固本公社小瑶光大队吴昭权口述)

　　我们历来都是三锹人,我们这种人数很少,过去很被人家欺压。我们三锹人过去老人家在归斗那边立有石碑。我们三锹人玩姑娘有花楼,嫁姑娘行自己的三锹礼,死了人要拿去走亲,同三锹人各讲自己的三锹话。现在我们这些年青人都变种了,接亲都讨汉族的,讲话也变了。我要交待这些子孙,我们是三锹人,接亲要讨三锹的,同三锹人自己讲话都要好讲些。过去我们亲友都在黎平那边,都是三锹人。(锦屏固本公社小瑶光大队吴朝科口述,88岁)

我们寨属于三锹人有赵、龙、吴、石、向五姓,欧家是汉族。其中赵姓 24 户 145 人,龙姓 20 户 112 人,吴姓 2 户 10 人,石姓 5 户 20 人,向姓 1 户 5 人。在锹族中解放以来有大学生 1 人,中专生 1 人,国家职工 3 人,土改时有地主、富农各 1 户。赵姓先祖从江西吉安太和县报沙坪搬迁到湖南靖州马黄桥,再搬报塘中寨,后搬乌雅,从乌雅搬迁到九桃。龙姓从小瑶光搬迁到九桃。过去登记民族时,赵家、吴家、石家登记为苗族,龙家向家登记为侗族。因为那时不是讲客话的都是少数民族,而我们除汉族就只有苗族侗族,所以就登记苗族侗族。我们历来都是讲锹话,行三锹礼,一句苗话也不会。我们寨过去有专门供三锹青年玩乐的'垚花园',男女青年都在这里唱三锹歌。现山上地名都是用三锹语取的名字。三锹人嫁姑娘吃发脚酒、死人拿杀猪刀等风俗,本寨欧家都没有,两边寨其他民族也没有。(锦屏河口九桃寨赵永祥、龙家武口述)①

三锹人内部的汉锹、侗锹、苗锹现象,也从另一个方面说明,在清代清水江流域山地开发进程中,三锹人作为一个弱小族群,在各大族群的边缘求得生存的现实。三锹人为能够在清水江流域山地开发的大环境中求得生存地位,必然地要自觉或不自觉、主动或者被动地依附于相对强势的族群,唯其如此,才能在族群间的夹缝中获得相对的生存空间。

对于语言学,尤其是方言学,我几乎不懂,不能对三锹语与汉语、侗语、苗语间的关联性进行专业研究,这是我承担这项课题中感觉到的最大遗憾。

---

① 黎平县"三锹人"族属调查工作组:《黎平县三锹人族属识别调查材料》,黎平县民族宗教事务局档案,全宗号 147 号。

黎平县"三锹人"族属调查工作组留存下来的资料,还从称谓、天文、地理、生产工具、动物五个类别,记录了三锹语、汉语、侗语、苗语的不同读音。

图 6-1　俾嗟村一角。在黎平的三锹人村落中,俾嗟村是以说酸汤话为主的村寨(余刚 摄)

第二节　三锹人的语言交际和社会秩序的建构①

著名哲学家马丁·海德格尔说:"语言现象扎根于此在展开状态的生存论建构。语言在生存论及存在论上的根基是言说……言说表出的方式就是语言,言说是生存论上讲的语言。"作为自由的、自觉的、有目的的存在,表达是人显示自己存在的重要方式,在人的表达中,最重要的就是语言的表达,人总是通过语言来表达自己、来建构生活、来显示存在,而在人的语言体系中,最本质的则是言语,即海德格尔的言说。

---

① 本节曾以《尊重与平等:语言交际规则与社会秩序建构——一座多语族村寨的言语交际》为题在《内蒙古民族大学学报(社科版)》2016 年第 5 期发表,由课题组成员陆燕署名。

他进一步说:"语言的本质存在是作为显示的说。语言之说(显示)的特征并不基于任何种类的符号;相反,一切符号都源于此一显示,在显示的领域,为了显示的目的,符号才成其为符号。"①在实际的生活中,我们直接感受到的,往往不是作为体系的语言,而是在具体语境中呈现出来的言语,是为了存在、交际、传播、显示而表现出的"语言之说"——很大程度上,人类正是在"语言之说"的规范中建构起属于人类自身的生活与生活的秩序。言语交际不单单是语词的组合与信息的传达,其实质是一种生活规则的建构。

语言是存在的家。我们享有什么样的生活,建构起怎样的生活秩序,建立起怎样一种生活关系,都隐藏在我们的言语交际中。通过考察一个多族群村落的言语交际模式,可以看出其生活规则和建立起的社会关系。

黎平县大稼乡辖的岑努村,是一个典型的多族群村落。

岑努村是黔东南苗族侗族自治州黎平县大稼乡辖的一个行政建制村。由大稼乡东北方向,翻越海拔 700 米的岑舍坳,公路一直在起伏绵延的山路上蜿蜒,行走约 5 公里后,看到有人家俨俨地缀贴在公路上方的坡墁上,错落有致,层层叠叠一直延展到几近山顶。这座村寨就是岑努,一座多族群聚居村寨。

黎平县位于湘黔桂边界,一直是一个多族群交错混杂的区域,除了生活着作为族群主体的侗族、汉族、苗族族群外,还生活着瑶、水、三锹、草苗等人数相对较少的边缘族群。各族群间,一般采取聚居又杂居的模式,有时候,整个区域或者整座村寨都是一个族群聚居,比如著名侗寨肇兴、三龙、岩洞等,都是侗族聚居区;有时候,在一片狭小区域内,甚至一座村寨内,则会有好几个族群聚居,大家房舍相挨,门户相对,廊檐相接,但却有清晰的族群界线,各自有自己的族群认同。

根据王明珂"'族群'这样的人类结群是人们为了维护共同资源,以

---

① [德]海德格尔著:《人,诗意地栖居》,郜元宝译,桂林:广西师范大学出版社,2002 年,第 46、57 页。

主观的血缘关系(历史记忆)彼此联系并排除外人的人群组合"①的定义,我们可以将生活于岑努的苗、侗、汉、三锹四种人群,看作是民族的次级群体——族群。

　　岑努村有 200 余户人家,1100 余人口,居住着潘、姜、杨、石、龙、李、张七个姓氏,分属于四个族群,即三锹、苗、侗、汉。潘姓有 80 余户,其内部分为大潘、小潘和汉潘。大潘有 50 户,是清代中期由靖州三锹地区迁徙而来的,称为三锹潘;小潘有 10 余户,是清代中后期由湖南会同和贵州天柱县边界区域迁徙而来的,他们的原居住地和迁徙路径中经过的大多是侗族聚居区,其语言中有许多侗语成分,被称为侗锹;汉潘有 20 余户,也是由靖州三锹地区迁徙而来的,但在迁徙途中,在隆里、新化等汉人聚居地生活过,其语言中有许多汉语成分,因而称其为汉锹。岑努的姜姓和杨姓属于苗族族群,各有 20 余户,共居于村寨最上边之岭脊上。姜姓是由天柱苗族地区迁徙而来的,杨姓是由剑河、榕江交界区域迁徙而来的,姜姓与杨姓可以通婚,他们均操中部方言区苗语,在黎平南部三省坡区域,称这种苗语为老苗语。石姓属于侗族族群,约 20 户人家,居住在公路上方斜坡的一块台地上,形成一个小区域。他们是由黎平侗族聚居区天甫地区,即黎平企寨迁徙而来的,操属于南部侗族方言的侗语,一般按侗族习俗生活。龙姓有 10 余户人家,自认是侗族,但在迁徙途中丢失了侗语,住在公路上坎的坡塝上,与村寨约有半里路程,与村寨中另一个大姓李姓结成兄弟房族。李姓有 50 余户人家,自认是汉族族群,一直说汉话,说其祖先来自中原,是由军籍改民籍而落户于这一片大山中的。张姓则与汉潘住在由冲坳拓出的一级台地上,建成一排长房子——张姓自认为汉族,说是由黎平府城搬迁而来的。

　　生活于岑努的四个族群,虽然共住于一个村寨内,但在居住格局上,显示出明显的分层性,各族群有各自的居住区域。住在岭脊上的是苗族族群,大半坡台地上和冲坳口的是三锹人,再下来是石姓侗家,最靠近大路边上是汉族族群李姓。最早在岑努落户的是杨姓,在清朝初

_____

① 　王明珂:《华夏边缘:历史记忆与族群认同》,杭州:浙江人民出版社,2013 年,第 45 页。

年;然后是姜姓;再之后是三锹人潘姓;石姓侗族和李姓、张姓汉族也陆续到来。四个族群共居于一寨的居住格局,至少在250年以上了。他们各自坚持自己的族群认同,各自有自己的历史记忆和不同的迁徙落寨史,各自以自己族群的语言作为日常交际语言,遵循自己族群的文化习俗。

在岑努村考察,明显地感觉出各族群的边界,构成这个边界的有祖源、历史记忆、语言、习俗、信仰、居住地等,但几个族群共同生活在一起,却又建构起一些共同的生活规则。二百多年来,各族群和谐相处,互相包容,村寨内部从未发生过大的族群矛盾和冲突,可谓多族群杂居的典范。

岑努人的言语交际模式,是其构建社会规则的重要方面。

语言存在于言语之中,言语是语言存在的形式。言语就是说话,是一种行为动作及其结果。作为社会中一个正常的人,只要在社会中生活,一般就具有说话的能力。但说什么话,怎样说话,则不是随心所欲,而首先受到社会生活的制约,是社会规范的结果。说话是一种生理现象,但说什么话,怎样说话,则是一种文化现象,是文化浸润、熏陶和塑造的结果。人在什么样的文化环境中生活、成长,就会获得什么样的语言,其母语是由其所生活的文化环境决定的。

在一个多族群互动的文化环境中,人就有可能获得多种语言能力,几个族群的语言都有可能成为其母语。岑努村的多族群互动文化环境,决定其在语言习得上的兼容性——在掌握本族群语言之外,还同时掌握其他族群语言,而且都成为其母语。岑努人是具有多种母语能力的人。

潘姓三锹人有80余户,占全寨总人口的三分之一,其日常言语交际以三锹话为主,尤其是大潘和小潘,在其家庭和宗族内部的日常言语交际中,都是说三锹话。三锹话是其第一母语。苗族姜姓和杨姓的日常交际言语是苗语,在家庭和宗族内部都说苗语,苗语是其第一母语。石姓侗族虽然只有约20户人家,但其在日常交际中一直说侗语,将侗语作为族群第一母语。李姓、张姓汉族在日常交际言语中说汉话,龙姓侗族也以说汉话为主,汉语是其第一母语。

生活于岑努的各个族群,除掌握本族群语言,还同时掌握其他族群的语言,即三锹人会说三锹话,同时会说苗话、侗话、汉话;苗家人会说苗话,同时会说三锹话、侗话、汉话;侗家人会说侗话,同时会说三锹话、苗话、汉话;汉族人会说汉话,同时会说三锹话、苗话、侗话。而且,他族群的语言,也成了自身的母语——岑努人是具有四种母语能力的人。

我们通过调查组在岑努的考察来进一步分析。

我们首先到的是岑努小学。岑努小学有六个教师。姜绍恒、姜再能、杨正义是苗族,石登义是侗族,李绍奎是汉族,潘明贵是三锹人——四个族群都汇聚齐了。他们在开会和讨论教学问题时说汉语,在教学中,也是说汉语。在岑努,不像黎平县的其他民族村寨要进行双语教学。黎平是一个以侗族族群为主体的多民族县域,除黎平县城周边几个乡镇,如中潮、高屯、敖市外,大部分乡镇都是以侗语作为主要交际语言,相对边远的乡村,许多人不能完全用汉语交流,在边远乡村小学,大部分需采用双语教学模式。岑努作为边远乡村,却一直坚持用汉语教学。但老师们在课间或者聚会时闲聊,说什么话,则要根据具体的场景了。如果是姜绍恒、姜再能、杨正义在一起交流,肯定说苗话,如果石登义参加进来,话题是石登义挑起的,言语交际中,大家会自动选择侗语。如果李绍奎和潘明贵都参与进来了,话题又与李绍奎和潘明贵有关,那可能就说汉话或者三锹话。在岑努,每一个人对其他族群话语的熟悉,并不亚于自己族群的话语。

调查组还到姜再能家作进一步考察。姜再能属于苗族族群,住在岭脊上一幢干栏式吊脚木楼里。他有两个孩子,一个读三年级,一个读六年级,妻子是从另一座三锹人村落岑寁嫁来的三锹人。到他家时,两个孩子正在楼廊上做作业,互问作业时,说的是汉语,再能给孩子讲作业时,也是说汉语。作业完成后,再能让孩子们去捉鸡,父子就怎样捉鸡、捉哪一只鸡交谈时,则用苗话,整个杀鸡过程,基本上都说苗话。妻子回家来,见父子在杀鸡,就用苗话问他们。两个孩子与母亲的交际,则大多是说三锹话,姜再能也基本上是用三锹话与妻子交流。与我们调查组交流,一家人则都说汉话。岑努人不但每人熟练地掌握四种族群话语,而且言语交际中的话语转换是极其自然的,是一个水到渠成的自然流程。

在岑努的考察让我们感觉到，岑努人的语言能力与他们的文化能力是高度融合的，进一步说就是，他们的语言能力，就是他们的文化能力，是一种与生俱来的现实。语言本质上就是一种文化的习得。每一个人都必然地生活于一个具体的文化生境中，是文化生境中的一个文化因子，必然地烙上文化生境的文化烙印。人是文化的作品，离开了文化，人什么也不是。这是文化的力量，也是文化的意义。人具有母语和人具有文化能力，某种程度上，都是一个自然而然的过程。但是在习得母语后再去学习另一种与母语的文化生境缺乏联系的语言，我们会遭遇到母语排抗效应——即母语具有的一种抗拒接受第二种语言的功能。学习母语时，提供内语言系统的文化背景和他所学的语言相一致，因而语言习得过程是一个自然而然的过程。而学习第二种语言则不同，由于内语言系统与其文化生境脱节，学习者需凭借主观努力去构建内语言系统，自然，其语言习得就变得非常困难了。母语排抗效应不是来自语言本身，而是来自语言所从属的文化，本质上是一种文化对另一种文化的排抗，这种排抗造成了学习语言的障碍。学习第二语言的障碍不是语言，不是语言内部的语法关系，而是文化，是语言存在的文化生境。恩斯特·卡西尔说："语言从我们生命伊始，意识初来，就围绕着我们，它与我们智力发展的每一步紧依为伴。语言犹如我们的思想和情感、知觉和概念得以生存的精神空气。"他说："正是语言使得人在社团中的存在成为可能，而只有在社会中，在与'你'的关系之中，人的主体性才能称自己为'我'。"他进一步指出："言语在这里是任何一种世界观的工具，是思维在它能够发现自己并采取一种确定的理论形式之前必须经由的中介。"①另一个语言学家威廉·洪堡则说得更加直接："人主要地——实际上，由于人的情感和行动基于知觉，我们可以说完全地——是按照语言呈现给人的样子而与他的客体对象生活在一起的。人从其自身的存在之中编织出语言，在同一过程中他又将自己置于语

---

① ［法］恩斯特·卡西尔著：《语言与神话》，于晓等译，北京：三联书店，1988 年，第 127、82、58 页。

言的陷阱之中；每一种语言都在使用该语言的民族周围划出一道魔圈，他只能从一道魔圈跳入另一道魔圈。"①对于岑努人而言，四个族群的语言虽然有区别，但其内语言系统是相一致的，即其文化生境有共同性和一致性，一种文化对于另一种文化而言，已不再是异质文化，而是本民族文化的一种亚文化，在由族群语言划出的"魔圈"间，存在着许多交叉和重叠，因而，他们由一道"魔圈"进入另一道"魔圈"中就没有这种身份的异己感和场景的陌生感，这些族群语言自然地就成为其接受的母语。

　　在岑努，虽然每个人对于自己的族群身份很明确，知道自己与他者的区别，能够在自己与他者之间划分出一条有形或者无形的边界，但在实际的生活中，在岑努人的日常交往中，人们更在意的其实不是族群身份，而是族姓，即你属于哪个族姓，来自哪个房族，你这个房族与哪个族姓结成了兄弟房族。对于岑努人而言，房族才是真正意义上家庭的依赖和依靠，有大烦小事，都是由房族出面的。岑努的每个族姓都会至少与一个以上的族姓结成兄弟关系，而这种结成的兄弟关系，则往往与族群身份不相关联。一旦两个族姓间结成了兄弟关系，其文化上的联系就会特别紧密，其文化生境，就会构成更多的重叠。岑努村寨中各族姓间的这种关系，自然就会在文化上、亲缘上将大家拉得更紧密。文化实践上的这种靠近，显然会为岑努人接受第二、第三、第四母语提供了便利。同时，在岑努，不结成兄弟房族的族姓间，一般情况下可以通婚，尤其是 1949 年之后不断宣传民族团结和各民族合作互助，各族群间的通婚能够渐渐被接受。一旦族姓间结成某种婚姻关系，那么，结成婚姻关系的两个房族间，自然会形成一种亲密的具有血缘意义的联系，这种联系，也会进一步推动岑努人对于其他族群语言的接受和习得。

　　岑努人言语交际模式中体现出两个重要原则：一个是平等，一个是尊重。

　　在岑努，四种族群语言的地位是完全平等的，没有哪一种语言是主流语言。潘姓是岑努的第一大姓，有 80 余户，占全村人口之三分之一。

①　［法］恩斯特·卡西尔著：《语言与神话》，于晓等译，北京：三联书店，1988 年，第 37 页。

除了三锹人家庭和宗族间说三锹话外，其他族群的人在交际中，一般不会说三锹话，三锹话不是村寨中的主流语言。在岑努，石姓侗族族群只有约 20 户，只有石姓在其家庭和宗族间交际中使用侗语——龙姓也是侗族，但其家族和宗族间交际不说侗语——侗语是使用人数最少的语言，但整个村寨 1000 余人口几乎都能熟练地用侗语进行交际。姜姓和杨姓总计 50 户人家，也相对属于少数，而且岑努周边村落，以说侗语或者三锹话为主，但姜姓和杨姓几百年来一直坚持说苗语，在长期的相处中，其他族群也同时都能熟练地掌握苗语，用苗语与苗家交流沟通。中国是一个以汉族为主体的多民族国家，汉文化和汉语，在国家的政治文化生活中，从来就占据主导和主流的地位。中国国家的形成过程，就是以中原为核心的汉文化不断向四周其他族群区域扩张、渗透、辐射、影响的过程，汉文化和汉语在中国国家政治文化生活中的主导和主流地位，已经有几千年了。[①] 黎平自明朝洪武十八年（1385 年）设立五开卫，永乐十一年（1413 年）设立黎平府以来，汉文化和汉语渐渐获得了主导和主流地位。在岑努，李姓、张姓和龙姓在日常交际中主要是以汉话为交际语言——潘姓中的汉潘，其日常交际中也以汉话为主。以汉话为日常交际言语的人数，在岑努占到一半，但建寨二百多年来，汉话并未成为岑努的主导和主流语言，人们公共场所交际中，并未将汉话作为第一交际语言来选择。在考察中，我们注意到，汉语由于词汇量更丰富和与现代生活更相一致，在日常交际中表达的场合是要多一些，但并未因此就形成汉语的主导和主流地位。在岑努，大型活动，尤其是具有官方色彩的村民会议，主要以汉话作为交际言语，但也不能就此认定汉话是岑努的"官方语言"。在会议中，如果一个苗族人有问题，用苗语提出来了，那么，主持人也会用苗语回答他，其他人补充解释，也一定是用苗语，直到圆满答复了他的问题。接着如果再有一个三锹人提问的话，主持人又会立即用三锹话回答他，其他人也会用三锹话来补充或者进一步提问，这时候，三锹话在会议中就占据着主流的位置。这种情形下，四种族群语言处在完全平等的地位，不能确定哪种语言是主流语言。

---

① 中国多族群国家的形成过程的论述，代表性的有费孝通和王明珂等的论述。

这实际上也是岑努村四个族群在村落日常生活和政治文化生活中的地位的一种间接反映。

生活于岑努的四个族群,其地位与身份都完全是平等的,岑努是属于四个族群共有的,而不是由哪一个族群主导的。也正是各族群间这种平等的地位,当族群间发生隔阂与矛盾时,大家才能平静地坐下来协商、交流、沟通,从而将矛盾化解于微澜之时。

岑努的言语交际,处处体现出对交际对象的尊重,表现出谦卑和宽容的品格。

在岑努小学的办公室,老师们与调查组交谈,都是用汉语,但与陪同我们来的属于大稼小学的吴彦明老师单独交谈时则是说侗话。彦明是大稼村人,是地地道道的侗族,侗语是他的母语。老师们自己交谈时,则根据不同的交谈对象而不时转换交际语言。姜再能和姜绍恒说话时,如果只是他们范围内的话题,一般用苗语交际。如果他们的话题牵涉到第三人,而第三人也正好在场,那他们的言语交际就根据第三人的身份而定。如果第三人是汉族,比如和李绍奎说话,那他们就一定是说汉话,好让第三人听得懂并参与他们的谈话;如果第三人是侗族,比如是石登义,那他们也可能选择苗语,也可能选择侗语作为交际语言,这要看第三人参与的主动性和第三人所具有的语言能力。如果是石登义用苗语主动参与谈话,谈话就继续用苗语;如果石登义不是主动参与谈话,是他们把他纳入谈话中来,那谈话就可能选择侗语或者汉语。如果是吴彦明也参与谈话,无论他是否主动参与,那这场谈话就一定选择用侗语作为交际语言,因为吴彦明不懂苗语,出于对吴彦明的尊重,必须要选择侗语,或者选择双方都能接受的汉语。这几乎是岑努人言语交际时的基本规范,某种意义上,也代表了他们接人待物的基本品质。

在岑努,一场谈话,往往要转换多种语言。有时候,语言转换频繁了,会认为已经转换了话题,而其实,仍然是就那个话题在交谈。语言转换和话题的转换没有关系,只和参与谈话的人有关系,和参与谈话的人的身份有关系,是根据参与者的参与性和身份来决定转换的。其转换语言,目的在于让参与者能够听得懂,在于对交际对象的尊重。

在姜再能家,再能说苗语,妻子是三锹人,说三锹话,家族内部交际言语既用苗语,也用三锹话。再能告诉调查组,一般情况下,家中说苗语,妻子也是说苗语。他们在家中都不说苗语了,哪还有说苗语的机会呢?但如果孩子的母亲要说三锹话他们都跟着说。再能说,有几种情况下不说苗语。一是有客人来的时候,一般都依着客人语言习惯说话。比如调查组来,他们就说汉话。二是她娘家人来,一家都说三锹话,两个孩子更是一样,他们说说三锹话,舅舅听了高兴。三是指导孩子们做作业,他说汉话,要求孩子也说汉话。我们问他,单独与妻子说话,说什么话呢?他说,一般是说苗话,她习惯依一家说苗话了——刚来的时候,苗话还不熟,一家都依她说三锹话,苗话熟了,就依着一家说苗话了。只是跟两个孩子的时候三锹话说得多一些——她想让他们不要丢了三锹话,去舅家才方便。

调查组的晚饭是在姜再能家吃的,小学的老师也都在。晚宴上,各个族群的人都有,言语交际更丰富多样了。苗话、侗话、三锹话、汉话,交替使用,其切换的频率之快,切换的自然,无法用语言来描述。但大多场合下,汉话是谈话中的主流语言——说汉话调查组的人才能听懂。他们有一种朴素的想法,就是说话不要避人,要让人听得懂话,要让旁边的人都可以参与谈话。这是对人的尊重,你尊重他了,他也就信任你,会反过来尊重你。这不仅仅是他们的一种语言交际规则,也是他们的一种文化交际规则、生活交际规则。在这个规则中,最重要的要素就是尊重,对对方的尊重,承认对方存在的合理性,承认对方的权利、生存的权利、拥有的权利、表达的权利、叙述的权利。当大家都互相尊重,都信守尊重的文化规范,那么,每个族群的存在和生活都是自然而然的了,就像土地的存在、山林的存在、溪涧的存在、飞鸟的存在,这是用不着怀疑和追问的。既然大家的存在是自然的,那么,大家的相处也就是自然的。尊重,引导岑努人的生活走向和谐,建构起生活的秩序。

调查组曾经问岑努寨老潘柏青老人,想没想过用一种话将寨子的说话统一起来?让全寨的人都改说一种话,比如汉话或者三锹话、苗话、侗话?老人为此感到很诧异。许久,他说,祖先都是这样说的,如今怎样可以让人家改呢?只要大家相处得好,说的话都能听得懂,大家各说各的话又怎样不好呢？他进一步说，你要跟人说话，就要放低自己，人家才会听你说，才愿意跟你说；如果你高高在上，总要人家改，要教训人家，那怎么行？谁还愿意与你说话呢？老人这里说出的，不仅是言语交际规则，而是一种人生规则、一种社会规则。岑努的社会秩序，正是依着这种尊重、宽容、谦卑的品格建构起来的。

在一个言语社区中，言语规则是人们生活方式的基础。语言学家罗纳德·沃德华说，言语"交际的一个重要功能是社会维持作用。语言是用来维持现实的"；"交谈本身是用来维持现实，而它本身也是现实的一部分"。[①] 作为多族群言语社区，岑努人怎样说话，怎样表达，也决定他们怎样生活，怎样包容。岑努人言语交际中坚持的平等与尊重原则，其实是他们的一种文化原则，是建构社会秩序的基本原则。

图 6-2 三锹妇女唱歌迎客（潘健康 摄）

---

① ［加］罗纳德·沃德华著：《社会语言学引论》，雷红波译，上海：复旦大学出版社，2009年，第 286、297 页。

—————— 第七章 ——————

三锹人的生存环境和生存现状

第一节　边缘性生存:三锹人的生存环境

　　黔湘桂交界区域,长期以来,一直是汉文明的边缘地带,是汉文明与各少数族群文明的交汇区域。从唐代中后期,尤其是从宋代肇端,汉文明溯沅水流域的五溪,不断渗透和影响到黔湘桂交界区域,建立起有其名而无其实的羁縻政权,但直至明朝建立政权,这一区域始终处于夷多汉少之局面,依然是中华文明中以汉文明为核心的边缘区域,是一个多族群汇聚的区域。清乾隆年间曾在贵州天柱和云南任过知县的福建人氏谢圣纶,在其《滇黔志略》书中,对贵州形势进行过概述:"黔自唐蒙通道牂牁置郡,而后历代蛮洞虽相继归附,要皆□事羁縻,未始入版图收赋税也。至徽宗崇宁间,始务开拓疆土置州郡比于内地,但亦寥寥数州,等于洪荒初辟。洎自元明而规模粗定,然生苗盘踞,有同化外,迄我朝新疆既辟,椎髻蛮夷冈非赤子,环以滇、蜀、楚、粤,文武员弁星罗棋布,驭驭乎与中州比隆。於戏盛哉!"①汉文明对于这一区域形成有力的辐射和影响,显然是从宋元之后开始日渐显著的,但几千年的洪蒙状

————————

① (清)谢圣纶辑:《滇黔志略》,古永继点校,贵阳:贵州人民出版社,2008 年,第 195 页。

态,不是一两个朝代的更替和开发就能完成的。至于说清代开辟苗疆后,湘黔边区和黔地几与中州比隆,处于同一层级上,则显然是对清朝统治者所谓功绩的盲目歌颂。黔湘桂边界区域的边缘状态,是一个长期的历史过程。清段汝霖撰《楚南苗志》云:"楚南,分荆州之半壁,居鄂渚之上游,三湘中贯,五溪外错,衡岳峙其南,大湖潭其北。此形势大概也。地产鱼米,人勤耕读。惟西南一带,与黔粤接壤之处,重冈复岭,密箐丛篁,历为苗瑶巢穴。仰荷圣朝,德绥威服,建官置吏,等于腹里。州邑守土之员,弹压抚治。俾令去其旧染,崇尚礼让,化导而转移之。匪易易也。"①这一段文字明确阐明,湘西南,即黔湘桂交界区域,是楚的边缘地带,也是开发最晚的区域,一直是苗瑶等少数族群之聚居地,直至清代才得到开发,但说其等同于腹里,则俨然是对当朝的歌功颂德之表达。明人修撰的《贵州通志》亦云:"黔省自明始置郡县,元以前皆为蛮夷。今之土司即昔之酋长,今之苗蛮即昔之夷民。"②在宋元以前,整个环黔省区域,都是尚未开发的少数族群聚居区,处于氏族部落社会时期,无论是社会组织结构和社会生产力,都处于相对不发达的状态。谢圣纶在辑《滇黔志略》时写下按语说:"黔中跬步皆山,苗蛮错处,所谓得其地不足耕,得其人不足使也。然宽广数千里,界连滇、蜀、楚、粤,山深箐密,实乃奸匪渊薮。不通道置吏,非独贵州西东万古如长夜,而蛮夷亦蠢动窃发,邻壤且无宁岁。论者或以开边衅为唐蒙、相如罪,亦拘牵之见耳。"③"万古如长夜",某种程度上,如果将中原文明作为参照,在宋元前,贵州的社会发展,还真可以说是处于"万古如长夜"的状态,这是贵州几千年社会发展的现实,显示出黔省社会发展与内地之巨大差别。宋元以前,在黔境自生自长的原生文明,如果没有外来文明,即以相对发达的农耕文明为主导的中原文明的影响、辐射、冲击,没有形成文明的挑战与应战,那么,黔境"万古如长夜"的现状不会得到根本性改善。这是从社会文化发展进程中,我们对这一区域的基本定位。

---

①　(清)段汝霖撰,谢华著:《楚南苗志·湘西土司辑略》,伍新福点校,长沙:岳麓书社,2008年,第30页。

②　(清)谢圣纶辑:《滇黔志略》,古永继点校,贵阳:贵州人民出版社,2008年,第393页。

③　(清)谢圣纶辑:《滇黔志略》,古永继点校,贵阳:贵州人民出版社,2008年,第197页。

元明时代，既出于稳定连续的政治需求，又迫于内地越来越密集的人口压力，大规模地开发边疆和少数族群聚居区域，实行"移民就宽乡"策略，通过军屯、民屯、商屯等形式，将大量内地人口向南部、西南部山区转移，由此带动了对南部、西南部少数族群聚居山区的开发。《哈佛中国史·挣扎的帝国：元与明》中说："在元明两代，许多人并不待在原籍。一些人因为做生意或别的原因，总是居无定所。有些人则是迫于国家政令而不得不迁移……洪武二十六年（1393年），江南三大省——直隶、浙江、江西拥有全国半数人口；而到了明中叶，已不足三分之一。这一大规模的人口分布，固然与各省人口的实际增长有关，也得力于始及江西，次至湖广，直迫四川、云南的西进移民潮的推助。早在15世纪20年代，来自东部省份，因经济压力的人口涌入湖广南部，他们中的一些私自削发，伪装成游方僧人。正德四年（1509年）湖广饥荒，前来署理饥荒的钦差惊讶地发现，该省聚集了大量外省、外府、外州、外县流来寄住游食种田度荒的人民，其中绝大多数是来自东部省份、迫于经济压力迁移的人口。"①正是元明时代，来自江西、湖南、福建、湖北的大量人口向西南迁移，而贵州则正处于人口由东向西南迁移的交通要道上。这些人口顺着新开辟的驿道，即近年来学术界热议的苗疆走廊，向贵州腹地和更西南的云南、四川迁移。贵州的人口结构由此发生根本性改变，千百年来一直维持的夷多汉少之格局为之改变，形成主要驿道周边广布由各地而来的汉族移民，而作为土著的少数族群则向更深远的山区逃亡的现状。作为苗疆走廊锋线之黔湘桂交界区域，在这个时代大背景下，迎来一次多族群社会的重新建构。这些来源多元化的各种类型的移民，在黔湘桂交界区域与当地土著族群错居杂处，既给这一区域的苗族、侗族等原生族群的文化带来深远影响，引导苗、侗族等原生族群文明的转型，由部落氏族社会直接向近代封建社会转型。同时，这一区域各族群间大杂居小聚居的现实，很大程度上又会对各族群维护其族群认同、融合成新的族群提供各种可能性。也正是由于大量的移民

---

① ［加］卜正民著：《哈佛中国史·挣扎的帝国：元与明》，潘玮琳译，北京：中信出版社，2017年，第43页。

进入而带来这样的人口分布现状和人口结构情况,由此才在贵州主要驿道周边形成了众多的新族群,而这些新的族群,大多与移民有很大关系,比如现在还享受待识别民族待遇的贵州的"穿青人",就是江苏南京一带汉族移民进入当地后,重新融合而形成的族群。清人《百苗图》中记载的各种"苗",几近大半都与移民有关联和渊源。这也是贵州在20世纪80年代开展的民族重新认定和鉴别中,会有那么多待识别民族的主要原因。国外学者将这种情况,称为内部的殖民主义:"有明一代,乃至入清以后,通过不断移民开垦和设立行政机构,汉族势力有条不紊地侵入西南——这是一个在大范围内'吸收、取代和消灭'的进程,用人类学家詹姆斯·斯科特的说法就是'内部的殖民主义'。"[①]三锹人就是在这样一个边缘性的环境中形成的族群。三锹人的族群来源和族群构成中,既有来自江右和湘楚区域的各种移民,又有生活于清水江下游区域的苗族、侗族等原生族群。清人徐家干作为湘军统帅苏元春的幕僚,曾随军参与了对咸同年间苗族大起义的镇压活动,足迹遍及湘黔边界区域,其《苗疆闻见录》中,对于湘黔边区各族群间互相融合的情况多有记载:"其地有汉民变苗者,大约多江楚之人。懋迁熟习,渐结亲串,日久相沿,浸成异俗。清江南北岸皆有之,所称'熟苗',多半此类。"[②]黔湘桂边界区域边缘性的环境,某种程度上,推助了边缘族群三锹人的形成,其是宋元以来黔湘桂边区逐渐开发和融入中华文明的结果,是多元逐渐汇合为一体的历史见证。

我们从整个中华区域的地理空间和生态环境方面来进一步分析,黔湘桂交界区域,也处在一个相对边缘性的位置。

黔湘桂交界区域处于中国地理的第二极,即云贵高原向东南丘陵的过渡地带上,是云贵高原东缘的边缘地带,是云贵高原苗岭山脉延展区域,武陵山系佛顶山脉延展区域,越城岭的主峰区域。其地貌景观形成于第三纪之后,是在燕山运动的基础上发育起来的。燕山运动发生

---

① [加]卜正民著:《哈佛中国史·挣扎的帝国:元与明》,潘玮琳译,北京:中信出版社,2017年,第28页。

② (清)徐家干:《苗疆闻见录》,吴一文校注,贵阳:贵州人民出版社,1997年,第163页。

在14000万—7000万年前的侏罗纪末至白垩纪末，地壳急剧抬升隆起，地形被切割，在内外营力相互作用下形成截然不同的溶蚀地貌、侵蚀地貌、堆积地貌，广泛发育于山地的数级夷平面，被水系切割成零星分布的台面及标高近似的峰顶面，之后，更强烈的喜马拉雅山造山运动，导致地壳进一步抬升隆起，最终形成岩溶地貌和侵蚀堆积地貌景观。黔湘桂边地山区山体庞大，切割纵深，地貌形态发育完善，有峰丛、峰林、石林、溶洞、溶洼、天生桥、暗河形态等。主要山峰海拔均在1200～1500米之间，一般山体海拔在700～1000米间，属于典型的山地地区，以中山和低中山为主，在山地与山地之间，有小片的侵蚀盆地和侵蚀-溶蚀盆地，当地称之为坝子，比如天柱大坝、榕江大坝、靖州大坝、敦寨-中黄大坝、中潮大坝等，是重要的农业耕作区域。黔湘桂边界区域的土壤以黄壤和红壤、黄红壤为主，间有红色石灰土、黑色石灰土、紫色土等，由于"山多载土，树宜杉"，自古以来，黔湘桂边界区域都是南方宜林山区，适宜各种气候带植物的生长，生长着热带、亚热带、暖温带和温带植物，是中国多种植物区系成分交叉荟萃的地区。植物中，有中国特有属49属，生长有被列为珍稀树种的秃杉、华南桦、鹅掌楸、香果树、水青树、篱子三尖杉、银杏等。[①] 松、杉、竹是这一区域最常见的树种，整个山野，群山叠翠，林木葱茏，是全国著名的杉乡林海，是南方植物基因库。

在水文上，这一区域属于长江中游区域水系和珠江上游区域水系交汇地带。这一区域最重要的河流是清水江、渠水和都柳江。

清水江系沅江上游干流，发源于黔南州贵定县南麓青杠坡。清水江在黔东南州境内长约376公里，入境海拔649米，出境海拔209米，支流有北侧的重安江、泸洞河，南侧的巴拉河、南哨河、亮江等。全州计有14个县为清水江流域区，在州境内流域面积14883平方公里，是黔东南的母亲河。清人徐家干说："清水江，盘折苗疆，源出都匀马尾河，经凯里西北，会于重安江，径施洞口，过清江厅，出远口而入湖南。清深

---

① 参见黔东南州地方志编纂委员会编：《黔东南州志·地理志》，贵阳：贵州人民出版社，1990年，第209～215页。

可通舟,实沅水之上流。"①黔东南散文家、在清水江畔长大的苗家人欧阳克俭这样描绘清水江:"清水江,是从黔南都匀流入,在麻江瓮城河渡口上游 1.5 公里海拔 649.5 米处入黔东南州境后才称为清水江的。至瓮洞下金紫村鸡公塘海拔 209 米处出境进入湖南境内,清水江在黔东南州境流经丹寨、麻江、凯里、黄平、施秉、台江、剑河、锦屏、天柱九县市,一路浩浩汤汤,其间,先后汇入了重安江、巴拉河、南哨河、乌下江、泸洞河、亮江、鉴江等一年四季的溪流山涧与河川嶵塈的清凉之水。流程近千里,河床天然落差达 800 多米,灌溉了黔东南 14800 平方公里的广阔土地,养育了流域两岸数百万的黎民百姓。"②"清水江,又名清水河。皆因河水如镜,澄明清澈、透亮见底而得名。在少年的记忆里,清水江之水,是上帝托着无数高山大川这把巨大的天筛,将其过滤和净化之后,才倒将在河床中的神泉圣水。徐风拂来,一层涟漪曳一阵春风,一朵浪花荡一片新绿。而一旦这神泉圣水汇流成了奔腾不息的江流,就又把两岸的青山重峦当成了屏障,将周遭的水湄田园借作了严妆,这就更使得一条本就浩浩汤汤的河川,凭添了无限的妩媚、幽静、祥和、富庶、高贵"。"碧空万里,微风拂来,清水江丽影波光,仿佛一匹绸缎、一条轻纱,又似亭亭舞女拖着的长长的裙幅,慢慢向前洇去……那样的温柔飘逸,那样的静美娴雅。这是一条母性的河流。春江水涨,河水穿山破壁,汹涌狂奔,若箭矢离弦、如猛虎下山,又像脱缰的野马,那样的一往无前,那样的一泻千里。这又是一条父性的河流。盛夏的夜晚,渔火星月,交相辉映,清水江则又似千万条银鳞闪烁的巨蟒。排屋一江、渔歌一江、浴人一江……清水江那又是怎样的万种风情! 这又绝对是一条浪漫的河流……清水江载负着太多的民族和历史的重荷,清水江有太多的文化需要今人去承接和赓续……"③

渠水系沅水一级支流,又名渠江,古称叙水。发源于贵州省黎平县

① (清)徐家干:《苗疆闻见录》,吴一文校注,贵阳:贵州人民出版社,1997 年,第 143 页。
② 欧阳克俭:《清水江之源——斗蓬山探迹》,载欧阳克俭:《边事管窥》,北京:大众文艺出版社,2010 年,第 21 页。
③ 欧阳克俭:《清水江——美丽如梦母亲河》,载欧阳克俭:《边事管窥》,北京:大众文艺出版社,2010 年,第 69、77 页。

中潮镇地转坡,在黎平境内称中潮河、洪洲河,向东至洪洲镇流团入湖南省境内,称播阳河,至通道县溪后向北往靖州方向流,称渠水。流经通道侗族自治县、靖州苗族侗族自治县、会同县、洪江市,于洪江市托口镇注入沅水,全长 215 公里,流域人口约 80 万,沿途河段灌溉水田面积在 23 万亩。

都柳江属珠江水系西江干流融水上源,发源于黔南州独山县拉林乡磨石湾,经三都水族自治县,至榕江西南部新寨村西海拔 303 米处入黔东南州境。经八开、腊西向东北流入古州。折向东南流经从江县城往下 4 公里海拔 174 米处出省境,经广西三江,称融水,融水而下称柳江,再而下为西江,系珠江之干流。

苗岭南延,即以苗公山为主峰的苗岭延展区域,正是长江水系和珠江水系的分水岭。苗岭南延区域以西,其溪流主要注入都柳江,为珠江上游水系;苗岭南延区域以东、以北,其溪流主要注入清水江或洪洲河(渠水),为长江中游水系。

其实,整个贵州境域,都是处于长江水系与珠江水系上,是这两条重要河流的分水岭。清人谢圣纶在辑《滇黔志略》时,曾引《水道考》进行阐述:"黔处万山中,形势迂回,分著微妙。所为茹纳群流,吞吐溪壑,达江赴海,纬从水而经之者,曰乌江,曰盘江,曰濛江,曰铜仁江,曰清江,曰都江。总诸水经流七,达长江者四,归粤海者三。"[1]黔湘桂边界区域也处于长江中游和珠江上游地带。

整个黔湘桂边界区域,扩大开来,整个贵州境域,最让人感受深刻的就是其山川莽莽之浩荡气象,属于典型的山之国、壑之境;再则,是其千里之广区域,全然为苗蛮错处聚居之区。谢圣纶言黔"跬步皆山,苗蛮错处",还真是对于整个贵州境域的真实写照。也正是贵州"跬步皆山,苗蛮错处"的现实,以中原文明为参照,整个黔境,无论在空间地理上,还是在社会人文上,自然就成为边缘区域。在各个朝代的各类文献史料中,对于贵州的描述,无不表现出这样的倾向。《明史·贵州地理志·总序》言:"贵州,禹贡荆、梁二州徼外。元为湖广、四川、云南三行

---

[1] (清)谢圣纶辑:《滇黔志略》,古永继点校,贵阳:贵州人民出版社,2008 年,第 235 页。

中书省地。洪武十五年正月置贵州都指挥使司,治贵州宣慰司。其民职则仍属湖广、四川、云南三布政司。永乐十一年,置贵州等处承宣布政使司。与都指挥司同治。领府八,州一,县一,宣慰司一,长官司三十九。后领府十,州九,县十四,宣慰司一,长官司七十六。北至铜仁,与湖广四川界;南至镇宁,与广西、云南界;东至黎平,与湖广、广西界;西至普安,与云南、四川界。距南京四千二百五十里,京师七千六百七十里。弘治四年,编户四万三千三百六十七,口二十五万八千六百九十三。万历六年,户四万三千四百五,口二十九万九百七十二。"[1]贵州原系由三行省分析出来的,由三行省的边缘区域组成,再加之"山之国、壑之境"的地理形势和在空间地理上与中央王朝的距离,其边缘性特征就更是显著。

贵州的边缘性其实是由多方面因素构成的。从现代发展观念来看,开发相对较晚,社会发展相对滞后,社会组织形式简单,自然就成为边缘区域。在空间结构上,相比中原为整个大中华空间的中心区域,贵州则显然处于大中华这个巨大空间区域的边缘地带。贵州无论距离中央政权的核心区域,还是距中华文明经济圈的核心区域,其空间距离都是遥远的。鲁西奇在《中国历史的空间结构》一书中,引著名学者施坚雅的话说:"核心区聚集了区域范围内大部分的人口与财富,越靠近核心,其人口密度越大;它受到政府的重视,而得到诸多的优惠政策。边缘区域的人口密度较小,经济欠发达,财富总量低而且分散;政府控制薄弱,社会呈现多元化发展趋势,文化特别是意识形态出现另类化倾向。显然,距离是核心与边缘分异的基础。"[2]贵州的边缘性,表现在空间距离的边远、社会发展的闭塞、经济发展的贫困、自然环境的恶劣等诸多方面。而且,这种边缘性不是在一个短时段形成的,而是一个长时段的历史过程。从有历史文献记载以来,贵州就以边缘性而给历代文

---

①　(清)张廷玉编,罗康智、王继红编著:《〈明史·贵州地理志〉考释》,杨庭硕审订,贵阳:贵州人民出版社,2008 年,第 16 页。这里统计的户,主要指民户,不含军户,不纳入行政管辖的少数群区域的户籍也不在统计之列;口则主要指征收赋税的人口,不含老人与儿童。因而,不能看成是贵州真实的人口统计数据。

②　鲁西奇:《中国历史的空间结构》,桂林:广西师范大学出版社,2014 年,第 3 页。

人士子和高官权贵深刻印象。直至至今,贵州也还远远没有摆脱这种边缘性,依然是全国最贫困和最不发达的区域。

我们从明清人士的记载中进一步强化这种认识。

《滇黔志略》中,辑录了著名哲学大家王阳明的一段文字和邹元标的奏疏:

> 正德四年秋月三日,有吏目云自京来者,不知其姓名,携一子一仆将之任,过龙场,投宿土苗家。予从篱落间望见之,阴雨昏黑,欲就问讯北来事,不果。明早遣人觇之,已行矣。薄午,有人自龙场蜈蚣坡来,云一老人死坡下,傍两人哭之哀。予曰:"此必吏目死矣。伤哉!"薄暮,复有人来云,坡下死者二人,傍一人坐哭,询其状,则其子又死矣。明日,复有人来,见坡下积尸三焉,则其仆又死矣。呜呼伤哉! 念其暴骨无主,将二童子持畚插往瘗之。二童子有难色。予曰:"吾与尔,犹彼民。"二童子闵然涕下,请往。就其傍山麓为三坎埋之,又以只鸡、饭三盂,嗟吁涕洟而告之。
>
> 圣纶按:前邹元标《吏治民瘼疏》云:"两广、云、贵,吏兹土者悉谓之远。两广、滇南,文物埒中土,俸饩稍厚,以故人多乐居之。惟是贵州,僻在亥步,穷处黄茅岚氛,猿猱为伍,士人闻命,有投牒不往者,有既赴郁郁死者。臣请备言艰辛之状:臣往见都匀一驿丞,南京人也,悬鹑自结,乞食道死。又有麻哈等州,衙斋荒芜,举目凄凉。而独山知州吴誉闻者,文学吏事,亦自名家夜篝灯,同女子守孤印,皆含冤被论去。视诸臣,余可知矣。"云云。夫都匀驿丞,亦备员边鄙以供差遣者,乃至悬鹑百结、乞食道死,此与北来吏目父子积尸蜈蚣坡下,其悲惨可胜言哉![①]

分析上述两段记述,造成悲剧的原因,就是居地的边远、生活的贫困、道路环境的险恶及由此带来的心理恐惧。官员士子们尚且生活得

---

① (清)谢圣纶辑:《滇黔志略》,古永继点校,贵阳:贵州人民出版社,2008年,第399~400页。

如此艰辛困苦,而百姓的生活,尤其是聚居于深山大箐中的苗蛮的生活,则更是悲惨莫述。

我们再从谢圣纶的著作中,进一步感受那个时代各少数族群的生活现状。谢圣纶是福建建宁人,清乾隆六年(1741年)顺天乡试举人,由教习任上,选授贵州天柱知县,在天柱五年。对黔湘桂边区民情民风很熟悉。于乾隆十七年(1752年)调滇,任大理府知县,代理宾州知州等。乾隆二十六年(1761年)辞官归乡。在黔滇为官十余年,颇有政绩,尤其是在民族区域治理方面有建树,且对民生疾苦一直用心关注,得到当地百姓较好评价。其在奏疏中,对湘黔边区的民生疾苦,尤其是各少数族群的生活现状进行了详细的描述:

> 雍正八年开辟苗疆,至乾隆二年定底之后,始将逆产分屯防御,每户授田不过六七,而土瘠田硗,且不敌沃壤上则之半。距今甫阅廿年,屯军、苗民均有贫不能支之势。卑职伏查,历古苗民鲜有三十年不为黔患者,大都由生苗盘踞,内地之民并得因缘为奸。今九股悉归化,内复割楚、蜀、粤附近州县改隶黔疆,文武员弁星罗棋布,匪独新疆输诚向化,即上游各处种类,亦可长保无虞。惟是蠢兹苗民,总属朝廷赤子。卑职前任天柱,曾因公经台拱、清江等处一带,崇山密箐,绝少可耕之土。虽皇仁浩荡,苗地永不升科,然自开辟以来,镇、协、道、厅计新设兵役壹万贰千余名,屯堡军卫计安置丁口八千九百余户,加以商贩种种出入者众,地方有限而藉养无穷,苗民所由益困。夫国家设屯置卫,所以防苗,亦以化苗,法至善也;然军诈而苗蠢,军强而苗弱,生齿既繁,势不得不图买苗田、侵垦苗山,而苗地亦蹙。夫兵丁有拨运协济之粮,即有商贩往来,于苗民究不无小补。独屯军杂处苗寨,日与苗民争利,阴谋不获而强争,强争不获则告讦。苗民目不知文字,口不通话言,吞声莫诉,日就穷困,情殊可悯,似不可不曲加体恤,熟筹而变通之也。卑职伏查,苗民于四民之中所业惟农,又终世株守,不出巢穴。新疆兹生之苗,只赖新疆有限之地以资养畜。屯军则招募附近一带之民,有本籍可归,有生业可务,有族姻可依倚,有邻壤可负贩。与其渐

生渐长浸为苗病,似不若仰恳宪慈,谕以当以日计户授田之意,饬查人浮于田者,酌令丁壮归籍谋生。倘有公私过犯、革伍解回者,即就本堡选充;其或图买苗田、侵垦苗山,查出重惩革解。如此,则堡田足赡军户,不至与蠢苗争利,似于屯卫不扰而苗民得以休养生息,永享朝廷太平之福矣。再新疆厅员所辖境内,屯军卫弁而外又有土千总、土把总等职,并非有汗马之劳、野战之功,不过因逆苗猖獗、会兵剿戮之余,该土弁能通晓苗话、往来传谕,遂令鼠奔兔脱之众俯道来归,因而前宪悯其微劳,赏授土千总、土把总职衔,仍给以通事工食,原与各苗寨之通事头人等也。卑职窃见,新疆各土弁,率系出入乘马跟随白役,俨与经制无异,实则皆刻剥愚苗以资豢养,而愚苗无知,望之皆震慑惊惶,尊奉恐后。偶因户婚细故批令查处,在厅员不过如州县之批饬保甲而狐假虎威,又以通晓苗话,上下相蒙,勾串滋弊,于是挟制愚苗,擅作威服,藉端吓诈,实为苗民之蠹。今新疆宁谧,苗民恭顺,所有一切土弁,似无容多设。合无仰恳宪兹,饬谕各厅员严加约束,毋得令土弁干涉民事。如有户婚细故,只应饬令各苗头查处,毋得擅批土弁。其现在土弁,虽未便概行裁汰致滋扰,倘有因事黜革及业经物故者,似应追缴土弁执照,不必令子孙更行承充,或就地方情形酌留数弁;并慎金通事,令其传输苗众,不必给以职衔。如此,则土弁不至恃符怙势,苗民可无刻剥之苦矣。再附:近无业刁民,每多往来苗寨,交结各头人,诱哄苗民,甚或教唆兴讼,亦有欺骗成家遂顿居苗寨中者,日侵月蚀,贻累匪细。应请一体饬查,从容设法驱除,庶苗民不至日就虚耗,而新疆可无蠢动滋事之患矣。[①]

这封奏疏,将苗疆开辟后苗民的生存现状真实地揭示了出来。清政府开辟苗疆是雍正朝时,历时数年,斩杀无辜苗民几十万,设立了所谓新疆六厅,即八寨厅、丹江厅、清江厅、台拱厅、古州厅、都江厅,至此,

---

① (清)谢圣纶辑:《滇黔志略》,古永继点校,贵阳:贵州人民出版社,2008年,第387~389页。

横跨黔东南、黔南境域,清水江和都柳江间,位于苗岭核心区域的千里苗疆,完成了由生苗区域向熟苗区域的转化,完全纳入中华大一统之行政范畴。新疆六厅的设立,标志全国苗族地区,完全完成了国家化进程。黔湘边界区域的三锹人,即生活于苗疆之东南边缘地带,与清江厅接壤。我们论述中提到的美蒙、小瑶光等三锹人村寨,即在清江厅之边界上,可以看成是生苗与熟苗之过渡区域。苗疆开辟逾二十年了,但广大苗疆区域,苗民的生活状况并没有根本改善,依然陷于穷困饥馁之中。导致苗民生活困顿的原因,有自然环境的因素,即"土瘠田硗"、"崇山密箐,绝少可耕之土",更有人为之因素,尤其是统治者的治理无方、屯军的恃强凌弱、汉人中奸诈之徒的算计、苗民上层的盘剥威压等。具体表现在几方面。一是屯堡军卫和其他人群大量涌入苗疆,占领大片良田沃土,使许多苗民无田可耕,无地可种,"地方有限而藉养无穷,苗民所由益困"。二是处于强势地位的屯军和汉民对于苗民的欺凌和盘剥,他们"图买苗田、侵垦苗山,而苗地亦蹙"。三是杂处苗寨中间的屯军、商贩等,"日与苗民争利",尽种种手段刻剥苗民,其不但不能带动苗民生产致富,反而"浸为苗病"。四是作为苗寨上层的头人、土千总、土把总,及负责与地方政府沟通联络的弁员、通事等,与地方政府互相勾结,借政府和屯军的淫威,巧立种种名目,"恃符怙势",欺压剥削苗民。五是苗疆开辟后,各类汉奸、无业刁民等,不断在苗疆滋事、教唆,使苗疆社会秩序出现混乱。

　　实事求是地说,谢圣纶对于苗家人生活的现状和处境的观察是细致的,对苗疆社情的把握是到位的,其提出的对策也有可行性。

　　民族问题在中国这个幅员辽阔的多民族国家中,一直是一个棘手的大问题,是历代统治者想解决而又不能解决的问题,将伴随民族的存在而长期存在。就是社会发展到今天,民族问题,民族地区的贫困问题,也仍然是我们要解决的重要问题。时间已经进入了 21 世纪,我们也正在向建设现代化强国的征程迈进,但客观地、实事求是地看待当下的民族问题,也依然是不得不面对,也不能绕开的严峻现实和重要课题。

　　三锹人生活的湘黔边境区域,从地理环境上,正是云贵高原东部重要山脉苗岭的延展区域。苗岭山脉,横亘于贵州东南部苗族聚居区,故名苗岭,是珠江水系与长江水系的分水岭。苗岭海拔一般 1200～1600 米,山峰则常达 1500～2000 米以上,东段主峰雷公山达 2179 米,中段云雾山高 1584 米,斗篷山高达 1961 米,西段老王山海拔 2127 米。苗岭属亚热带湿润山区,盛产杉、樟、竹及亚热带水果等。三锹人聚居区域属苗岭东南缘,是一片切割强烈的中山区,地面起伏较大,相对高度海拔在 600～1000 米间,山体庞大,山势陡峭,壑深谷狭,开阔的谷地和坝子极少,是典型的山地山区。山坡往往呈柱型锥体状,由于切割强烈、谷底窄狭,又有山洪和泥石流的威胁,因此,这一区域的谷地往往不宜居住,也不宜开垦。从谷底到半山,坡度陡峭,也是不宜居住、不宜开垦的地段。只有顺着山势蜿蜒到了半山,才会拓展出一小片台塬地,村寨和田地一般就紧紧地依立在这些窄小的台塬地上,并一直往上开垦梯田或者依山就势修筑房舍。黔湘桂边界区域的各少数族群,基本上就在这样的环境中开垦田亩,求取生存。当地的民谣说:住半山,种半山,犁坡边,挖山尖,走到冲脚要一天。《楚南苗志》说:"傍山之田,蜿蜒如带。深谷之田,层级若梯。各随其处,高高下下,天造地设,以成形势,诚难悉举也。至于苗地诸山,大而崧,小而岑,锐而峤,毕而崿,以及岌岨峥蜀,翠微崔嵬,厜峨磝嶅,更未可名状。"[1]确实,黔湘桂边界区域山势的险峻和奇特,真是不能一一描述和形容的。这样的自然环境,也就决定了生活于其间的各族群,只能采取最简单粗放的耕种方式。至清代,生活于这一区域的各少数族群,主要采取的基本都是相对原始的刀耕火种的方式。"苗人男妇,攀藤附葛,缘岩而上,刈草烧挖,即成熟土。种至三年,遂至硗瘠,必另辟他处。其旧土,弃之数年,茅茨成林,又复砍挖、播种。如此循去环来,周而复始也。'苗疆'田土大率如是"[2]。贵州境域黎平、锦屏的三锹人,就居住在这片莽莽苍苍的山野中——湖南锹里核心区的三锹人,也居住于相同的区域间,而且是莽莽

---

[1] (清)段汝霖撰,谢华著:《楚南苗志·湘西土司辑略》,伍新福点校,长沙:岳麓书社,2008 年,第 192 页。

[2] (清)段汝霖撰,谢华著:《楚南苗志·湘西土司辑略》,伍新福点校,长沙:岳麓书社,2008 年,第 192 页。

大山的半山以上,主要按照传统的生产方式生存生活。这样的区域,严格意义上说,是不太适宜于人类居住的。

正是这样促狭险峻的居住环境,决定了三锹人生存环境中的显著特征。一是三锹人都普遍居住在海拔相对高的崇山峻岭之上。三锹人是在明清时期清水江山地开发背景下才来到清水江中游区域的,属于后来之族群,且主要以佃山耕作、栽杉种树为业,因而,其居住地生存条件比较当地原生各族群,自然更显险峻恶劣。我走访过贵州黎平、锦屏境内的大部分三锹人村寨,其居住地基本上都在海拔 800 米以上,有些村寨立寨建房的海拔甚至到 1000 米。黎平境域的最大的三锹人村寨岑趸村,建在由三个山脑围成的形似燕子窝的山坳处,村寨房屋由山坳层层叠叠向三个山脑的坡墁处延展,村委会建在山坳中间的一眼水塘上,村委会的人说,水塘处海拔是 960 米,那么,建在坡墁高处的人家,海拔绝对在 1000 米以上;美蒙村是靠近青山界主峰最近的三锹人村寨,村寨海拔 980 米,居住在最高处的人家,海拔超过 1000 米;锦屏境域最大的三锹人村寨中仰,建在海拔 860 余米的一片窄小的台塬地上,就在清水江东岸,可以看得见清水江,但走到清水江边,则要沿曲曲折折的山路盘旋而下,有十余里路程。锦屏境域的三锹人村寨,海拔最低的是岑梧,有 600 余米;黎平境域三锹人村寨,海拔最低的是乌山,在乌下江西岸,海拔也在 600 余米。所有三锹人村落,没有一座村寨建在谷地、坝子。二是三锹人的耕地面积少。所有三锹人村寨,没有一座村寨的人均田土面积达到 1 亩,岑梧是三锹人村落中田土面积最多的,也只是接近人均 1 亩。岑趸村 1017 人,田土面积 441 亩,人均 0.43 亩;中仰村 1448 人,田土面积 668 亩,人均 0.46 亩;美蒙村 433 人,田土面积 280 亩,人均 0.64 亩。经统计,三锹人村寨人均田土面积在 0.4～0.6 亩间。而且,由于三锹人全部居住在高海拔山区的坡塬地上,其耕种的都是坡塬地上的塝上田、冲头田、冷水田、望天田、锈泥田,单位面积产量亩产只有 700 斤左右——700 斤出田谷,大约产大米 390 斤。人均 0.5 亩田土,年均粮食不到 200 斤,尚不能维持基本温饱。三是交通出行极为不便。在黎平、锦屏境域的三锹人村寨,由于大多居住在高山大岭之上,属于中山峡谷地貌,山势陡峭,山体切割强烈,从谷底到山顶,海拔落差达 700 米以上。由于地质构造踞偏，山体破碎，切割强烈，山顶和谷底落差大，自然坡度均在 40 度以上，很不适宜人类居住开垦。春夏季节，暴雨山洪会造成程度不一的滑坡和泥石流；而冬季，北风冷雨又极易形成凝冻。三锹人村寨和田地都开列在这样的地带上，可以想象其生存环境之恶劣。三锹人耕种的田亩，看上去不远，但走起路来，都在七八里以上，且都是筑在坡度 40～50 度的坡墈上，依山就势垒砌成层层叠叠的腰带状梯田。种田要爬坡上坎进冲，其辛苦艰难，不是一般人能承受。我在一篇论文中有过论述："由于环境恶劣，山势高峻，山体破碎，坡度陡峭，落差巨大，三锹人居住区域的交通非常不便。第一是居地偏远，三锹人几乎都居住在高山大谷中的高山之上，距离中心区域，尤其是距集镇路途遥远。岑寂村距乡政府所在地大稼 10 公里，中仰距乡政府河口陆地距离 40 公里、水上距离 15 公里，美蒙距河口 28 公里，岑梧距平略镇所在地平略 15 公里。所有三锹人村寨，距县城都在 60 公里以上。第二是路况差。黎平锦屏两县，有 20 余座三锹人村寨，在 2015 年前，没有一座三锹人村寨进村道路为水泥路或柏油路，都是狭窄陡峭的泥土路，一般车辆不能通行，遇上雨雪天气，则任何车辆都不能通行。我 1991 年第一次到岑寂时走的那条乡村简易公路，至今没有任何变化，反而是路况变得更差。第三是居地高峻险窄，出行困难。由于三锹人居住地海拔高、坡度陡，无论是乘坐交通工具出行还是步行出行，都极为困难，就是与周边村寨交往，也困难重重，在村寨内串门，也要上坡下坎，很是吃力。在岑寂，住在最下边的人家，到住在最上边的人家，垂直距离在 200 米以上。在现代社会，交通在决定生活状况中，具有越来越关键的作用。"[①]2016 年来，中国加大对西部地区的扶贫力度，贵州实行"村村通"公路工程，使贵州乡村的交通状况有了很大改善。

2018 年 8 月，我再次到黎平、锦屏境域三锹人调研走访，几乎所有三锹人村寨都通了进村的水泥公路。2015 年我与潘健康到美蒙去调

---

① 余达忠：《边缘族群三撬人婚姻生态的社会人类学分析》，《吉首大学学报（社会科学版）》2015 年第 6 期。

研,带了一台城市越野车去的,到河口乡政府,龙乡长一见面就说,我这车去不了美蒙。我强调这是越野车。乡长说,去美蒙,只有乡政府的山地皮卡车去得了,还必须由乡政府的陈师傅开才能去——换一个人就去不了。我们只好听从乡政府安排,坐上乡政府的山地皮卡车,由乡政府的师傅开着,沿清水江边往莽莽大山盘旋而上。离开清水江,皮卡车一直在山野间蜿蜒爬行,绕过一道又一道岭脊,而美蒙依然还在更高的岭脊之上,还看不到它。公路是典型的山区乡间公路,狭窄、弯曲、陡峭,是没有进行修整的泥土路,有的地方铺着粗粝的石头,有的地方就全然是泥土,没有排水沟,雨水、山洪将公路冲得坑坑洼洼,路中间时不时有裂开来的豁口,可以将整个车轮都陷进去。车子走走停停地驶在这样的公路上,时不时要下车来观察下路况,或者垫一下石头。陈师傅说,全乡就只有皮卡车可以进得来美蒙,也只有他一个人敢开进来,其他人都不敢开进来。如果是下雨天,就任是什么车,都来不了。陈师傅说,作为上面来的人,我是胆大的,敢坐他的车进来。其他干部,还走不到一半路,就叫着回去了。上个月,乡里让他送县里两个干部进来,走了一小半路,就死活不肯坐车了,说宁愿走路进去。龙乡长没法,就只好陪着他们走路去、走路回——回到乡政府已经晚上十一点钟了。去美蒙的路,是我走过的最糟糕的乡村公路,一路上惊心动魄,像经历一场战斗。我们从美蒙回到乡政府,也已经完全天黑了。晚上,躺在清水江边上的小酒店里,一直都还心有余悸,为自己深深的感动——居然敢走这样的乡村公路,而且,还居然安全地回来了。

2018 年 8 月,我与朋友杨村、王立、秀锦等,由剑河顺清水江而下至南加,由南加上青山界,从青山界主峰往美蒙走。时隔三年,美蒙的交通发生了很大变化,由河口乡政府驻地到美蒙,由美蒙再到青山界主峰,公路一线畅通,且都是新浇筑的水泥路,两辆小车相会基本没有问题。大唐电力公司在青山界上安装大型风力发电机,为运送大型装备,上青山界的公路修得特别宽阔,方圆几十里的青山界上,公路纵横、四通八达。我采访美蒙的百姓,他们最感激的,就是这两年为他们修了这条公路。他们说,现在,顺着山下到清水江边,然后去锦屏,三个小时就可以到了——原来,没有一整天,是到不了县城的;或者翻过青山界到黎平尚重，也只要两小时，方便得很了。早先的时候，美蒙人去河口和县城，有两种方式：一是从玉合经瑶光直接走山路到河口，大约有四十里山路；一是由美蒙走山路下到谷底，由谷底再顺着山冲走十里到美蒙溪边，由溪边坐船到河口，也有约三十里路程。但无论走哪条路，到河口都要五个小时以上，由河口再坐车到锦屏县城，也要五个小时——两头黑，能够到县城，就已经是很顺利了。我不能确定，美蒙是不是锦屏县境最偏远的村寨；但我能够确定，在三锹人村寨中，美蒙是比较偏远的村落。

在黎平、锦屏的三锹人聚居区域，美蒙其实不是一个个案，而是三锹人生存环境的一种普遍状况，是三锹人出行的基本现实。几乎所有的三锹人村寨，都像美蒙一样，生活于这样恶劣险峻的环境中，经历过这样长长的、艰难的出行时期；一代又一代的三锹人，都在这样恶劣的、非人的、艰难困苦的环境中生存、挣扎、奋斗、期待。

图 7-1　三锹人居住山区，"崇山密箐，绝少可耕之土"（余刚 摄）

第二节　边缘化生存：三锹人的生存现状

　　从 20 世纪 90 年代开始，我就在黔湘桂边界区域进行人类学田野调研，足迹遍及黔湘桂边界区域各个县，大部分著名的民族乡村都去过，走访了许多侗族、苗族、瑶族村寨。在民族村寨调查走访，让人感受最深的，让人心情最为沉重的，就是生活于这一区域的各族人民曾经经历和承受的，当下也还在经历和承受的贫困。

　　1995 年，我到锦屏西北的九寨侗族社区调研，其贫困就给我极为深刻的感受。在《九寨民俗——一个侗族社区的文化变迁》中，我曾经写下这样的文字："在黄门民族中学考察时，校长告诉我们，每年 9 月份开学时，学生都还来得整齐，但渐渐就有学生流失了，尤其是青黄不接的时候，流失的学生就更多。学生都住校，从家里带米带菜来，这时候家里已经没有米让他们带来了，就只能中途辍学。那些辍学的学生，成绩都是很好的，以后会有很好的前途。校长向我们叙述的时候，语调是沉缓的、伤感的。学校现在还借小学的教室上课。由群众集资和国家资助新建一幢教学楼，断断续续施工已经三年了，始终无法竣工。本来只差 5 万元就可以完工了的，可是到哪里去找 5 万元呢？他显出一种无奈而又无助的焦躁与忧郁。我们深深理解他作为校长的这份心情。九寨要摆脱贫困，很多问题需要解决，而最主要的是必须提高人口素质，提高人口素质又必须发展教育，发展教育又要以经济投入作为前提。这种效应关系，对于九寨来讲，的确太严峻，太沉重了，也太难于解决了。"[1]时间过去五年，到了 2000 年，我到黎平县大稼乡岑努村进行人类学考察，在这个多族群共居的村寨里，让我心情最为沉重的，依然是贫困给生活于这里的各族群的孩子们的未来造成的巨大影响，贫困

---

① 傅安辉、余达忠：《九寨民俗——一个侗族社区的文化变迁》，贵阳：贵州人民出版社，1997 年，第 229 页。

对于孩子们美好憧憬的无情剥夺。我还在县教育局采访时，教育局的同志就告诉我，整个尚重片区，学生的流失率是比较严重的，尤其是女生的流失率，是全县较高的。2000 年春季开学时，岑努小学一下子流失了 14 个女生，"其中六年级就流失了 9 个女生，另外，五年级、四年级、二年级各占 1 个，一年级占 2 个。六年级总共有 18 个女生，整整流失了一半。我问女生流失的原因，姜校长不犹豫地说，是穷。现在这 9 个少女都随大人去外地打工去了。至于在什么地方打工，他们也不得而知，就是他们的家长也不得而知。我问姜校长，是她们自己愿意去的吗，还是家长让她们去的？姜校长说，不清楚是怎样的情况，反正人已经去了，而且现在还无法去找回来。但有一点可以肯定，去打工的这 9 个少女，她们的家庭情况在岑努算是最贫困的。她们觉得读书无望了，也无法读下去了，就想到去打工，以此减轻一点家庭的负担。我问，这些少女都有多大了呢？姜校长说，最大的八二年底出生，有十七岁，最小的八七年出生，才十三岁。我的心陡地沉重了起来，不敢再问下去了。在异乡，在远方，在完全陌生的、人头攒动的、冰冷坚硬的城市里，这些从未出过远门的还未长大的少女们此刻在干什么呢？"[1]后来，这些少女们再也没有回到学校，告别了她们的花季年龄，与她们的父辈一起，走在了艰辛的谋生路上。

时间不断地向前流逝，人生如一枚尖锐的木楔，坚定地、执拗地向岁月更深处嵌进去，我也由一个血性方刚的青年，不可避免地进入了油腻的中年，似乎一切都可以坦然、淡泊下来了，对于许多事情也渐渐地接受了下来，感觉自己仿佛在麻木下去，在沉陷下去。但行走在黔湘桂边区的土地上，在苗乡侗寨间走访，穿行于一条又一条狭窄晦暗的村巷里，走进一户又一户空徒四壁的人家，贫困也依然还是让我耿耿于心，是我内心挥之不去的沉重的情结和阴影。2015 年，我与朋友杨村，在三联书店合作出版了一部文化随笔式的专著《两个人的乡村——作家通信》，记述了我们在黔东南乡村走访调研时的见闻和感受，其中，贫困

---

[1]　余达忠：《走向和谐——岑努村人类学考察》，贵阳：贵州人民出版社，2001 年，第 151 页。

是我们在通信中探讨得最多的话题,也是我们的乡村通信中不能绕开,又必须直面的话题。"许多人,甚至一说到贵州,就想到贫困,一说到贫困,就联想到贵州……贵州的贫困真正是我们不能绕过的,既是真实的历史,已经持续了六百年以上,显然是历史,但也是现实,是直逼眉间和心灵的现实"。剑河苗寨"巫泥村坐落在一个典型的山坳上,海拔高度为 900 米。南面是一壁陡峭的山崖,北面是一条幽深的峡谷,一座叫杠子岭的山峰从东向西斜生而下,在巫泥村的寨址那儿落了一道湾,之后又浮起来继续向西边斜斜而下,直抵谷底"。"那是阳光缓照的午后,村子上显得宁静,缄默。一位热心的农民朋友走过来。他牵的马匹套着一车柴薪,正从公路上咿呀地辗过来。他仿佛对我们的身份表示疑惑。寻问之后,他知道我们进行乡村旅游,索性随意找一块石头坐下来,拉着我们闲聊。马停在路上甩着脑袋,铃铛脆响。老农显得很健谈。那时,我们面对着一片山野,正在改造的公路将新开挖的泥土向山下倾倒,一片片树林被压倒在泥下,一片灰黄。山腰上,就是一片农田。他说,那些农田就是我们村的主要仓库。另外一处是翻过那座山,他又指着对面的山峰,再走下那面的山腰,一个来回就是半天。远啊,他又说,我们早晚两头黑,一天也只能打出两挑谷回家……我们来到村子上,来到村长家。简单地统计一下,这座村子的外出打工者多达 300 多人,约占劳动力总数的 40%。我们问,为什么要离开家乡,离开土地,去那么远的地方打工? 他们用四个字回答我们:家乡贫困。粮食部门的朋友帮我们算了一下,在海拔 1000 米左右的高山稻田,如果风调雨顺,一年的亩产收成为 350 公斤生谷,人均耕地 0.52 亩的巫泥村,每人每年平均占有粮食就应该是 182 公斤生谷,每百公斤生谷可以晒出 78 公斤干谷,约为 142 公斤干谷.每百公斤干谷大约打出 65 公斤大米,142 公斤干谷约为 92 公斤大米。就是一年最基本的温饱问题都不能解决呵!这就是巫泥村的生存状况"。① 贫困似乎定格在民族乡村,是你不得不直面的现实。

---

① 杨村、余达忠:《两个人的乡村——作家通信》,北京:三联书店,2015 年,第 139、145～146 页。

几十年来，如果往历史更深处追溯，几千年来，贫困一直如一柄悬在民族地区的达摩克利斯之剑，成为我们命运的一种形式。在三锹人村寨间走访调研，对于三锹人的生存现状，直逼心灵和眉间的，还是三锹人的贫困，一如他们的宿命一般的贫困。

但对二十多年来所见闻和感受的贫困现状进行分析发现，虽然我们一如既往地用贫困来概括和表述，但当下的贫困与 20 世纪 70—80 年代的贫困还是存在本质的区别的。20 世纪 80 年代的贫困——还可以往前追溯到更早先的时期——是与饥馑联系在一起的，是一种基本生存都不能维持的赤贫状态，是不能保证基本温饱的最低的生存境况，没有饭吃，或者半温半饱，是一种基本的生活常态。20 世纪 60—80 年代，许多民族乡村就处于这样的生存状态中。几千年来，饥馑一直是人类生存的最大的敌人。进入 21 世纪后，随着中国改革开放的不断深入，经济的不断发展，扶贫力度的不断加大，西部民族地区的贫困现状虽然还不能完全根除、消灭，但人们的生存已然越过了那种基本生存没有保障的饥馑状态，而进入了基本生存有了保障的温饱阶段。人们虽然还生活于贫困之中，但危及生存的温饱已经得到了根本性解决，人们的贫困是发展中呈现出来的贫困，是没有得到更充分的教育的贫困，是没有享受更好的物质生活的贫困，是没有拥有更好的医疗条件和生活条件的贫困。进入 2010 年后，在民族乡村行走采访，无论多么边远的乡村，无论多么贫困的人家，那种缺食少衣、基本温饱都不能解决的赤贫现象，那种吃上顿而无下顿的饥馑状态，应该说是从根本上消除了——人们基本上不会为基本的吃穿而陷于困境和危机中。从这个发展的状态来说，这是中国这个古老的大国改革开放几十年来取得的最伟大的成就。赫拉利在其著作《未来简史》中说："从'人文始祖'黄帝时期到 20 世纪的中国，几千年来中国都曾遭到饥荒肆虐。几十年前，中国还曾经是粮食短缺的代名词。1974 年，第一次世界粮食会议在开罗召开，各国代表听到恍若世界末日的前景预测。专家告诉他们，中国绝无可能养活 10 亿人口，这个全球人口最多的国家正走向灾难。但事实上，中国创造了历史上最大的一个经济奇迹。自 1974 年以来，虽然仍有几亿人苦于粮食匮乏和营养不良，但也有几亿中国人摆脱贫困，这是中国历史上首次不再受到饥荒之苦。"[①]最迟在 2010 年,西部民族地区,已经摆脱了基于基本生存的饥荒状态的贫困。

我在黔湘桂边界区域三锹人生活地区采访调研,虽然让我感到触目惊心的依然是贫困,让我心情沉重的也依然是贫困,但这种贫困已经与饥馑有了本质的区别了。这种贫困是基于经济收入和生活水平的相对状态而呈现出来的贫困。

2014 年暑期,我到三锹人聚居区域黎平大稼乡采访调研,与大稼乡党委书记吴滔有过深入的谈话。因为我就是在黎平出生并生活过的学者,彼此间都还了解,我们的交谈是坦诚的、不设限的。他说,在黎平县所辖 25 个乡镇中,大稼乡差不多是最贫困的乡镇之一。这种贫困包括自然资源的贫困——整个大稼乡,农民的人均耕地都不到 1 亩,而且都是高山田、塝上田、冲头田,肯定不能与坝子地区的田土相比,单位面积产量会低到近一半;大稼乡属于高寒山区,山高坡大谷深,很不适宜于种植和发展其他经济作物或者其他养殖业;现在强调生态保护,我们这里属于长江中上游区域的水土保持区域,山上的树木一般不允许砍伐,因此也不能成为直接的经济资源;目前,地上和地下,没有任何矿产可以开采。在区位上,大稼也处于一个贫困的位置。大稼属于黎平尚重片区,位于黎平县西北部,山高谷深是一方面,更重要的是边远闭塞。这个片区正处于雷公山脉东南区域,是黎平、锦屏、剑河、榕江四县交界地区,在空间距离上,距四个县县城都远,都在 60 公里以上。大稼距黎平县城 70 余公里,这个片区的德化则超过 100 公里,至于与更大的城市的距离,则更是遥远了。城市经济基本上辐射不到这个片区。经济上的贫困,可以说是整个尚重片区最突出的。尚重片区的几个乡镇——大稼、尚重、德化、平寨,其经济上的各项指标,在黎平县各地区的排序中,差不多是最后的名次。如果没有财政扶持和转移支付,几个乡镇都不能正常运转。农民的人均收入,也一直在全县的人均值以下。黎平县境的三锹人,基本上都聚居在大稼乡。岑寨、乌山、乌勒、俾嗟、

---

① ［以］尤瓦尔·赫拉利著:《未来简史——从智人到智神》,林俊宏译,北京:中信出版社,2018 年,第 4 页。

岑努,这几个大的三锹人村寨,都属于大稼乡辖。客观地说,三锹人村寨,比起周边其他村寨,比如苗族村寨、侗族村寨,相对要贫困些。如果很真实地计算,像岑趸的人均纯收入,会在 2000 元左右。这种贫困,是一种历史性的贫困。如果要找更直接的原因,主要在两点:一是三锹人村寨的人均田土面积比起其他村寨又更少些。其他苗族、侗族村寨,人均田土面积大多在 0.8 分左右,有的会到 1 亩,而三锹人村寨,基本上就在 0.6 亩左右,像岑趸就是全乡人均耕地最少的,还不到 0.5 亩——这么少的耕地,养活人都困难,怎么不贫困;二是三锹人村寨,出去的人也相对要少些,一个村寨,出去的人多了,在外的人多了,其资源也就会相对多,门路也就会相对多,但三锹人村寨,在外的人真比其他村寨要少些,即便出去的,也主要以当教师为主——教师的资源又相对受限制些。好在现在国家有了最低生活保障制度,对那些贫困人口实行兜底,因此,乡村贫困是贫困,但基本的温饱还是得到基本解决了的。

最后,他不无感慨地说,看一个村的生活现状、生存状况,从这个村的单身汉情况就可以看出来。单身汉最多的村,就一定是最贫困的村。在大稼乡,岑趸的单身汉是最多的——现在去看不到,单身汉们都出去打工了,要到春节就看到了。28、29 岁,甚至 30 多岁还讨不到老婆的单身汉,岑趸最多了,让人既心疼又无奈。

2017、2018 年假期,我与我的学生、现任黎平县副县长的陈治英也有过多次交谈。工作二十多年来,她辗转在黎平县多个乡镇任过乡镇长、书记,对乡村情况很熟悉。她说,在黎平 4400 多平方公里的范畴内,有两个片区是扶贫攻坚的主战场:一个是尚重片区,含尚重、大稼、德化、平寨四个乡镇,7 万多人口;再一个是位于黎平南部的水口片区,有五个乡镇,含水口、肇兴、龙额、地坪、雷洞,有近 10 万人口。这两个片区,属于黎平最贫困的地区,都是黎平主要的侗族和苗族聚居区。这两个片区的贫困,除自然环境的因素、人均耕地面积少的因素外,还有一个重要因素,这两个片区相对黎平全境来说,是属于开发相对较晚的区域,在历史上一直属于比较封闭的区域。黎平的形状像一片倾斜放着的树叶,县城在中间,而这两个片区则正好在叶子的两端。从县城到西北的尚重片区有 100 公里,到南部的水口片区,也是 100 公里,都是高山大坡地区。这两个片区都没有一块宽阔的谷地和坝子,全部都是坡连坡、塝连塝的,互相能够看得见,走近就要半天了。但整个水口片区这几年的开发力度要大些,条件改变很多。贵广高铁、厦榕高速、黎洛高速都从这个片区经过,交通条件改变很大;更重要的在于,这个片区是南侗文化核心区,著名侗寨肇兴、堂安等都在这个片区,旅游开发在助推这个片区的发展上,起到了很大的作用;而且,这个片区又刚好与省级开发区洛贯工业园区挨在一起。而尚重片区,这些年来,整体条件则改变不大,用尚重片区本地人的话讲,是黎平一个发展的死角。其实,县里也早就意识到了这些方面,但县里财力有限,而上面的项目又难于争取到。因此,在扶贫攻坚上,也感觉到巨大的压力。

在三锹人聚居村寨采访调研,所有的村寨中,除了传统的水稻种植、山地耕作外,没有看到任何其他成规模的产业,就是种养殖业,也是零星的,处于散放状态。村民的主要收入,是在外打工的收入。每个村子,在外打工的人都很多,占到整个村子人口的一半多以上。岑趸村支书吴汉生告诉我,岑趸全村有近 1100 人,但常年在村里的人口不到 300 人,基本上是老人、小孩和不能离开的妇女,二三十岁的青年人很少,即便家中有事回来了,也很快又出去了。许多人家都是关门闭户地出去,小孩也在外面读书了,只是到了过年时,村子里人才多起来,但还未过完正月十五,人又走得差不多了。汉生说,村子里,有人在外打工的家庭,一般来讲生活就要好过些——因为多多少少,毕竟有些钱寄回来。真正贫困的,就是那些没有人出去打工的家庭。种田种地,基本上是没有什么收入的;养猪养鸡等,如果在家自己养殖,顶天也就一年能够养两三头猪,把成本算下来,也没有几个钱。汉生是村支书,每月有一千多元的补贴,加上还兼着村里的卫生员,一月也能有一千多的收入。如果不是兼着卫生员,他也要出去打工了。村里的妇女主任,让她兼着为村小学食堂做饭,才肯留下来,否则也出去打工了。乌山的村主任吴开科,四十多岁,正是盛年的时候,老婆孩子都在外面打工,偌大一幢房子,就由他一个人守着。乡里、村里都留他当村主任,他就只好留下来了。他说,如果由他选择,他会去打工,收入会比当村干高很多。在中仰村,我在村会计陆显森家住,他儿子、媳妇都出去打工了,就他和老伴在家。他说，整个村子，没有出去打工的，就他侄子一家了。两口子近四十岁，正是年轻力壮的时候。他们将村里许多出去打工的人家的田土都承包下来耕种，每天起早贪黑的，非常辛苦，但一年下来，也没有挣下什么钱，比起外出打工的人，收入上还是要差些。唯一的好处就是能够看着家、守着孩子。

三锹人外出打工的，分为三种情况。第一种是常年在外打工的，一般一年只回来一次，甚至一年都不回来一次，以青年人和整个家庭都出去的为主，打工地点一般较远，大多在浙江、广东、福建等省份，大多是在工厂做工。这类人，往往坚持三五年后，积累一点钱，就会回家来修房造屋，或者娶亲成家。家里的田土一般不再耕种，或者交给家里的其他人耕种，或者由亲戚代种，路程较远的田土、较差的田土就索性抛荒了。第二种是季节性在外打工的，这类人多半以成家后的男性为主。他们一年中的大部分时间在外打工，但在农忙时节，或者重大节日时，会回来一短段时间，因为家中有田地、老人或者孩子让他们走不开。这类人由于一年要回来两三次，大部分积攒不到多少钱。第三类是就在周边打零工的。一般大多在周边村寨、乡镇打一些零工，最远就到县城打零工，时间也不会长，最长也就两三个月。由于是打零工，收入不稳定，也不高，其打工收入只能解决临时急用，基本不会积攒下钱来。三锹人村寨中，第一种打工的人占多数，差不多百分之八十以上的青年人，都常年在外打工，尤其是未婚的女青年，几乎都常年在外打工。这几年暑假期间，我都在三锹人村寨间走访调研，印象中没有遇到一个未婚女青年。正因为第一种情况占多数，在三锹人村寨里，会看到很多关门闭户的人家。从廊檐长出的青苔、门户上结的蛛网可以判断出，主人已经很久不回家来了。村里干部说，大部分情况下，在外打工，怎样都比在家要强些。村子里，只要有人在外打工，那他家的日子就要好过些。困难的就是那些没有人在外打工的家庭。如果不做点其他生意，就光靠种那几丘田，再怎样都是困难的。村里的低保，差不多都是给这些在家窝着的人——他们也不是懒，而真是出不去，有的是有老人，不能出去，有的是身体不好，有病不能去。

大量人口的外出打工和政府各种方式的救济，以及由社会兜底的低保政策,三锹人的基本温饱已经得到解决了。近十年来,已经没有陷入饥馑状态的人家了。但三锹人距离富裕还是有很大差距,他们摆脱了赤贫,却仍然还处于贫困状态中。三锹人的贫困主要表现在几个方面。一是除了打工的收入,大部分人家都没有其他渠道的收入来源。经济收入的单一化和不常态化,是限制三锹人生活的最重要的方面。几乎所有三锹人村寨中,没有做较大生意或者开办有一定规模企业的人。即便做生意的,也都是小商小贩,只比种田稍好一些;开办企业的,也都是家庭式作坊,或者最多雇请十来人的那种低产值的小微企业。所有三锹人乡村,没有属于村级的任何企业,基本没有属于村级的集体收入。二是因病致贫和因教育致贫成为三锹人贫困中的一种突出现象。岑峉村支书吴汉生告诉我,村寨中享受低保待遇的人家,大部分都是有病人的人家,主要劳动力有病了,整个家就一定要靠低保才能过下来。贫—病,贫—病,在乡村,贫与病是始终连在一起的,只要有病,尤其是大病,就一定会陷入贫困。教育也是导致贫困的因素。一个家庭,如果有两个或者三个孩子,且都在读中学,那这个家庭的贫困就几乎是一定的。这几年整合教育资源,很多村级学校都拆除了,孩子们都要到乡镇所在地去读书,这无形中会加重农村家庭的负担,许多家庭要专门有人去陪孩子,不但不能挣钱,还要有房租、生活开支、往返路费等花费。岑峉是一个超过1000人的村子,原来岑峉小学有从幼儿班到六年级,最多时达200来个学生。现在就只有一至三年级了,总共只有十几个学生,读四年级就要到10公里远的大稼乡所在地去。村主任潘贵龙的孩子在县城读高中,每月各种开支,最节省也要千来元。他也时常为这笔开支发愁。如果孩子上了大学,那就更是家庭的一笔大负担了。三是因婚姻致贫。这主要表现在男性婚姻方面,包含几种情况。第一是因为婚姻中的彩礼和举办婚礼酒宴开支大而导致贫困。原来,三锹人的婚姻在族群内选择婚配时,婚姻中的彩礼虽然也有,但不算多,更多是一种象征,主要是男方家承担女方家举办婚酒时的开支。当三锹人的婚姻圈解体后,随着整个社会风尚的变化,婚姻中的彩礼越来越成为男性婚姻中的负担。调研中,大家普遍感慨,无论娶哪里的媳妇,本族群或者外族群,彩礼加上办婚酒下来,其花费都要在10万元以上。

第二是为娶上媳妇而陷入贫困。在前面的论述中就强调，三锹人中的男性普遍陷入婚姻困境中，其婚姻生态严重不平衡，成家娶媳妇成为每个家庭中的头等大事，都要尽其所有创造和满足一场婚姻的物质条件，比如修建新房、添置各种家具设备等。为成就一场婚姻，有可能让家庭中的其他人陷入贫困中。第三是为寻求婚姻对象而让男性陷入贫困中。由于居处的环境偏远、资源贫乏、经济拮据，三锹人中的男性青年找对象都非常困难，陷于婚姻困境中，但又不能不去寻找。这种持续的、长时间的婚姻对象寻求，在男性精神情感不断地受伤害中，也大量地消耗其财富。许多大龄青年打工的收入，几乎都花费在对婚姻对象的寻求中。

三锹人的生存困境中，最严峻的是其婚姻困境，是深深地陷在婚姻困境中的青年男性。而这些青年男性所面临的婚姻困境，则直接地关涉三锹人的千秋基业，危及这个边缘族群的生存与延续。我在三锹人村落中调研走访，人们不断向我提及的就是这些深陷在婚姻困境中的青年男性，是他们写在脸上的自卑、无助、悲愤、绝望，是他们那种比压城的黑云更深重的忧愁和焦虑……我不知道怎样帮助他们，也不知道给予他们怎样的劝导和安慰，才能纾解他们的绝望和悲哀。但我还是想将我在采访和调研中看到的情景如实地记录下来，让更多的人关注这个边缘族群，关心、关怀这些因无助而绝望的人们——或许，关注他们的人多了，在绝望中或许能生出希望来！

距离 2014 年春节还有 100 天，一直在武汉打工的吴春林就回到了岑晁。在这座有 240 户，1017 人的村寨中，他是最早返乡的打工者。整个村寨，长年在外打工的有 700 人，留守村寨的几乎就是老人、孩子和不能外出的妇女。吴春林是 1972 年生人，已经 42 岁了，是寨子里众多的光棍之一。这次回来，就是为带回媳妇来打前站的。他计划用 10000 元以内资金，建一个可以淋浴的洗澡间，并将家中用木板围起来的旱厕改造成用砖砌的可以水冲的厕所。在岑晁寨，这还是前所未有的事，一段时间，寨上就一直议论，说春林是找上了七仙女样的姑娘，或者是大城市有钱人家的小姐了。用了两个月，春林的工程完成了。临走时，他告诉父母，要搞好家里的卫生，把地板拖得亮亮的，还特意对村支书吴汉生说,把寨上的卫生搞好,让外面的人有一个好印象。距离春节还有 20 天的时候,春林果然带一个 30 多岁的妇女回家来了。村里近一年没有人家娶媳妇了,42 岁的春林娶上媳妇,全村人都非常高兴,父母更是逢人就说春林找了好媳妇。但在腊月二十三那天,媳妇却执意要走,任谁也留不住,春林也只好送她到 200 公里外的怀化上了火车——却再也不回来了。我 2014 年 8 月到岑趸调研,统计村里的光棍,村委的人都还在争议,有的说他有了媳妇了,有的说他媳妇来了就跑了,还是光棍。春林的父母则长吁短叹的,什么也不愿说,春林大年初二就离开寨子,再也没有回来。

在农村,男性如果到了 26 岁还没有成家,就属于大龄青年了,如果到了 30 岁还找不到对象,80% 会成为一个老光棍。据笔者与村委会干部统计,全村 26 岁至 50 岁未有配偶的成年男性达 78 人,涉及近 70 户家庭,几乎每三户人家中,就有一户有超龄而未有配偶的现象,其中 35 岁以上未有配偶的成年男性达 31 人。如果以法定婚龄 22 岁为限,全村单身男性则超过 100 人。排除未到婚龄的少年儿童和 50 岁以上的老人,全村每三个成年男性中,就有一个是大龄单身汉。岑趸村的潘、吴二姓中,又分为多个房族,而有些房族中,婚姻生态失衡尤为严重。潘贵龙房族计 20 户,74 人,26 岁以上至 50 岁没有配偶的成年男性达 18 人,占总人口的 24%,涉及 16 户家庭,其中 30 岁以上没有配偶的成年男性达 15 人——这 15 人中,12 人从未有过配偶,3 人有过短暂婚史;40 岁以上还未有配偶有 4 人。潘年庆、潘年广两兄弟,一个 42 岁,一个 37 岁,均是老单身汉。吴汉仁房族计 12 户,26 岁以上未有配偶的成年男性达 8 人——均是 30 岁以上,涉及 7 户人家。吴才和、吴才文两兄弟,一个 1982 年出生,一个 1984 年出生;均未婚,吴汉坤、吴汉光是叔伯兄弟,两个都是 1972 年出生,一直单身;吴全生、吴海生也是叔伯兄弟,一个 1977 年出生,一个 1983 年出生,也一直单身。

大龄光棍汉已经成为岑趸不能忽视的一个群体和存在,是所有岑趸人不得不触摸,但又不敢触摸的疼痛。

2015 年 8 月 17 日,我与苗族作家杨村到锦屏三锹人村落九佑调研。我们的车子刚停下来,老光棍龙安根就跑来向我们陈说,将我们看成是州县下派来解决问题的干部。龙安根出生于 1974 年,是村里的老光棍。父亲近 70 岁了,身体不好,母亲有精神病,常常无端出走。家里很困难,有一个弟弟,35 岁,已经结婚,自己却一直找不到媳妇。他让我们介绍对象,长相不论,年龄大小不论,是否结婚和带孩子都不论。九佑是一个只有 200 多人口的自然寨,26 岁至 50 岁没有配偶的成年男性有 19 人,40 岁以上还没有结婚的男性有 8 人。林昌忠家有四个儿子,最小的 1988 年出生,最大的 1974 年出生,均找不到配偶。

中仰村是锦屏境域最大的三锹人村寨。全村 312 户,1448 人,分为陆、龙、潘、张几姓。全村 26 岁至 55 岁没有配偶的成年男性计 58 人,其中,35 岁以上没有配偶的成年男性达 31 人。有几人有过短暂的婚姻史,长的一年两年,短的就一两个星期,女方想方设法走后,就再也不回来。45 岁的潘文美,女人来家一年多,生下孩子后,突然不辞而别,再也找不到了。43 岁的陆显佑,好不容易找了女人,被窝还没有捂热,就突然走了,为找出走的老婆,花光了所有的积蓄。

美蒙村是锦屏、黎平、剑河三县交界最高峰青山界下的三锹人村寨,全村 100 户,433 人,分为张、杨、龙三姓。全村 26 岁至 50 岁没有配偶的成年男性有 21 人。张姓总人口为 240 人,26 岁以上没有配偶的成年男性就有 13 人,年龄最大的 47 岁,其余都是 26 岁至 35 岁间。

岑梧村是锦屏县平略镇唯一的三锹人村寨,位于八洋河支流岑梧溪的尽头。支书陆秀植 1976 年高中毕业,是村里的第一个高中生,一直被看作是村里的能人。其有三个子女,大的是男孩,后面两个是女孩。两个女孩都早已远嫁他乡成家生子了,而过了 30 岁的儿子却一直找不到媳妇。我们到他家时,只有他一人在家,儿子在广东打工,妻子在深圳为打工的女儿带外孙。他说,为儿子找媳妇是家里最大的问题,为村里的单身汉找媳妇是村里的最大的问题。看到那么多光棍、那么多青年找不上媳妇,心焦、心疼啊!

我们与三锹人比较集中的黎平县大稼乡、锦屏县河口乡领导交谈,他们都坦率承认,在其所辖境内乡村,普遍存在婚姻生态失衡现象,许多到婚龄的男性青年找不到配偶,但对照起来,三锹人村寨又特别突出,已经成为不能忽视的社会问题。

2015 年 8 月,我再一次到岑巩去采访。阳光明亮而热烈,落拓于高山之上的岑巩沉寂而安详。风从远远的山谷间吹来,在村寨上空回旋着,然后顺着山坳吹向更远的山谷。走在空寂的村巷里,只有自己的脚步声在回应,偶尔有一只狗在檐下慵懒地蜷缩着,或者一个老人倚着门闾怔怔地凝望着远方……

我问村干们,那些光棍们现在都在哪里呢?

陪同我的村支书吴汉生毫不犹豫地说,在外面,差不多所有的光棍都在外打工——他们不愿意在村里,会被人歧视、议论、嘲弄、羞辱,只在过年了,没法了才回到村里来……一过完年,他们又走了,有的甚至一年两年都不回来……

这一年来,有几个青年告别了光棍?

汉生算了一下说,原来那些光棍,没有一个找到媳妇。

那么,更年轻的人又加入了光棍的行列。

这些隐性存在的成年未婚男性,其实是岑巩最沉重、最尖锐的存在,也是现代化进程中国最沉重、最尖锐的存在。

2018 年 8 月 11 日,我与苗族作家杨村又一次到青山界下的美蒙村去采访调研,专门问了村中男性青年的婚姻问题,让他们为我进行统计。他们一个族姓一个族姓地统计,全村 103 户中,25 岁以上还没有对象的男性青年,计有 20 人——我 2015 年统计时是 21 人。从 2015 年至 2018 年,三年时间,全村只有两个男性青年结婚,更年轻的男性又加入大龄青年行列了。

《圣经》说,神造了天地万物后,用地上的尘土造人,将生气吹在他鼻孔里,他就成了有灵的人,名叫亚当。然后又为他造了一个配偶,叫夏娃。亚当与夏娃结合成夫妻,人类开始在大地上繁衍开来。但人的欲望也无限地膨胀起来,"世界在神面前败坏,地上满了强暴"。神决定把满了强暴的大地和人类毁灭。但在洪水淹没大地前,神让挪亚造方舟,说:"我却要与你立约,你同你的妻子、与儿子、儿妇,都要进入方舟。凡有血的活物,每件两个,一公一母,你要带进方舟,好在你那里保全性命。飞鸟各从其类,牲畜各从基类,地上的昆虫各从其类,每样两个,要到你那里,好保全生命。"洪水退后,挪亚与妻子、儿子与儿妇从方舟走出来,各种活物也各从其类,从方舟走出来。神说："地还存留的时候,稼穑、寒暑、冬夏、昼夜就永不停息了。"就这样,人在大地上生存下来;就这样,人类的方舟一直平稳地在自然中行驶。

公母配对,各从其类,这是方舟平稳行驶的保证。

从生物学意义上,男女性别比率应该是一致的,但从社会学意义上,男性比率可以略高于女性。在一夫一妻制为主体的社会,如果以女性为100,男性比率为102~104是最佳状态,男性比率如果超过110,就会造成婚姻生态的失衡,会由此引发一系列社会问题。婚姻生态如自然生态一样,平衡是最高原则。一旦婚姻生态失衡,人类的方舟倾斜,蒙难的必将是人类自身。我们应该像维护自然生态的平稳一样,来全力维护人类婚姻生态的平衡。

怎样来拯救正在倾覆的三锹人的婚姻方舟,怎样来平衡那些处于社会边缘、文化边缘、地理边缘、经济边缘状态的少数族群的婚姻生态,是构建和谐社会中必须面对的重大现实。

图 7-2 岑趸村村委会所在地水塘的海拔是 960 米,而四边山堨上的

人家的海拔则在 1000 米以上(潘健康 摄)

—— 第八章 ——
生态性贫困与社会性贫困:
三锹人生存困境的人类学思考

第一节　生态性贫困:三锹人生存
困境的生态人类学思考

　　人是从自然中产生的,是自然的作品和现实。一方面,人是大自然的创造,是大自然这个巨大生物圈中的一个物种,其生存直接依赖于自然。自然是人类生存的第一背景场。另一方面,人又是自然生态系统中,唯一具有文化创造力的物种,具有有目的的、自由的、自觉的生命意识,具有能动地改造自然和改变环境的能力,不是被动地适应自然,不是通过改变自身身体来适应自然,而是通过文化的能力来适应自然,在自然中创造出属于人类自身的世界与生活。也正是具有这样的能力,人类才能从自然中走出来,成为自然生态系统中最出类拔萃的物种。用当下最时尚的历史学家赫拉利的话说,就是人通过其独特的虚构的能力和想象力,完成了由动物到上帝的历程,成为自然的主宰。① 经历几万年的发展进化,人类虽然完成了由动物到上帝的转化历程,但人类

————————
① [以]尤瓦尔·赫拉利著:《人类简史——从动物到上帝》,林俊宏译,北京:中信出版社,2017年,第3~35页。

也依然隶属于自然生物圈,依然是大自然这个巨大系统中的一个存在。我在一篇论述人与自然的原生态的论文中曾说:"一方面人和所有的生物物种一样,具有生物特性,按照生物的一般方式生存,要从自然中获得能量和参与自然的能量循环,因而,人一定是具有生态特征的物种,要依赖于生物圈中的各种生物,并在自然中占据一个属于自身的生态位,就是说,人必须生存于自然生态中,自然原生态是生存的基础;另一方面,人由于是社会存在和文化存在,因而,他又是一个不局限于自身生态位的物种,在他的生存和发展中,会凭借其文化能力和社会组织功能,超越作为生物物种的生态位,与整个自然建立起一种广泛的互动关系,并且,最初建立的这种互动关系一定是依托于自然环境的,是从生存的环境中得到启发和受到影响的。这也就是人类学家说的,文化就是人类对自然的社会适应。大自然不但创造了人类,也发展了人类。很大程度上,可以说生态系统的运行方式,其实就是人类生存、生活方式的范本。"①美国生物学家威尔逊说:"我们相信人类是生物圈中高贵的存在,并对此深信不疑,因为我们的灵魂深怀敬畏,在憧憬美好时甚至会呼吸加速。但是我们仍然是地球生物圈的一部分,在情感上、机体上,还有久远的历史上与之紧密相连。"②人既是具有生物性的物种,也是具有社会性的物种。生物性特征决定人类的所有行动、行为都受制于自然生态,拥有和存在于怎样的自然生态中,很大程度上就决定了人类过着怎样的生活。而社会性特征则决定人类往往又能凭借其文化的能力,凭借其对于自然的主动的、创造性的适应而又能够超越于其环境之上,甚至能够创造出专属于人类自身的环境——当下的体量巨大的城市,很大程度上,就是人类创造出来的、超越于自然的一个人造生态系统。人的生物性特征和社会性特征,既成就了人类、发展了人类,也限制了人类、制约了人类。重要的就在于人类要找到这样一种平衡性,既不能为了保持其生物性特征而走向退化之路,但也不能无限制地发

---

① 余达忠:《自然与文化原生态:生态人类学视角的考察》,《吉首大学学报(社科版)》2011 年第 3 期。

② [美]爱德华·威尔逊著:《人类存在的意义——社会进化的源动力》,钱静、魏薇译,杭州:浙江人民出版社,2018 年,第 21 页。

展其社会性而破坏这种平衡。我们一般意义上理解的生态危机，很大程度上，就在于人类过于强调其发展的社会性，从而导致生态系统的平衡受到影响和威胁。

生物性特征和社会性特征决定了人类的生存和生活。

生物性特征决定了人类为了生存，必然地要从自然中获取能量和资源，而自然中的能量和资源状态，则直接决定着人类的生存和生活状态。人从自然中诞生，是自然的作品与现实，很大程度上，就是从这个角度进行理解。当自然中的能量和资源状态丰富和充足的时候，人类就过着一种相对富足的生活；而当自然中的能量和资源状态匮乏或者不足时，人类的生活就会陷入窘境，这也就是我们文化意义上所说的贫困。从人类成为人类，贫困几乎伴随了人类的整个发展历程。从生物性特征来说，人类与其他动物相比较，可以说并没有明显的优势，很多方面，比如力量、速度、敏锐、柔软、坚韧等方面，甚至处于绝对的劣势之中。因此，人类在自然中的生存，与其他动物一样，绝对是一件艰难的事情。应该说，贫困是人类与生俱来的现实。也正是人类时常感到和发现自然中的能量与资源的不足，在人类的文化能力还没有得到充分发展的时代，人类只能通过不断地迁徙去寻找和获取自然中的能量和资源。历史学家勒芬·斯塔夫里阿诺斯将这个时期的人类称之为"流浪的猎人"和"经济动物"。[①] 人类生活越受制于自然生态，人类生活的贫困就越是一种常态。

贫困是与富足相对的一个概念，是一种文化意义的表达，是人类发展进入文明社会之后才形成的观念，是人类对于自身生存和生活状态的一种评价方式。两千多年前，《论语》就是从社会学层面来阐述贫与富的："富与贵，是人之所欲也，不以其道得之，不处也；贫与贱，是人之所恶也，不以其道得之，不去也。"贫困是人类摆脱完全的生物性特征而具有相当程度的社会性特征后，形成和获得的一种对于生活的感觉与认知，是指人和社会的最小单位家庭的生活处于一种困窘的状态，即相

---

① ［美］斯塔夫里阿诺斯著：《全球通史——1500 年以前的世界》，吴象婴、梁赤民译，上海：上海社会科学院出版社，1988 年，第 63～100 页。

对缺乏和不足的状态。这里的生活既包括物质方面的，指人和家庭的生活缺乏必要的物质生活的条件和设备；也包括精神文化生活的，即指精神文化生活方面缺乏必要的支撑与支持。欧共体在 1989 年《向贫困开战的共同体特别行动计划的中期报告》中给贫困下了一个定义："贫困应该被理解为个人、家庭和人的群体的资源（物质的、文化的和社会的）如此有限，以致他们被排除在他们所在的成员国的可以接受的最低限度的生活方式之外。"世界银行在以"贫困问题"为主题的《1990 年世界发展报告》中，将贫困界定为"缺少达到最低生活水准的能力"。最低生活水准，显然既包括关于生存的温饱方面，也包括精神文化方面的基本需求。至 2000 年，世界银行进一步将贫困定义为"贫困是福祉（well-being）被剥夺的现象"，认为福祉被剥夺是当人们缺乏满足其基本需要的手段时才会发生。基本需要包括两个部分：一是为了满足充足的营养而获得一定量的食物需要；二是衣着、住房等非食物的基本需要。

　　贫困从来就是一个动态的概念，是随着人类社会的发展进步而不断发生变化的概念。陈劲等学者说："贫困具有不同的定义，国内外对贫困的认识整体上经历了从单维贫困到多维贫困、从客观贫困到主观贫困、从收入贫困到能力和权利贫困的演变过程。"[1]进入 20 世纪后期，随着人类社会生产力的不断发展，科学技术的不断进步，社会财富的不断增多，各种社会救助基金的不断设立，各种社会救助福利的不断改善，人们发展意愿的不断增强和自觉，人们对于贫困的理解也随之发生变化，更多地将贫困与人的发展和自由联系在一起，将贫困与社会的整体进步联系在一起。诺贝尔经济学奖获得者阿玛蒂亚·森就认为，贫困不仅仅是收入低下，而实质上是能力的丧失，更确切地说是"可行能力"被剥夺的状态。他强调，贫困不仅仅是经济上收入低下的表现，更是一种权利缺乏或者其他条件不足的表征，体现了社会参与能力、收

---

① 陈劲、尹西明、赵闯、朱心雨：《反贫困创新：源起、概念与框架》，《吉林大学社会科学学报》2018 年第 5 期。

入创造能力与机会获取能力的缺失。①

　　贫困是一种历史存在,贫困也是一种现实存在,只要社会的公平和正义没有得到真正意义的实现,贫困将始终是一种现实存在,是与人类的存在始终相伴随的——森的理论就将贫困问题与人的发展和自由联系在一起,而发展与自由则几乎是人类追求的终极的目标,马克思就特别强调,共产主义追求的就是人的全面发展和自由。作为一种历史存在的贫困,尤其是作为传统意义上的基本生存保障的匮乏和不足的贫困,在传统社会中,即严格依赖于自然环境的传统农耕社会和游牧社会中,贫困与自然生态间的关联性是不可分割的。当一个社会处于良好的适宜各种作物生长的自然环境中,且人口的承载力又正好在环境的承载限度内,自然生态为其提供的能量和资源就相对充足和有保障,在这种情况下,陷于匮乏和不足的人群就会相对少,贫困或许就不能成为主要的社会问题。如果一个社会或者区域中,其自然环境对作物的种植耕作有种种影响和制约,而人口又往往超越环境的实际承载力,自然生态为其提供的能量和资源就会表现出普遍的匮乏和不足,贫困就会成为一种不可避免的社会现象,陷入贫困状态的人群就大大增加。一个社会造成贫困的原因往往会是多种多样的,但在传统农耕社会和游牧社会中,生态性贫困往往会是其中首当其冲的因素。生态性贫困又会引发其他一系列的社会问题,比如因为争夺土地资源而进行不断的土地扩张或者发生战争,为争夺水资源而发生种种冲突,为争夺草场而进行无休止的征战等等。由生态性贫困进而出现社会性贫困,这几乎是传统社会中贫困演进的基本路径。历史学家赫拉利说:"纵观历史,社会上有两种贫穷:(1)社会性的贫穷,指的是某些人掌握了机会,却不愿意释出给他人;(2)生物性的贫穷,指的是因为缺乏食物和住所,而使人的生存受到威胁。或许社会性的贫穷永远都会存在,无法根除,但在全球的许多国家中,生物性的贫困都已经成为了过去式。"②在我国,西

①　蒋谨慎:《论阿玛蒂亚·森对贫困理论的变革》,《社会科学家》2017 年第 5 期。
②　[以]尤瓦尔·赫拉利著:《人类简史——从动物到上帝》,林俊宏译,北京:中信出版社,2017 年,第 249～250 页。

部广大地区，整体上都属于生态脆弱性区域，而脆弱性生态现状，则直接与贫困的生活状况相关联，即由于生态的脆弱，贫困则几乎就是一种必然的命运。曹诗颂等生态学者，在对我国西部地区进行深入的实地调研和种种模型建构后，得出结论认为："从全国层面上看，生态脆弱性指数表现出由东向西逐渐递增的趋势，并且空间上以'胡焕庸线'为界，整体呈现出东部生态良好、西部生态脆弱性较高的两极格局，这从一定程度上说明'胡焕庸线'是刻画我国连片特困区生态脆弱性空间格局的重要分界线……总的来说，连片特困区各县市生态脆弱性得分、经济贫困得分以及生态脆弱性与经济贫困的耦合协调度均呈现出由西向东逐渐变好的趋势，生态脆弱性状况、经济贫困指数以及两者耦合协调度空间上大致以'胡焕庸线'为界，被划分成较为明显的东西两个格局。并且，随着连片特困区各县生态脆弱性的降低，区域经济贫困的程度以及两者耦合度和耦合协调度大致呈现出由小到大的变化趋势。这进一步表明生态环境越脆弱的区域，其经济贫困程度越深，生态脆弱性与经济贫困的协调状况以及综合发展水平越差。"①属于西部地区的滇黔桂和武陵山区，正属于我国连片特困区的范畴，是典型的生态脆弱性区域。

生态与贫困间的关联性近些年不断引起学术界重视，对此有多种多样的表述。有的称为生态性贫困，张佰瑞认为："生态性贫困是指由于生态因素的综合影响导致的一个区域在一定时期内的贫困状态。"②有的称为环境性贫困（资源性贫困），指"由于自然条件差、资源缺乏和生态环境恶化而造成的贫困"③。屈波等称为生态抑制型贫困，定义为："由于生态环境不断恶化，超过其承载能力而造成不能满足生活在这一区域人们的基本生存需要与再生产活动，或因自然条件恶化、自然灾害频发而造成人们基本生活与生产条件被剥夺的贫困现象，主要包

---

① 曹诗颂、王艳慧等：《中国贫困地区生态环境脆弱性与经济贫困的耦合关系——基于连片特困区 714 个贫困县的实证分析》，《应用生态学报》2016 年 8 期。
② 张佰瑞：《我国生态性贫困的双重抑制效应研究——基于环京津贫困带的分析》，《生态经济》2007 年第 1 期。
③ 孙继凤、刘爱荣：《贫困区的发生类型与可持续性脱贫对策》，《地域研究与开发》1998 年第 2 期。

括气候贫困、资源贫困等。"①在黔湘桂边区各少数族群间调研走访，在边缘族群三锹人中深入观察，我感觉到，作为身处传统农耕社会的各少数族群，如苗族、侗族等，作为处于这一区域间相对更边缘状态的族群三锹人，其贫困主要呈现为两种情况：一种是生态性贫困，一种是社会性贫困。而给人深刻印象和直接感知的，是生态性贫困。

作为一名人类学者，我长期在乡村进行田野调研，一直关注乡村的贫困问题，曾经与苗族作家杨村就民族地区的贫困问题，在黔东南乡村行走、调研，对于生态性贫困更是深有体验。我们曾经发表过一组《生态性贫困与乡村命运——作家与学者的对话》的随笔式的通信。现将我们在环保综合性期刊《绿叶》发表的通信部分摘引，增强读者对于生态性贫困的感性认识，也传达我们对此的认知和看法：

> 人之所以成为这个世界的灵物，除了能感知自然之外，就是能用自己的脑袋进行思想，之后不断地梦想按照自己的需求对大自然进行索取和修改，从而进行发明和创造，并狂妄地发出过"人定胜天"的声音，梦想凌驾于自然之上。然而，大自然是一个强大的生命体，它总在不动声色中俯视着人类的罪行，在不动声色中对人类进行一次次的惩戒。这些只需从一次次的生态环境灾难中就可窥知。鲁迅先生有一句被生态专家多次引用的话："林木伐尽，水泽湮枯，将来的一滴水，将和血液等价……"我查了一下，这句话出自鲁迅先生的《二心集·〈进化和退化〉小引》中。这是一种先见之明，一种觉醒，也是人类的一种思想关怀和生命关怀。如果人类对自然的索取不加节制，后果定然不堪设想；如果人类的集体私欲不加节制，我们将会自饮其咎！

> 我最近时常想起生态学家和人类学家说到的一个概念：生态性贫困。它是指某一地区生态环境不断恶化，超过其承载能力，造成不能满足生活在这一区域的人们的衣食住等基本生存需要和难

---

① 丁一文：《生态抑制型贫困研究文献综述》，《中国环境管理》2014 年第 4 期。

以维持再生产的贫困现象。

自古以来,贵州是一个边远省份,也是一个贫困省份,在全国各省市中,贵州贫困人口的比例从来就是最高的。贵州的贫困有历史的原因、政治的原因、战争的原因等,但最根本的原因是生态,是环境,是资源。贵州的贫困就是生态学和人类学意义上的"生态性贫困"。

贵州是典型的山区,是全国唯一没有平原支撑的省份。清人田雯《黔书》说黔"地无三里平","尺寸皆山,欲求所谓平原旷埌者,积数十里而不得袁丈"。20世纪30年代,美国地理学家葛勒石在描述云贵高原时说:"地面大部分由高峻与崎岖不平的地形组成,其间横亘着许多深谷和高山,绝少真正的平地。最高部在西方,那里有崇高的山峰,升至两里以上。一般山地倾斜偏向南面和西藏以东,故南方的排水注入元江(红河)和西江,北方和东方的排水则流入长江。""耕地被限于高原上的平地,极少数的开阔山谷和偶然的山坡梯田。这类耕地面积大都有限得很"。2005年,我到黔湘桂三省交界的三省坡进行人类学调研,到过一座叫六爽的侗族村寨,这是唯一坐落于三省坡主峰下的村寨,侗语为"略雄",即只能摆下六张桌子的地方,可见其地势的狭窄与偏促。据统计,山塬、山地约占贵州全省总面积的87%,丘陵占10%,盆地(坝子)、河谷台地和平原仅占3%。

元代以前,贵州地广人稀、夷多汉少,生活在贵州高原的主要是贵州世居的少数民族苗族、布依族、侗族、仡老族、彝族等,汉族人口只占很小一部分。元代以降,北方中原的汉人陆续移民到贵州,尤其是明洪武年间,朱元璋实行"调北填南""移民就宽乡"的政策,大量汉人涌入贵州,至明代中期,贵州夷多汉少的局面改变,汉族人口超过少数民族人口。有清一朝,更多的移民进入贵州,造成贵州"陬地尽辟","再无可垦之田,可耕之地"的境况。正是由于人口的逐年增多,导致对自然资源的过渡掠夺和占有,本来脆弱的生态出现了危机,由此导致贵州石漠化现象的普遍发生。石漠化正是造成贵州生态性贫困的主因。贵州是全国石漠化最严重的地区,全省 80% 的区域都存在石漠化现象。黔东南凯里、台江、黄平、丹寨、镇远、麻江、岑巩、三穗、剑河等县都存在石漠化现象。别牙苗寨也存在严重的石漠化问题,其贫困就是典型的生态性贫困。

作为一种悲剧性命运,生态性贫困已经缠绕黔省五六百年了。

背离土地的文化根基有两种,一种是为了生存,另一种是为了尊严。在乡村寸步不离地盘活几亩薄田,假如风调雨顺,充其量也就解决温饱问题。而在城市里,即使是低贱地活着,两个月的牛马之劳,也就换取了乡村一年的生存之需。在城市里找不到尊严,但回到乡村时,他们仍然带去了城市文化,比如麻将文化和娼妓文化,并从此获得一种优越感,甚至趾高气扬,而后美其名曰:人不出门身不贵——之后令守候在贫瘠的土地上的乡村仰止。怪哉,乡村与城市怎么如此天上人间? 现在,生活在乡村里的人,实际上也不是那个时代的劬劳功烈了,比如除草,给地面喷上一种药剂,大片土地就会寸草不生,镰刀基本闲置或束之高阁。然而,也因为大量施用了化肥和农药,许多鱼类和昆虫也趋向灭迹,另一种乡村的生态危机又悄然生起了。

我在撰写《苗族》一书时,对这个族群的人口异动进行过较全面的观察。我发现,在中国历次的全国人口普查中,贵州苗族人口均为最多,均呈增长态势。而在第六次全国人口普查中,贵州苗族人口一反常态,苗族总量为 396.8 万,居全国首位,但比 2000 年的第五次人口普查下降。而浙江、广东的苗族人口则增长迅猛,广东深圳、东莞地区尤为明显。这就说明,在这一段时期内,贵州山区苗族有很大部分已经背离故土家园,涌入了城市,涌入经济发达地区。他们的流动因由是不是你在信中说的"生态性贫困"?

确实,自从城市产生之后,人类与自然的距离就开始一点一点地拉开了。在历史学家和人类学家那里,城市的出现,是一个社会步入文明的标志——一般还包括文字、立法、税收、专门的艺术等。城市是与自然隔离开来的一个相对独立的人类生活空间。在这个空间内,人类通过科技手段,打造出一个个人为的生态系统来取代自然生态系统,如供水系统、供电系统、交通系统等,人的生活一般不受自然(包括时令、气候、资源等)的影响,人对自然的感觉是迟钝的、麻木的,有的人甚至认为可以离开自然而生存、生活。那么当然,我前面通信中说的那种生态性贫困,一般情况下也不会发生在城市中。

城市人属于生物圈族群,即依赖技术在整个生物圈中获取资源的人群,美洲的粮食、阿根廷的牛肉、巴西的咖啡、中国的茶叶、日本的电器、沙特的石油以及法国的轿车等,城市人都可以通过技术方式获得,似乎城市人对于自然的需要就是阳光和空气。但对于乡村则不然。乡村人属于生态系统族群,生活于单一生态系统中,或者至多在两到三种相邻的生态系统中。一旦生态系统出现某种失衡,人的生存和生活就会受到实质性影响。因此,由于人口的增多,对于土地的垦殖,对于自然资源的索取达到一定限度时,贫困就不可避免地发生了。

这是一种颇有意味的嘲讽。越是远离自然,越是对自然资源索取得多的人群,受到自然的限制越少;而越是生活于自然中的人群,对自然资源索取得少的人群,受自然的限制则越多。

贵州高原是在白垩纪时期的燕山运动和喜玛拉雅山造山运动中形成的,是属于溶蚀地貌、侵蚀地貌、堆积地貌区,由于广布的岩溶,落差强烈的山地切割,平均 1100 米的高海拔,使贵州的生态相比较其他地区,就更显得脆弱。这样的生态环境下对于土地的过渡垦殖,就一定会导致生态失衡,最终造成人的生存与生活的生态性贫困。我国人均国土面积只有世界人均国土面积的三分之一,而贵州人均国土面积只有全国人均面积的二分之一强,且 80% 为崎岖不平的山地,全国国土垦殖率为 12.75%,而贵州国土垦殖率则为 25.57%,为全国平均值的两倍。土地本身就陡峭瘠薄,而又要养活那么多的人口,当然就只有过度垦殖,而过度垦殖就必然导致生态失衡,由于生态失衡引起的石漠化,就必然导致生活在这片土地上的人民的生态性贫困。

这就是悬在贵州山区近 4000 万人民头上的达摩克利斯之剑，是直逼眉间和心灵的现实。

为什么你的"生态性贫困"始终在我的心上纠结？

我说不清楚。当我又一次驶过那条小路，来到巫泥村时，我一直在寻找答案。

巫泥村地处苗岭主峰雷公山的东延余脉地带，清水江的北岸，属于贵州省剑河县柳川镇。我的散文集《让我们顺水漂流》里，收录有一篇散文的标题是《山坳上的村庄》，描写的就是巫泥村。我们拜访了巫泥村的村长。村长说，这座村子的外出打工者多达300 多人，约占劳动力总数的 40%。我们问，为什么要离开家乡，离开土地，去那么远的地方打工？他们用四个字回答：家乡贫困。粮食部门的朋友帮我们测算了一下，在海拔 1000 米左右的高山稻田，如果风调雨顺，一年的亩产收成约为 350 公斤生谷，人均耕地0.52 亩的巫泥村，每人每年平均占有粮食就应该是 182 公斤生谷，每百公斤生谷可以晒出 78 公斤干谷，约为 142 公斤干谷。每百公斤干谷大约打出 65 公斤大米，142 公斤干谷约为 92 公斤大米。就是一年最基本的温饱问题都不能解决呵！如果平均每人每天吃0.5 公斤米，那只够半年粮，这就是巫泥村的生存状况。难怪有300 多人会离乡背井到外地去打工。

这就是你的生态性贫困吗？

从一开始，人类的生存与生活就受惠于自然，也受制于自然。但如果我们逆着追溯人类的历史发觉，越是人类历史的早期，人类受惠和受制于自然的情况就越突出。人类的生存与生活受惠和受制于自然，这将是一种永恒的、不可更改的真理，是人类与生俱来的、也将与人类共始终的现实。但人类对于自然的受惠与受制的程度，与生产力的发展是密切关联的，进一步说，当人类的生产力发展到一定的水平，一个相当的进步阶段，人类就能够或多或少地超越对于自然的受惠与受制，能够相对自由地按照人类的意愿决定和创造自己的生存方式、生活方式。从 18 世纪甚至更早，荷兰人就开始在低地上围海造地，到进入 21 世纪，阿联酋人计划建造海上城市。几百年间，人类跨越了几万年来未能跨越的历史。一种全新的生活，与自然相关联，但已经不是像传统生活那样与自然息息相关的生活正在徐徐展开来。

我这里想说的是，生态性贫困，是在农耕社会中，在传统农耕生产方式里，在巨大的人口压力下不能解决或者无法绕开的现实问题。但是，如果将生态性贫困置于全球化、现代化背景下来观照，这种生态性贫困，其实是可以找到解决的办法和出路的。近几年贵州提出一个口号，我很是赞成，即保住青山绿水也是发展。既然生态性贫困是我们的宿命，如果我们将生态保护好了，贫困问题是不是也可以迎刃而解呢？我想，这种可能性应该是存在的。①

这里，之所以反复论述生态性贫困，目的就是强调，在当下社会发展进程中，这是人类目前还不能完全绕开和回避的现实。

人类通过建设创造了越来越庞大的城市群，创造了由于城市群的存在而虚拟的生态系统，这似乎证明人类的生存和生活已经不完全受制于生态环境了，人类似乎可以创造某种生态系统来维护人类的生存和生活了。这或许会是人类未来发展的一种方向，一种期待与现实。但至少在目前而言，人类的所有创造，都还是在对于自然的依托的基础上进行的，人类生存、生活所需的所有能量和资源，都还是从自然中获得的，是在自然的基础上种植、生产、开垦、开掘、转化、加工、改造、创造出来的。庞大城市群的存在，其实是以牺牲、掠夺、攫取更大范畴区域和广大乡村的生态资源为代价创造出来的。自然始终是人类能量和资源的第一获取现场，始终是人类生存发展的第一背景场。我们源于自然，我们融于自然，这始终是人类存在的真理。生态一直是，也将始终是人类生存的第一现实。生态决定人类的命运，生态是人类走不出的

---

① 杨村、余达忠：《生态性贫困与乡村命运——作家与学者的对话》，《绿叶》2014 年第 8期。

宿命。

　　人类对于生态的依赖，走的是一条由自为到自觉再到自由的路径。早先，当人类学作为"流浪的猎人"和"经济动物"的时代，人类的所有生存实践，都完全受制于生态环境，只能通过被动地适应生态环境来维持人类的基本的生存。随着人类文化能力的不断获得和提升，人类开始进入自觉时代，通过有限度的对生态环境的改造来适应环境。农业的发明，就是人类改造生态环境来适应自然的最伟大的创造和成就。正是有了农耕的方式，人类才进入了文明的时代，进入了作为人的自觉时代。农耕是一种经济方式，也是一种生活方式。"在农耕社会中，人们粘着于土地上，通过手工劳动的方式，利用自然中的动植物来实现再生产，从而获得物质资料。农耕劳动运用有生命的（人、畜）动力或工具作用于同样有生命的劳动对象上，或者是植物、动物或者是孕育生命的土地、河流，由此实现生活与社会的延续与发展。在农耕中，最重要的是自然。一方面，人类生活赖以延续的一切资源都从自然中产生，人类要向土里讨生活，向山林求生存，农耕劳动本质上就是一种面向自然的劳动，农民们必须常年面对自然、利用自然、改造自然、适应自然，这种农耕劳动可以说是一种人天交融的劳动，人们受自然环境的影响甚至超过受社会环境的影响。另一方面，人们是按照自然的方式进行生活和劳动创造的，自然是人类生活的范本。动植物有生长、发育、成熟的生命周期，时令有春夏秋冬的季节周期，太阳、月亮有升起落下的运行周期，这一切都是不可更改的，必须遵循的。因此，在农耕社会，无论是人们维持生命生存的资源还是其社会生活，都毫无例外地受到自然的限制，人类是在自然中，在对自然的学习与模仿中成长起来的"[①]。进入工业社会之后，人类开始由自觉时代向自由时代迈进，试图在更大程度和范围内对自然进行改造和控制，以便更大限度地实现人类的自由。在这条自由的道路上，人类经历了很多的曲折，由此也让自然和人类自身付出巨大的代价，其直接的后果就是当下世界范围内普遍存在的生

---

① 　余达忠：《原生态文化：资源价值与旅游开发——以黔东南为例》，北京：民族出版社，2011年，第47页。

态环境的退化和生态危机,大面积、多层级,甚至不可控的环境污染,潜在的核威胁、核扩散、核泛滥,全球性气候变暖、冰川融化、海平面上升等。但人类始终走在由自觉向自由的道路上,这将是人类社会发展中一场漫长的征程。

生态性贫困,在人类进入自由时代后,或许不再是人类发展的制约。但在人类发展进程的自觉时代,在由自觉时代向自由时代迈进的进程中,生态性贫困则是我们不能不面对的严峻的现实。

生态性贫困是人类生存中必然面对的现实,是人类发展进程中必然要面对的现实——生态性贫困,始终与人类的发展紧密地关联在一起。现有考古成就和研究成果表明,巴比伦文明和玛雅文明的消失,很大程度上,就是人类过度开发生态环境导致的后果,是一种生态性贫困的直接现实。贵州普遍存在的石漠化现象,也是一种对生态过度开发的直接结果,而这种石漠化的生态环境,又是造成贵州比较其他省份更显贫困的直接原因。贵州的贫困,本质上就是一种生态性贫困。

前一章中,我们从生态的视角,对三锹人生存的环境和生存现状进行了较翔实的论述,强调从一般的生存意义上来说,三锹人生活区域,即黎平、锦屏交界之乌下江流域和八洋河流域区域,都属于生态脆弱性区域,是不太适宜人类生存、生活的区域。如果扩大开来,以锹里为核心的三锹人生活区域,整个黔湘桂边界区域,本质上都属于生态脆弱性区域,而这一广大区域内的人民都是以传统的农耕和山林采伐为基本生产方式的,对自然生态具有严重的依赖性。脆弱的自然生态既不能为人类生存提供足够生存、生活的能量和资源,而人类为生存和生活而对自然的开采,又必然进一步加大自然生态的压力,使自然生态更显脆弱,更不适宜人类生存和生活。在传统的农耕社会中,在人类的生存、生活还严重依赖于自然的自觉时代,自然生态的状态,很大程度上,就是人类生活的状态。自然生态直接决定了人们的生活状态。脆弱性生态决定了人们生活的脆弱性,而仅能够维持基本生存的脆弱的生活,必然是陷于贫困中,人们的贫困首先属于生态性贫困。三锹人的贫困是多因素的,但最直接的贫困是生态性贫困。这种生态性贫困,不仅只对三锹人这个族群,整个西南民族地区生活于云贵高原山地环境中的大部分族群，差不多都陷于这种生态性贫困中。

图 8-1　位于清水江南岸山岭台地上的锦屏三锹村落中仰村，海拔 880 米（余刚 摄）

第二节　社会性贫困：三锹人生存困境的社会人类学思考

　　人既生活于生态系统中，也生活于社会系统中。导致人们的生活陷于贫困的，不仅仅是脆弱性生态，更有我们置身的社会系统中的种种要素。陷于贫困中的区域和其中的人们的生活，既受制于生态性因素，更受制于社会性因素。贫困是多种因素综合影响而导致的特定区域和人群陷入生活困窘的现状。陈烨烽、王艳慧等学者，通过对中国各省区，尤其是连片特困区大量数据的分析和模型建构，得出结论："从指标致贫贡献度与平均排名的趋势进行分析，发现造成贫困村贫困的首要原因是自然环境劣势，恶劣的地形条件、不便的交通环境以及频发的自然灾害等限制了贫困村的发展潜力；其次是劳动力劣势，不均衡的人员结构、相对较差的劳动力文化素质、受限的就业环境等都阻碍了贫困村脱贫致富；还存在社会环境劣势，有限的市场连通性、不够完善的基础设施都在影响着贫困村的发展。"①在一个日趋开放的社会环境中，在联系日趋紧密的全球化时代，在科技发展和水平越来越成为生活的决定性要素的时代，社会性因素对于一个区域和这一区域的人们的生活是否陷于贫困中，更具有决定性作用。我们在关注三锹人的生态性贫困现状时，更要关注三锹人生存中面临的社会性贫困。

社会性贫困是个复杂的概念，是对造成一个区域的人们的生活贫困的种种社会要素的概括性表述。凡是由于社会性要素的缺乏或者社会发展的不公正、不公平等要素导致某一区域的人们、某一特定范畴内的人群的生活陷于贫困，都可看成是社会性贫困。社会性要素几乎涵盖了社会生活中的各个方面，既有历史的、政治的、制度的、经济的、文化的、教育的，还有社会环境的、风情习俗的、生活方式的，甚至包括观念、情感、心理、性格、能力等诸多要素。陈劲等学者说："贫困是一个多维的整合性概念，其内涵既要包含生存型资本不足导致的福利贫困，也应包含发展型资本不足导致的能力/权利贫困。"②贫困是一种社会现象，贫困更是一个社会问题。从全球范围内的贫困现象来看，固然脆弱性生态会导致人们的贫困，很多时候是导致贫困的第一因素，但全球范围内的贫困更多的是与社会中的种种要素相关联。可以说，是社会中的种种关系和种种要素将一些区域和一些人推向贫困之路。著名经济学家森对于贫困理论的新定义，就主要是指向社会层面。他认为，贫困不仅仅是收入低下，而实质上是能力的丧失，更确切地说是"可行能力"被剥夺的状态。森的"可行能力"可以定义为人们有能力实现各种自己想要的生活方式的自由。这种能力主要包括良好的营养、居住条件、医疗卫生条件等等。如果缺乏这些能力，将有可能导致营养不良、流行病泛滥，甚至是过早死亡以及其他方面的失败等等。他指出："饥饿是指一些人未能得到足够的食物，而非现实世界中不存在足够的食物。"因

---

① 陈烨烽、王艳慧等：《中国贫困村致贫因素分析及贫困类型划分》，《地理学报》2017 年第 10 期。

② 陈劲、尹西明、赵闯、朱心雨：《反贫困创新：源起、概念与框架》，《吉林大学社会科学学报》2018 年第 5 期。

此，要消除贫困，首先要消除不平等。引发饥荒与贫困的社会原因，既不是传统认识中天灾造成的粮食短缺，也不是人口太多和收入低下的问题，而是贫民的生存权利被剥夺了。[①] 森认为，可行能力与收入之间的联系是不稳定的，受到多重因素的影响，主要表现在：（1）人的年龄、性别和社会角色、所处地理环境，以及其他个人无法控制的因素会强烈影响收入和可行能力之间的关系，在对比不同人群的情况时，这些参数变得极为重要。（2）可行能力方面的缺陷（疾病、衰老等）会降低人们获取经济收入的能力，以及经济收入对可行能力的转化率。（3）家庭内部的分配不均，使得根据收入去研究贫困变得更加复杂。（4）社会环境不同，对收入的相对剥夺，可能会产生对可行能力的绝对剥夺。[②] 森的贫困理论，大大地拓宽了我们对于贫困认知的视野，将贫困与人类的终极目标——发展和自由联系起来，也为我们摆脱和消除贫困提供新的启示：重要的在于充分赋予和保障贫困区域和贫困人群的种种权利，而不是剥夺，在于通过种种机制和手段提升和强化贫困人群的"可行能力"。

我们从社会性贫困这个整合性概念来分析总体上处于相对贫困状态中的三锹人，分析导致三锹人贫困的种种社会因素。

首先从区位这个人文地理要素上来看，对三锹人的贫困所产生的影响。

我们一直强调三锹人属于边缘族群，其中重要的原因就在于三锹人所处的人文地理区位的边缘性。三锹人居住于黔湘桂边界区域，云贵高原的东端向东南丘陵的过渡地带，是苗岭、雪峰山和越城岭的延展区域，是长江中游水系和珠江上游水系的分水岭地带，在地理上呈现出相对封闭性，属于三省区的地理边缘地带，也是三省区的经济边缘地带和文化边缘地带。对此，在前面的章节中有较详细的论述。按照施坚雅模式，晚清的中国可以分为九大巨区，即西北、华北、长江上游、长江中游、长江下游、岭南、东南沿海、云贵、满州。[③] 黔湘桂边界区域正处

---

① 蒋谨慎：《论阿玛蒂亚·森对贫困理论的变革》，《社会科学家》2017 年第 5 期。

② 任付新：《阿马蒂亚·森的贫困理论及其方法论启示》，《江汉学术》2018 年第 1 期。

③ 参见陈倩：《区域中国与文化中国——文明对话中的施坚雅模式》，北京：人民出版社，2013 年，第 32 页。

于长江中游、云贵、岭南三大巨区的边缘地带,属于最边远的基层市场,距离中心市场遥远,距离地域城市和大城市更是遥远。施坚雅说:"一个居民点的经济职能始终如一地与它在市场体系中的地位相符合,而市场体系则按照固定的等级自行排列。"①三锹人生活区域处于三个巨区市场体系中最基层、最边缘的层面,经济功能既不发达,更不完善,中心市场对其的辐射有限,而中心城市对其的影响则更是微乎其微。三锹人生活区域,距离中心市镇——黎平、靖州、凯里的空间距离在 100公里以上;距离地方城市——怀化、柳州、桂林的空间距离更在 200 公里以上;而距离中心城市——长沙、贵阳、广州、武汉的空间距离则更是300 公里以远。从国家加大西部地区精准扶贫力度以来,三锹人聚居村落的交通状况有所改变,至 2018 年 8 月,三锹人聚居村落基本上都开通了水泥公路,但一个大区域内的交通闭塞状况依然存在,鲁西奇所说的那种"内地的边缘"的现状,始终没有得到改变。在一个以商品经济和市场经济为主的社会里,在进入全球化的时代,一个地区如果远离中心城市、远离核心地区、远离交通要道,其经济的不发达,甚至贫困,就几乎是不可避免的。远离市场、远离核心地区、远离交通要道的现实,决定了生活于这一区域的三锹人只能采用传统的农耕经济、自然经济的生活方式和生产方式,加之其又置身于脆弱性生态环境中,其贫困就是一种必然的命运。

我们再从劳动力人口状况和人口素质来看,其对三锹人的贫困所造成的影响。

三锹人聚居区域属于传统的农业耕作区域,三锹人主要以从事传统农业耕作为主要生产方式,兼营林木营造采伐和粗放型种养殖。由于地理环境条件限制,三锹人的农业耕作基本上是传统的方式,以水稻种植和玉米、高粱、番薯等旱地作物种植为主,适当发展小规模的养殖业,如猪、牛、羊的养殖和稻田、水塘养鱼、养鸭等。聚居区属于最典型的农业山区,其劳动力也属于最典型的山区农民类型,他们传承上一辈

---

① 参见陈倩:《区域中国与文化中国——文明对话中的施坚雅模式》,北京:人民出版社,2013 年,第 33 页。

的经验和价值观，按照传统的方式耕种、植造、养蓄，向土里讨生存、向山里求活路，具有山区农民所有的一切优点与缺点。我们前面说，由于三锹人的迁徙经历和作为弱小族群的边缘性地位，三锹人比起同一区域的苗族、侗族族群更能吃苦，更坚韧、更勤劳。但由于三锹人聚居村落更深远偏僻，居地更高险，其生存的艰难就更甚，由此也影响到其人口素质。1984 年进行三锹人族属调查时，锦屏县三锹人共聚居于 13个自然村寨中，计 738 户，3898 人，耕地面积 1950 亩；其中县级干部 3人，区、乡干部 19 人，各级职工 49 人，大学生 7 人，中专文化程度 77人。黎平县三锹人共聚居于黎平大稼、平寨等乡的 14 个自然村寨，计521 户，2488 人；其中国家行政机关干部、职工 27 人，大学生 1 人，中专文化程度 42 人。① 从 1949 年至 1984 年的几十年间，6000 余人的三锹人人口中，计有大学文化的只有 8 人，中专文化程度只有 119 人，低于两县其他族群中的比例。从 1949 至 1983 年的几十年间，锦屏县美蒙村有 69 户，364 人，只有高中生 2 人；中仰村 210 户，1074 人，只有大学生 2 人，中学生 30 人；九桃村有 52 户，292 人，只有大学生 1 人，中专生1 人；俾党村有 24 户，121 人，只有高中生 1 人；岑果村有 65 户，347人，有大学生 2 人，中专生 3 人；高表村 78 户，402 人，有大学生 1 人，高中专文化 3 人。黎平县岑迁村 176 户，884 人，只有大学生 1 人，中专生 17 人；岑努村 51 户，231 人，只有中专文化 5 人；俾嗟村 50 户，226人，只有中专文化 8 人；乌山寨 64 户，301 人，只有中专文化 2 人；乌勒寨 43 户，219 人，只有中专文化 4 人。② 通过这些数据可以看出，从受教育的程度上来看，三锹人接受教育的程度明显偏低，这显然对其人口的整体素质有重要影响。从 1984 年以来，三锹人接受教育的状况有了很大改善，接受教育的人口有所增多，但与周边其他族群相比较，还是相对较低。我们从黎平县最大的三锹人村落岑迁来看，从 1977 年恢复高考来，岑迁考取各级各类学校的人数是有所增多，但与这一区域的苗

---

① 黎平县"三锹人"族属调查工作组：《黎平县三锹人族属识别调查材料》，黎平县民族宗教事务局档案，全宗号 147 号。

② 黎平县"三锹人"族属调查工作组：《黎平县三锹人族属识别调查材料》，黎平县民族宗教事务局档案，全宗号 147 号。

族、侗族族群村寨比较,总体比例还是相对低。近六七年来,受新的"读书无用论"风气影响和乡村教育整体滑坡的现实,岑趸村考取大学的人数更与周边村寨有距离,近几年,基本上没有考取重点大学的学生,大部分学生考取的都是二、三本院校。正是三锹人在人口素质上所处的这种劣势地位,对三锹人的发展有很大的影响。一是由于三锹人没有充分享受到接受基本教育的权利,致使大部分三锹人在生活方式上、思想观念上、社会经验上等方面都只能沿袭和继承上一辈的传统,其生活也只是一代又一代传统生活的延续,形成一种固化保守的模式,表现出对于土地和传统生活的粘着性和附属性,形成一种保守的、故步自封的个性,缺乏创造力和开创性。二是由于大部分三锹人没有接受到应有的教育,或者其接受的教育不充分,就致使其进入现代社会的能力受到制约和影响,进而缺乏进一步走向现代社会的勇气和能力。现代教育,本质上就是培养现代人进入现代生活和在现代社会中找到适合自己定位的能力,而三锹人普遍存在的现代教育的缺乏,显然是对三锹人"可行能力"的一种剥夺。三是由于三锹族群中,接受现代教育的人相对少,其通过教育而走出去的人也就相对少,这就致使三锹人在外向资源方面,与其他族群相比就处于劣势状态。社会实践和反复的经验表明,一个区域或者一个族群中,通过教育走出去的人越多,其潜在的资源就越多,就越利于区域和族群的发展。有大量族群人员在区域之外,尤其是在核心地区和经济发达地区工作、创业、从政、经商,会对族群的发展起到积极的推动作用,是族群发展的潜在资源和重要推动力量。在三锹人中,在外工作、创业、从政、经商的人相对较少,对于三锹区域的发展是有直接影响的。四是由于三锹人中接受现代教育的不足和弱势地位,虽然在全国性的打工潮的推动下也有大量三锹人外出谋生就业、打工赚钱,但其多数人从事的都是相对缺乏技术含量的粗放的职业,比如在工厂流水线上做固定工人,或者从事建筑行业中最苦最累的体力活,或者经营没有什么风险,但回报相对低的小商小贩。很大程度上,由于教育的不公平,三锹人的"可行能力"实际上处于一种被剥夺的状态。也正是三锹人"可行能力"的不足,才致使三锹人的贫困程度相较于周边侗族、苗族族群更深、更普遍。

　　我们进一步从三锹人所处社会环境的弱势地位来看，其对三锹人贫困所造成的影响。

　　社会环境是一个大概念，我们前面的许多论述其实就是从社会环境方面进行阐述分析的。这里主要从社会资源、社会关系、社会角色三方面来看。

　　资源是对人类的生存发展有需求和价值的事物，而社会资源则是社会生活中能够满足人的需求，并对人的生存发展有价值的各种事物、关系和环境、场景、空间。在一个开放的且市场化、商品化的社会中，拥有和获得资源的状况，会对区域社会和区域中人群、家庭、个人的生存发展产生重要影响和作用。越是现代社会，对于社会资源越是表现出依赖性——这是与传统社会的重要的区别，在传统社会中，人们更多地对自然资源表现出严重的依赖性，自然资源的规模和获取资源的程度，直接决定了人们的生存与生活，甚至会决定一定区域间的社会组织形式。三锹人由于生活于偏远闭塞的山区，杂处于作为主体族群的侗族、苗族、汉族族群间，在各族群间取得生存空间，是一个边缘性弱势族群，其所拥有的社会资源，比较其他族群自然会显得不足和缺乏。在社会关系上，由于三锹人历史上长期受到欺压和排斥，是以佃种山林田地的身份落脚于黎平、锦屏交界乌下江和八洋河流域的，为维护族群认同和自身各种利益，三锹人必须以一种谦卑的、被动的姿态在各大族群间周旋，更多的时候，不得不将自己封闭起来。在历史上，三锹人虽然生活和杂处于各大族群间，但与各大族群间很少直接发生联系，甚至在婚姻上也主动割断与各族群间的联结。这种自我封闭性，显然致使三锹人的社会关系更狭窄。改革开放后，这种状况有所改善，但因袭的历史负担，使三锹人始终不能轻松解除、放下，与各大族群的交往始终处于一种不能完全放开的状态。在黎平境域的三锹人，很少与周边的侗族、苗族村寨结成亲密关系。如侗族村寨间结成的侗语称为"为嘿"的村寨间互相做客、交往的关系，苗族村寨间结成的吃牯脏关系，以及聚居在一起的各族群间的共同的斗牛活动。这些关系的结成，其实就是社会关系网络缔结的过程，是村寨间建立起某种社会资源联系的重要方式。三锹人村寨间虽然也有踩歌堂的方式，但由于其只局限于数量和人口规模都很少的三锹人村寨间,且明显地排斥外族群参与,其缔结成的社会网络显然是有限的,其表现出来的功能会大打折扣。按照施坚雅的市场关系法则,他将地域类型分为小市、基层集镇、中间集镇、中心集镇、地方城市、地区城市等几级,分别对应小市场区域、基层市场区域、中间市场区域、中心市场区域、城市贸易区域、城区贸易区域,构成一个完整的市场体系。① 三锹人区域则处于这个市场体系的最低端,即小市和小市场区域中。三锹人聚居村落虽然也有几十个,但没有形成集镇,甚至还不能形成一个基层市场区域。三锹人生活的所有村寨,都不是农村场集所在地,三锹人所有的日常交易,都要依赖于其他族群构建的市场,这种缺乏交易和没有市场的现状,显然会致使三锹人的社会资源的拓展受到很大限制,在某种程度上遏制三锹人的商品意识和市场交易实践。在现代社会,一个族群如果没有商品和交易行为,缺乏市场的基本支撑,那其发展一定是受到极大制约和阻碍。正是三锹人在这方面社会资源的天然欠缺,即便改革开放后许多三锹人走出了自己的传统聚居区域,但在开拓市场和进行商品交易上,与其他族群相比,始终表现出明显的劣势性和迟滞性。

中国社会本质上是一个熟人社会、亲缘社会、关系社会,熟人、亲缘和社会关系,从来就是生存发展的重要资源。但这正好是三锹人最欠缺的,是三锹人生存发展的一个弱项,是制约三锹人生存发展的一个瓶颈。

我们前面的论述中说,三锹人早先实行的是族群内婚姻模式,三锹人的婚姻只在三锹人族群间选择,而黎平、锦屏境域的三锹人,主要聚居在乌下江、八洋河流域方圆不到 100 里的狭窄地域内,局限在约 30 个三锹人村寨间,整个族群间的人口也仅 6000 余人,而且,更多的三锹人的婚姻主要在村寨内不同姓氏间缔结,或者是空间距离相对较近的村寨间缔结。像岑迳这样较大的村寨,其婚姻历史上主要就在村寨内吴姓和潘姓间缔结,即便走出村寨,也大多局限于周边乌山、岑努、乌

---

① 参见陈倩:《区域中国与文化中国——文明对话中的施坚雅模式》,北京:人民出版社,2013 年,第 33 页。

勒、俾嗟等比较靠近的村寨，与锦屏境域的三锹村寨结亲就很少。这既是三锹人的婚姻圈，也差不多是三锹人的社会交往圈。可以想象，三锹人的熟人社会、亲缘社会差不多就只在这个狭小的圈子内，其资源的有限性显然是不言而喻的。改革开放后，黎平境域的三锹人与老家靖州以锹里为核心的三锹人区域建立了联系，但毕竟由于空间距离的限制，之间的来往和互助也是有限的，对三锹人的发展没有发挥实际的作用。

从社会关系方面来说，总体来看，三锹人的社会关系更是表现出明显的局限性和封闭性。一是我们前面反复论述的，三锹人虽然杂居错处于侗族、苗族、汉族各族群间，与各大族群形成大杂居小聚居的格局，但三锹人的社会交往和社会关系，主要还是建立在三锹人内部，在三锹人村寨间建立起相对密切的社会关系，进行比较密切的社会交往，与其他族群的交往一直比较少。这是三锹人历史文化中天然的局限。二是三锹人中，在外掌握社会资源的人相对较少，三锹人走出村寨在区域之外发展的人，相比其他族群显得偏少。从迁徙到黎平、锦屏境域落寨立足以来，除了前面论述的乌山的开寨先祖吴相宇主动地与外界有接触和交往外，在三锹区域进行田野调研中，很少听到三锹人主动与外界交往联系的故事传说，更没有收集到三锹人在外打拼发展的案例。1949年以后，才开始有三锹人走出村寨，以各种身份参加工作，成为公职人员。但比较起其他族群，按人口比例来计算，三锹人中走出去的人是相对偏少的。像黎平境域，有3000余三锹人，从1949年至今，也仅有2～3人担任到县级干部（在我的调研中，20世纪80年代，有一个潘姓三锹人担任过黎平县副县长；现在有一个吴姓三锹人担任黔东南另一个县的纪委书记；还有一位吴姓人士好像在贵阳任职，是否县级干部不能确定），在黎平、锦屏二县或者黔东南州其他部门任科级干部职务的三锹人也很少。2018年9月，岑戛村的人告诉我，国庆期间，岑戛村委将部分在外发展、具有一定资源和能力的岑戛人请回村里，商量春节期间举办一次黎平、锦屏境域三锹人文化艺术节的事。他们计划春节期间，向黎平、锦屏境域的所有三锹人村寨发出邀请，一个村寨派一支歌队和一支球队到岑戛开展文化活动，并邀请靖州锹里老家的部分有渊源的村寨也派队参加。参加人数会达到2000～3000人，活动时间2～

3天,整个活动费用估计要20万元。他们将所有的关系和资源都想尽了,对于怎样筹措到这笔钱仍然还是一筹莫展。他们说,村里和整个三锹人中,在外任重要职位的人太少、能人太少、有实力的人太少,开展活动就比其他村寨难度大很多。计划向上面寻帮助,不要村民出钱,但活动了多次没有结果,决定一户出300元,不足部分再想办法。核算后,发现资金缺口太大,又调整到一户出500元——但岑趸村这样贫困的现实,要一户出500元来开展活动,能够筹集得到吗?村委会的所有人都没有底。他们感慨,如果是别的村寨,在外的人多、资源多,哪里还会要村民出钱。2017年春节,我曾到黔湘桂交界三省坡下黎平一侧的平架村参加洪洲琵琶歌文化艺术节。活动由平架村承办,来自黔湘桂交界区域的十余个侗族、苗族村寨的二十多支歌队参加,还进行比赛评奖。村支书告诉我,整个艺术节活动总计开支50万元,都是镇里、村里通过种种方式筹集来的,村民基本上不用出钱。三是20世纪90年代后,虽然有大量的三锹人外出谋生创业,有的打工、有的经商、有的创业,还有大量的外嫁现象,但大多是一种分散的方式,没有进行过整合,更谈不上形成一种固定的社会关系网络。而一些乡村,尤其是福建、浙江、江西等地的乡村,村民外出打工,往往会集中在一两个有自身优势的领域,由此会形成一种力量,从而在这个领域中占据更优势的位置。比如福建沙县人经营沙县小吃,江西资溪人经营面包等。当一个村寨、族群、地域在整个社会关系网络中,没有占据一个应有的位置,或者干脆孤立于社会关系网络之外,那么,这个村寨、族群、地域的发展必然地会受到极大的影响和制约。马克思说,人是社会关系的总和。在一个开放、流通且充分商品化、市场化的社会中,社会关系与资源间是一种正向的关系,越是拥有广大的社会关系网络,其获得的资源就越可能实现最大化。市场的竞争,很大程度上,就体现为各种社会关系的竞争。个人、家庭、村寨、族群、地域在社会关系中的能量,很大程度上,决定了其发展的格局和走向。三锹人社会关系上的资源贫困,必然地影响到其生存和发展,这是对于三锹人"可行能力"的一种直接或间接的剥夺。

图 8-2　锦屏三锹村寨九佑村举办的三锹人艺术节　（潘健康 摄）

　　人是一种社会性存在。人是通过结成社会，才在人所隶属和拥有的社会关系和社会结构中找到自己的位置。马克思说："人是最名副其实的社会动物，不仅是一种合群的动物，而且是只有在社会中才能独立的动物。"①人一定要在社会中才能生存，而且，人只有在社会中才能不断地获得和发展人的能力。在人的发展进程中，最初劳动中的分工构成了人类社会的重要要件，而分工则赋予人明确的身份和角色意识。亚当·斯密说："劳动生产力上最大的改进，以及在劳动生产力指向或应用的任何地方所体现的技能、熟练性和判断力的大部分，似乎都是分工的结果。"②分工体现的是一种社会关系，承担不同的分工则构成的是一种社会结构，或者说承担不同的分工，则体现和表达出人在社会序列中的位置。本质上说，角色即位置，角色即能力的体现。社会学者韩民青说："在社会生活的大舞台上，人与其扮演的社会角色具有一定的统一性。社会角色从本质上讲是人的社会生活方式，人要依赖于这种角色活动来生活。因此，社会角色的充当者是不能没有利益要求的，并

①　《马克思恩格斯全集（第 12 卷）》，北京：人民出版社，1962 年，第 1734 页。
②　［英］亚当·斯密著：《国富论》，唐日松等译，北京：华夏出版社，2005 年，第 17 页。

且人的差别也要由角色的区别来体现,社会角色的利益性就成了不可抹去的特征了。"①每个人都必然地承担不同的角色,既从社会角色的承担中获得社会性、社会归属、社会认同,也通过社会角色的承担实现个人利益和个人价值,这二者之间是互相推动的。在一个开放的社会中,个人承担的社会角色也体现出开放性,开放性的社会角色既能赋予个人更多的社会能力,也更有助于个人实现其个人利益和个人价值。越是开放的社会,个人的社会角色担当意识就越是自觉和主动。

三锹人一直生活在一个相对封闭的区域环境中。这种封闭既是由云贵高原的山地环境所决定,也由三锹人作为边缘族群杂居错处于各大族群中的边缘性生存环境所决定。从生产方式上,三锹人一直以山地耕作和林木种植为主要生产方式,而且一直是一种相对粗放的生产方式。三锹人在生产上、生活上、文化上等都自成体系,与整个大社会间的交往和联系都呈现出有限性。这些方面,对三锹人承担的社会角色,必然地会成为某种限制。在三锹人的历史发展进程中,三锹人一直只在自己的社会圈子中承担社会角色,而这种相对单一的社会身份和社会角色,显然会对三锹人社会能力的获得和发展有所阻碍。在三锹人生活区域进行社会调研发现,传统社会中的匠人、艺人、小贩,相对于周边的侗族区域和苗族区域社会,明显更少。在清代清水江流域山地开发进程中,与三锹人一起生活的侗族、苗族的村寨中,尤其是八洋河流域、亮江流域、小江流域的人口在二百户以上的村寨,都会有很多通过木材交易发家致富的人家,都会修筑起那个时代最时尚的砖砌石雕的徽式印子屋,清水江流域姚百万的故事,更是家喻户晓。在三锹人比较集中的几个大寨子中,很少看到那样的印子屋,除了吴相宇的发家故事,也没有收集到其他三锹人在山地开发中发家致富的故事传说。这说明社会的发展进程对于三锹人社会角色的承担是有制约的,位置与能力之间存在一种正向关系,而社会角色的受制约,显然影响到三锹人社会能力的获得和发展。

1949 年之后,三锹人生活区域的开放性有了很大改善,三锹人社

---

① 韩民青:《论人的社会角色》,《学术研究》2011 年第 8 期。

会生活面极大地扩展了，三锹人获得的种种发展机遇也明显地增多，这是从纵向历史比较中直接感受到的三锹人社会和社会生活的进步。但如果从横向来进行比较，即便将三锹人与周边一起生活的侗族、苗族、汉族族群进行比较，由于环境的制约和历史文化的因袭，我们又明显地感受到三锹人生存、生活的边缘性和所置身的不利状态。前面通过《黎平县"三锹人"族属识别调查材料》分析，在 1984 年前，三锹人聚居村寨中，接受中学以上学历教育，且能够在政府行政机关和事业、企业部门工作的人的情况，三锹人明显地处于弱势，这实际上说明，三锹人在区域社会中位置的边缘性，而位置的边缘性则直接影响三锹人社会角色的承担和社会能力的提升。1977 年恢复高考后，通过考试的选拔，许多三锹人获得了离开村落到一个更大范畴社会空间求学和发展的机遇，其社会角色随之有所改变，社会能力也由此得到极大提升。调查中发现，这确实改变了许多三锹人的命运和生活方式，一个家庭，甚至一个房族也会因此发生一定程度的改变，获得一些新的发展机遇。但深入的调查发现，在整个 20 世纪 80 年代的高考和中考中——1977—1980 年，三锹人考取学校的极少，黎平境域的三锹人中，1980 年考取贵阳师范学院的潘健康是第一个考取大学的三锹人——三锹人大多选择师范学校，其中原因主要有二：一是当时师范学校招生人数较多，在黎平就有一所黎平师范学校，被录取的概率相对大些；二是师范学校不收学费，生活补助比其他学校要高，而毕业之后，基本上都是在各级乡村小学从事教师职业。岑趸村在这方面最突出，一度被称为小学教师村，在 20 世纪 80—90 年代，出了近 20 个中小学教师。教师是一个专业性较强的职业，也是职业固化程度较高的职业，除了教书，其社会资源、社会关系、社会能力都受到较大制约。我们再从 2000 年前后兴起的打工潮来分析三锹人的社会角色承担。前面的论述中强调，1997 年后，三锹人村落也与中国乡村一样，有大批中青年外出沿海发达地区打工谋生，至现在，许多人的孩子也随着父母踏上打工谋生之路。但在外打工谋生的三锹人，基本上从事的都是相对粗放的体力活，或者在流水线上做固定的工人，通过打工而获得的能力不多，对其进一步发展帮助不大。黎平境域四千余三锹人，经历二十余年的打工历程，但没有一例通过打工而彻底改变自身命运，通过打工发展起来成为企业家或者社会投资人、活动家的。这体现出来的还是三锹人社会角色承担的某种局限性，而社会角色的局限和单一，显然对三锹人能力的获得和生活质量的提升有影响。著名社会学家罗伯特·默顿认为，占据每一个社会地位的个体都拥有一组角色丛，占据多个社会地位的个体则拥有一组地位丛，经过社会结构模式化的地位丛将会形成高低有序的排列，最终组成地位序列。从社会地位、角色丛、地位丛到地位序列，组成了社会结构。① 我们从社会角色视角分析三锹人的生存与生活发现，大部分三锹人都是扮演角色丛的角色，只在自己生活的乡村拥有社会地位，而不是占据多个社会地位，拥有一组地位丛；他们的生存与生活，显然处于整个社会序列的最底端，其承担更多社会角色的素质、能力、观念、责任担当等，都将受到其相对狭窄的社会角色承担能力限制。

如果一个人一生只在自己所生活的乡村与宗族、家庭中承担社会角色，而没有将自己的社会角色与更多、更大的社会空间联系在一起，没有通过社会角色建立起一个广大的社会关系网络，那么，他在社会生存和生活实践中获得的能力、机遇、发展空间都将是极其有限的，而这种有限性极可能正是导致他陷于贫困的主要原因。获得 2019 年诺贝尔经济学奖的印度经济学家阿比吉特·班纳吉，在其名著《贫穷的本质——我们为什么摆脱不了贫穷》中说："穷人会更加怀疑那些想象中的机遇，怀疑其生活产生任何根本改变的可能性。他们的行为常常反映出这样一种想法，即任何值得做出的改变都要花很长时间。这也可以解释，为什么他们只关注当前，尽可能把日子过得愉快，在必要的场合参加庆祝活动。"② 社会角色承担的有限性，显然影响了三锹人的发展机遇；而缺乏发展机遇，人就会对机遇始终持怀疑态度；而持续的怀疑，最终会导致人对生活信心的丧失、对希望的无可欲求。

---

① 张扬波：《西方角色理论研究的社会学传统——以罗伯特·默顿为例》，《国外理论动态》2014 年第 9 期。

② ［印度］阿比吉特·班纳吉、［法］埃斯特·迪弗洛著：《贫穷的本质——我们为什么摆脱不了贫穷》，景芳译，北京：中信出版社，2013 年，第 41 页。

图 8-3　岑趸村 2019 年春节三锹人艺术节　（潘健康 摄）

—————— 结 语 ——————

走出生存困境:
脱贫攻坚中三锹人的期待

一

2019 年 10 月 14 日,诺贝尔经济学奖在瑞典揭晓,颁发给发展经济学家班纳吉、埃丝特·迪弗洛及迈克尔·克雷默,以表彰他们"在减轻全球贫困方面的实验性做法"。如何解决贫困,这是一个艰巨的世界性课题,他们将其分解为较小、更易于管理的问题,从细节入手,从而交出了一份更为具体的答卷。他们的实践表明,这些小而精确的问题通常可以通过精心设计的干预性实验来获得精准的答案。20 世纪 90 年代中期,克雷默和他的同事们通过实地研究来测试一系列可以改善肯尼亚西部学校成绩的干预措施,证明了这种方法的强大作用。班纳吉、迪弗洛经常与克雷默一起,在其他国家进行类似的研究。在短短的二十年中,他们基于实验的新方法彻底改变了发展经济学的研究方式,如今,这已成为一个蓬勃发展的研究领域。

贫困,像一个幽灵,从人类有历史以来,一直在世界各地游荡,一直是一个世界性的现实问题。

中国,一直是一个为贫困所困扰的国家。千百年来,贫困都是中国一些区域和地方的最紧迫、最直逼人心的现实,对人民的生存和生活形成巨大的压力。中国人民一直与贫困进行着艰苦卓绝的、持久的斗争。改革开放后,与贫困的斗争渐渐地显示出光明的前景,一个全民进入小康社会的时代正在到来。告别贫困、摆脱贫困、消除贫困,将成为这个古老而伟大的国度的新纪元,也将成为新世纪全球范畴内最激动人心的伟大事件。中国人民正在全力描绘全面建成小康社会的宏伟蓝图,一个拥有 14 亿人口的伟大国家将在 2020 年全面建成小康社会。这是中国政府向人民的承诺,也是向全世界的承诺。中国国家主席习近平说:"全面建成小康社会、实现第一个百年奋斗目标,农村贫困人口全部脱贫是一个标志性指标。对这个问题,我一直在思考,也一直在强调,就是因为心里还有些不托底。所以,我说小康不小康,关键看老乡,关键看贫困老乡能不能脱贫。全面建成小康社会,是我们对全国人民的庄严承诺,必须实现,而且必须全面实现,没有任何讨价还价的余地。不能到了时候我们说还实现不了,再干几年。也不能到了时候我们一边宣布全面建成了小康社会,另一边还有几千万人生活在扶贫标准线以下。如果是那样,必然会影响人民群众对全面小康社会的满意度和国际社会对全面小康社会的认可度,也必然会影响我们党在人民群众中的威望和我们国家在国际上的形象。我们必须动员全党全国全社会力量,向贫困发起总攻,确保到二〇二〇年所有贫困地区和贫困人口一道迈入全面小康社会。"[1]当下,一场全社会动员和行动起来的脱贫攻坚战正在各个地方,尤其是在广大的中西部地区轰轰烈烈地进行着。扶贫成为当下最伟大、最重要的事业,也是最大的政治。

中国是一个有 960 多万平方公里国土面积的国家,地域广大、幅员辽阔,从东到西、从南至北,国土面积有万里之遥,因而,各个区域都会由于种种因素而存在不同程度的贫困。但中国总体的贫困区域和贫困人口,主要集中于西部地区。在西部地区的十余省区市中,贵州是全国贫困度最深、贫困面最大、贫困人口最多的省份。我国在 2020 年摆脱贫困,进入全面小康社会,贵州的扶贫任务特别艰巨。1978 年,贵州全

① 习近平:《在中央扶贫开发工作会议上的讲话(2015 年 11 月 27 日)》,载《十八大以来重要文献选编(下)》,北京:中央文献出版社,2018 年,第 29～30 页。

省贫困人口达 1840 余万人,一半以上的人口陷于贫困生活中,温饱没有得到保障。经过改革开放 40 余年来与贫困进行的艰苦卓绝的斗争,贵州的贫困人口减少到 2018 年的 155 万人。尤其是 2013 年至 2018 年,通过生态移民、易地搬迁等方式,全省减少贫困人口 768 万人,每年减少 100 多万,33 个县脱贫摘帽,贫困发生率从 26.8% 下降到4.3%。贵州省减贫人数和减贫幅度、易地扶贫搬迁人数位居全国各省区前列,创造了全国脱贫攻坚"省级样板"。黔东南在贵州 9 个市(州)中,又是贫困程度较深、贫困面较大、贫困人口较多的地区,大部分指标都在全省平均值以下。"十二五"期间,黔东南通过实施扶贫生态移民,从深山区搬出 9.97 万人。"十三五"以来通过实施易地扶贫搬迁,至 2019 年 9 月,完成 30.81 万人的搬迁任务。同时,打好产业扶贫、就业扶贫、健康扶贫、教育扶贫、生态扶贫等脱贫攻坚"组合拳",黔东南地区沿袭千年的人畜混居现象在脱贫攻坚中得到彻底解决,贫困人口由 2011 年的 167 万人减少到 28.6 万人,贫困发生率由 42% 下降到 7%,6 个县已实现脱贫摘帽。

1978 年以来,中国持续的改革开放和一以贯之的减贫、扶贫实践和行动,从根本上改变了这个古老的东方大国的社会经济状况,为整个世界社会经济的发展做出了巨大的贡献。中国的减贫成就和实践向世界表明,贫困是一种历史的因袭,但贫困不是社会必然承受之结果,贫困是可以通过社会改革,通过社会经济发展和整个社会的行动摆脱和消除的现实。《21 世纪资本论》作者托马斯·皮凯蒂说:"贫穷国家和新兴国家的高速发展,特别是中国,很可能被证明是一种在全球层面减少不平等的有效力量。"[①]联合国开发计划署前署长海伦·克拉克赞赏说:"中国最贫困人口的脱贫规模举世瞩目,速度之快绝无仅有。"2017 年 10 月,联合国减贫与发展高层论坛在北京召开,论坛以"精准扶贫与2030 年可持续发展议程"为主题。联合国秘书长安东尼奥·古特雷斯发来贺信盛赞中国减贫方略:"中国已实现数亿人脱贫,中国的经验可

---

① [法]托马斯·皮凯蒂著:《21 世纪资本论》,周大昕、李清彬、汤铎铎译,北京:中信出版社,2014 年,第 16 页。

以为其他发展中国家提供有益借鉴。中国坚持不懈地应对现存挑战，实行包容性发展模式，将能继续减少贫困人口数量，解决贫富差距、城乡差距以及东西部沿海地区与内陆之间发展不平衡问题。"

联合国提出在 2030 年消除贫困的千年发展目标，而中国则提前十年实现联合国目标，将在 2020 年消除贫困，全面建成小康社会。这是对全人类减贫事业做出的最大贡献。2019 年 10 月 17 日，在世界减贫日，即第六个国家扶贫日到来之际，中国国家主席习近平再次就脱贫攻坚做出指示："当前，脱贫攻坚已到了决战决胜、全面收官的关键阶段。各地区各部门务必咬定目标、一鼓作气，坚决攻克深度贫困堡垒，着力补齐贫困人口义务教育、基本医疗、住房和饮水安全短板，确保农村贫困人口全部脱贫，同全国人民一道迈入小康社会。要采取有效措施，巩固拓展脱贫攻坚成果，确保高质量打赢脱贫攻坚战。"

减贫在路上，扶贫在路上。

从 2017 年开始，中国的脱贫攻坚进入了关键时期。从社会的最高层决策者至最基层的民众，扶贫成了国家和普通人政治生活和经济文化生活中的重要事件。还生活于贫困中的人们正在努力着，争取早日摆脱贫困，过上小康生活；而更多的人，则在帮扶的路上，一点一点地进行着踏实的工作，为古老国度的伟大的扶贫事业尽着自己的责任和努力。

中国几千年的发展历程，从来没有像现在这样，有那么多人在关注贫困，有那么多人在扶贫，有那么多人在与贫困进行着坚决的斗争！

我们有充分的理由相信，中国的摆脱贫困，中国的全面小康社会，指日可待！

在这场旷世的与贫困决战的伟大斗争中，还陷于贫困中的三锹人，也将走出贫困，与全国人民一道，进入小康社会。

二

2019 年 8 月,我与课题组成员潘健康、石干成一起,再次驱车去乌勒、岑戛、乌山调研。这次调研主题明确而单一,就是正在轰轰烈烈开展的三锹人的脱贫攻坚。

乌勒是一座移民搬迁村寨。大部分人家,由于清水江三板溪电站的修建而搬迁至黎平县城边上之白塔桥、上五开和敖市镇敖市村,而乌勒本寨只剩余 27 户人家,分为 2 个村民组。原乌勒人家户中,留在乌勒本寨的人,大部分属于相对贫困的人家,其贫困度相对较深。乌勒现有 27 户中,贫困户占 12 户,贫困面达 44%。在乌勒做扶贫网格员的教育局工作人员吴达锋告诉我们,12 户中,有 5 户是属于没有劳动力或者无子女在身边的兜底户,其余几户多是因病致贫或者因学致贫或者人口过多致贫的贫困户。我们走访了贫困户吴才智家,他家的贫困主要是因学致贫和人口过多致贫。他家计有七口人,有 2 个近 70 岁的老人,身体不太好,有 3 个孩子,一个在上大学(贵州民族大学科技学院——是一所独立学院,学费相对较高),一个上高中,一个上初中。由于老人身体不好,他不能外出打工,只能在周边做一些零工,同时耕种一些田地。近两年,在扶贫干部帮助下,发展规模养殖业,最多时养殖有 60 余头生猪,但天不遂人愿,刚好今年遇上"非洲猪瘟",60 余头猪全部死掉。"刚开始有一头猪不吃食,认为是生一般的病,立即打针吃药,花去好几百元钱,但一直不见好转。第四天到猪场去时,发现所有的猪都瘫倒在圈里,动都不能动了,这才知道遭了非洲猪瘟。前几天才请了挖掘机将猪埋了。60 多头猪啊!"他向我们叙述时,语气很平静,但我还是分明感受到他内心那种深深的疼痛和无助。他换了一个蹲的姿势继续说:"我原本想,这批猪出栏了,会有二十万,除去成本,也会有近十万赚头,就可以脱贫了——现在还真不知道怎样向脱贫干部交代了。"这正是立秋的前一日,是一年中最热的时节,但我感觉到,他额上沁出的汗珠,是为秋日逼近的寒气所激发出来的。我问达锋,像他这种情况应该怎么办啊! 达锋说,已经向上面反映了——应该会有些补助吧! 停了许久,达锋说,也不用担心,无论如何,今年反正要想办法让他脱贫的。

在岑迥,我们遇到了更多的扶贫干部。岑迥村是黎平县市政管理局定点扶贫村,一年多来,有近 10 人长驻村里帮扶,另有教育局等单位人员进行一对一帮扶。两层两进三大间的村委会木楼,全部都住满了帮扶干部。在精准扶贫背景下,岑迥全村 276 户,971 人——所有外嫁人口不计算在内,其中县州省三级核定的贫困户 112 户,贫困人口 428 人,贫困面达 40.5%,贫困人口达 44%。大稼乡是黎平县贫困度最深的乡镇,而岑迥则是大稼乡的深度贫困村。112 户核定贫困户中,13 户为政府兜底贫困户,即孤儿、五保、残疾、大病无劳力家庭。其余近百贫困户均系因学致贫、因病致贫家庭或者人口过多而劳力不足家庭。扶贫干部和村干部均认为,导致岑迥人贫困的因素主要有三方面:一是缺技术,无论是在家劳动的,还是在外打工的,在技术方面普遍都欠缺,没有技术就只能做一些简单的活路,收入就会低很多,甚至会找不到活路做;二是缺资金,无论是村里还是个人,普遍都没有资金积累,即便想做一些产业,也做不大,就算做种养殖业,由于缺资金,也形成不了规模;三是因学致贫和因病致贫,在岑迥,一个家庭,如果有一个孩子在读高中或者大学,那就一定会贫困,大家本来就没有收入,而每年要出几千上万的学费,每月要出几百上千的生活费,如果家里再有病人,日子就更是过得艰难了。

我让村支书带我到贫困户家去看看,他直接将我带到村妇女主任吴来玉家去。这是老熟人了,我每次来岑迥,都是她给我们做饭,但没有想到她也会是岑迥的贫困户。她家住在村委会边上的山墚上,即燕子窝的边缘,海拔可能在 1000 米,是一幢两层三进的吊脚木楼,是岑迥 20 世纪 70 年代火灾后建的,有四五十年了。我们去她家时,丈夫去山上收金钩藤去了,就她与两个孩子在家,一个孩子在贵阳读一所职业技术学院,一个孩子读高中。这是一个朴实而腼腆的四十来岁的三锹妇女,话不多,做事却很本分。开学时,在学校食堂兼为孩子们做饭,一个月有一千元的收入,村里有客人来,也都是她帮着张罗做饭。我们每次来,都是她做饭,几乎在我们快要吃好了,她才悄无声息地坐到边上来,一边静静地吃饭,一边听我们说话,从不插话,只是问到了,才嗫嗫地回应一两句。在她家坐下来了,她依然不知道该与我们说什么,就静静地陪着,等我们问话,仿佛有些对不住我们似的。地上有一捆正在分拣的金钩藤,我们就从金钩藤引入话题。她家种有四五亩金钩藤,但也得不到什么收入,一是金钩藤长得不算好,管理上又麻烦;二是现在收购价也低,分拣好、晒干的金钩藤,才几块钱一斤,一天打理下来,也收不了几斤金钩藤。许久,她才说,像他们没有技术,真不知道做什么好,而孩子读书又要钱——按理说,她在村里当干部,不应该是贫困户的。早几年,他们夫妇也在外面打工,但也攒不下钱。现在孩子大了,正在读书,就更是差钱了。这是一个典型的因学致贫的人家。村干部说,岑趸大部分贫困户,都属于这种情况。

从吴来玉家出来,扶贫干部邀我们去另一贫困户家吃糊米茶。家里只有一个七十多岁的老人,老伴在今年年初刚去世,孩子媳妇都在浙江打工。在岑趸,长年在村里的人口只有 203 人,都是以老人和不能离家的妇女为主,大部分青壮年都在外面打工。留守老人们就常常聚在一起唱锹歌,在哪家唱锹歌就在哪家吃糊米茶。今天刚好轮到在吴才和家唱锹歌,他母亲就早早打好糊米茶,请大家去吃。听说有干部下来了,就一定要邀请我们也去。帮扶干部说,在岑趸的贫困户中,他家条件算是比较好的,孩子媳妇都在外面打工,在浙江还开了一家小五金店,完全达到脱贫标准了。一边吃糊米茶,我就一边与帮扶干部交谈。他们说,按照贵州人均年收入 3747 元的标准,即使像岑趸这样的深度贫困村,也有一半多的贫困户达到脱贫标准了——因为核定贫困户是在 2013、2014 年,过去几年了,有一半的人家的生活状况是有了大改变,是可以脱贫了。黎平县计划今年年底要全面脱贫,现在是最后冲刺阶段。总体来说,他们对年底全面脱贫,还是心里有底的,也是有信心的。

岑趸是黎平县的深度贫困村,也是三锹人村落的深度贫困村。如果就国家和贵州省的脱贫标准来衡量,岑趸是达到脱贫标准的——国家脱贫标准是人均年收入达到 3100 元,贵州脱贫标准是人均年收入达到 3747 元。吃饭的时候,帮扶干部和村干部细细地为我算了一笔账。岑趸的 112 户贫困户,是 2014 年经过几级认定反复评定出来的,普遍得到村里其他非贫困户的认可。村干部吴贵龙说,岑趸不像其他村,贫困户与非贫困间存在矛盾,互相不服,岑趸的贫困户也不是躺在贫困上,等着国家来救济,而是积极创造条件脱贫。在整个大稼乡,只有在三锹人村寨中,贫困户与非贫困户间矛盾是最少的——有的村,为争贫困户,会闹得不可开交。从 2017 年来,国家加大了扶贫力度,既有对贫困户的扶持,也有对村里项目的投入和环境的改善,非贫困户也会由此得到好处,对扶贫高度认可。这几年,村里在道路改造、改建,村寨改厕,文化休闲设施建设,农业综合产业项目等方面,都得到了来自各方面的资助,整个村容寨貌都发生了很大变化。这些方面是大家有目共睹的。当问到省里要求黎平县今年出列,即退出贫困县整体脱贫,岑趸能否实现整村脱贫时,从帮扶干部到村干部,都认为是可以实现的。他们说,表面上看,岑趸的贫困面是比较大,达到 40%,确实有一些深度贫困户,但那些深度贫困户基本是由国家政策兜底的,其他贫困户的情况就好多了。约有三分之一的贫困户是因学致贫的,但有教育精准扶贫政策资助,这些家庭基本上能够脱贫;[①]约有三分之一是因病致贫的,但也有国家合作医保救助,也基本上能够脱贫;有三分之一或者更多些的家庭,是由于缺技术、缺资金、缺劳力而致贫——形势比较严峻的就是这些家庭。但这几年的扶贫,也探索出一系列应对办法。比如

---

① 贵州省教育精准扶贫政策规定:(1)贫困户子女就读普通高中享受"两助三免(补)":①国家助学金(1000~3000 元/生·年);②扶贫专项助学金(1000 元/生·年);③免(补助)学费(根据学校类别进行减免 760~2000 元/生·年);④免(补助)教科书费(400 元/生·年);⑤免(补助)住宿费(500 元/生·年)。(2)贫困户子女就读中职学校享受"两助三免(补)":①一、二年级国家助学金(2000 元/生·年);②一、二年级学生扶贫专项助学金(1000 元/生·年);③三年免学费(2000 元/生·年);④免(补助)教科书费(400 元/生·年);⑤免(补助)住宿费(500 元/生·年)三年。(3)贫困户子女就读普通高校本专科(高职)院校享受两助一免(补):①国家助学金(平均 3000 元/生·年);②扶贫专项助学金(1000 元/生·年);③免(补助)学费(本科学生标准为 3830 元/生·年,专科高职学生标准为 3500 元/生·年)。以上信息由扶贫干部杨村提供。

通过移民搬迁的方式，让这部分人搬迁到城里，在城里再通过劳动安置的方式，解决他们的贫困问题——2017、2018 年，岑甦计有 18 户贫困户搬迁到县城，在县城，怎样都会比在乡下好谋生，岑甦村原来自发搬迁到城里的 40 余户人家中，就没有一户贫困户，他们在城里的生活总比在岑甦好些。再比如通过发展乡村产业的方式，或者通过集中到外地打工的方式，都可以解决部分贫困户生存生活问题，四口之家，有一个人在打工，只要诚实肯干，每年总能有两万元钱吧，从脱贫来讲就没有问题……

夜色不知什么时候落下来了，从燕子窝坳口那里吹来的燥热的风中，已经感觉到了一丝丝的凉意，村委会前荷塘里的青蛙此起彼伏地叫着，与远处的狗吠相呼应。突然，大家都不说话了，各自目光散漫地望着屋外深深的夜色，陷在自己的心事里。我一时间也不知道说什么、问什么，就兀自端起酒杯慢慢地啜饮。见我端起酒杯，其他人也默默地端起酒杯，无声地饮起来。放下酒杯后，村干部吴贵龙长长地叹息说，脱贫是可以脱了，但要过上大地方那种好生活也难啊，那些老单身汉脱单难啊……

这是岑甦人心中最大最深的疼痛，是三锹人心中最大最深的疼痛，也是中国西部广大乡村最大最深的疼痛！

三

早上起来，吃了糊米茶，我们准备离开岑甦了。

村干部汉生和贵龙说："余教授，你是最关心三锹人的学者了，每年都往我们岑甦跑——我们记得你！"

几年来，我确实一直在三锹人村落间行走，与三锹人建立起了深厚的感情，对三锹人的历史文化和现实生存都有深深的感受。但认真反思下来，我又为三锹人做了些什么呢？我能够做些什么呢？

我一下子生出一种深深的软弱感和无助感！

　　实际上，我写下的这些文字，远远不能描述出三锹人所经历的苦难和所创造的历史文化，也远远不能穷尽三锹人的生存现状和生活现实。与三锹人实际的生活比较起来，我觉得任何的描述、叙事、分析、论述都是苍白的、片面的、不完全的，与实际的生活和真实的现状都存在很大的差距。

　　我们或许永远不能将真实的生活表达出来，更不能将生活的模型建构出来。法国哲学家恩斯特·卡西尔说：我们不能过着我们的生活而不表达我们的生活。在黔湘桂边界山区行走，在三锹人村寨间穿行，在筑立于坡墁沟壑上的人家驻足，在三锹人家里慢慢地喝糊米茶，在长长的廊檐上与那些孤独沉默的老人一起静静地晒太阳，在山坳上看着挑着猪草的妇女们迈过曲折的田埂没入一片浓稠的绿荫中，在简陋的球场上看孩子们在泥地里不住地追逐……这是直觉和感观中的生活，严格地说，这其实也只是生活的一种表象，而生活深处的那种疼痛、那种挣扎、那种困窘、那种纠结、那种期待，则更多地需要深入实际的生活中，将自己的命运与三锹人的际遇关联在一起，才会有刻骨铭心的感受和体验。我只能说，我尽我最大的诚实和正直，写出我所看到的生活，写出我对于所看到的生活的认知和感受。

　　确实，我在尽可能地将真实呈现出来，将现实表达出来，将问题揭示出来，将原因分析出来。

　　贫困是一种社会现象，是由多种社会因素构成的一种生活上的不足状态，即便是生态性贫困，表象上看是由于自然的因素，由于自然生态环境所决定，而往更深层追溯下去，其本质还是资源分配上的公平、公正在发挥根本性作用。导致或者决定一个人、一个家庭、一个区域、一个族群是否陷入贫困，主要原因在两方面：一是资源不足，得到的资源不能满足生活的基本需求；一是获取资源的能力不足，由于缺乏获取资源的能力，因而陷于贫困之中。从西部地区的现实来看，表象是资源不足，西部地区在自然环境所提供的资源禀赋上，是存在明显的不足，自然环境及其资源禀赋是明显不如中东部地区，但这不是西部地区陷于贫困的根本性原因，更多的还是表现在西部地区获取资源的能力上，即西部地区在获取更多更好的资源的可行能力上，比起中东部地区有很大的差距。或者可以说，西部地区与中东部地区的差距，主要不是自然资源的差距，而主要还是社会资源的差距。在社会资源上，西部地区与中东部地区比较，是真正处于一种匮乏状态。进入现代科技社会，进入商品化、市场化的全球化时代，自然资源的拥有量往往不是决定贫困或者富裕的根本性原因，自然资源是其中的因素，但越来越不是主导性因素，因为科技的发展、商品化、市场化等，都会从各个方面弥补自然资源的不足。当一个社会的各个方面都得到充分的发展，即社会的各个方面、各个层次、不同领域的人群，其可行能力能够得到充分的表达和施展的时候，或者说，其可行能力能够得到最大限度实现的时候，人们显然就不会陷于贫困之中。强调贫困是"人的福祉的被剥夺"，其实是在表达，人的可行能力没有得到充分实现。从这个意义上来理解扶贫，重要的不在于对陷入贫困中人群的完全兜底，而在于提升和强化贫困人群的可行能力。

贫困是一种生活状态，可以用一些基本指标来进行评估和界定。但造成和陷入贫困的原因则是多方面的，是各种社会问题的一种综合性反应和呈现，是社会发展进程中必然要正视和面对的现实，也是社会必然要越过的障碍。我们不能仅就贫困地区或者贫困人群来看待贫困，而是要从整个社会系统中来看待贫困；更不能单纯地将贫困就看成是贫困地区或者贫困人群的生活状态，而是要将贫困与整个社会的发展进程联系在一起，将贫困与社会发展的公平、正义联系在一起。贫困是贫困地区的生存状态，是贫困人群的生活状态，但贫困也是全社会的发展状态，是全社会的责任，是所有人的责任。只要贫困存在，严格意义上来说，我们建设成的就不是一个真正的公平、正义的社会。因此，消除贫困是全社会的责任，是所有人都必须承担和面对的使命。摆脱和消除贫困，其本质就是在建设一个公平、正义的社会，就是建设一个共同发展、共同富裕的社会，就是建设一个强大的、繁荣的社会。

当下，整个中国，从最高领导人到最基层的干部群众，都在进行一场前所未有的脱贫攻坚战，都投身摆脱和消除贫困的伟大斗争中。中国政府向全世界，也向全中国人民郑重承诺，至2020年，中国要基本消除贫困，要让所有陷于贫困中的人民脱贫。这是当下中国最动人、最壮丽、最充满生机的诗章。从这场轰轰烈烈的摆脱、消除贫困的伟大实践中，三锹人的生存现状和生活状态正在一点点地发生着改变，三锹人也从这些改变中增添了信心、看到了希望。我相信，生活在这片莽莽山野中的贫困的三锹人，一定能够在这场伟大的脱贫攻坚战中，走出贫困，走向一种新的生活。

我向送行的村干部们挥挥手，然后猛地加大油门，驱车离开了岑嵤，驶向莽莽山野。

此时，阳光正艰难地、悲壮地、一点点地从弥天的大雾中呈现出来，山野模糊的轮廓渐渐变得清晰和明朗，风从晨雾间轻轻拂过，仿佛整个茫茫云海都在涌动，似乎要将偌大的山野托举起来……

昨夜涌上的那种沉郁的情绪一下子消失殆尽，我们几个人的心绪瞬间好了起来——虽然生活中有沉重的叹息，但我们始终对人生日子充满期待！

在期待中行进。我突然想起曾经写过的一篇文章。我们生活着，就对人生充满期待。期待是生命行进的最伟大的源泉和动力。

诗人艾青在《黎明的通知》中歌唱道：

> 说他们所等待的已经要来
> 说我已踏着露水而来
> 已借着最后一颗星的照引而来
> 我从东方来
> 从汹涌着波涛的海上来
> 我将带光明给世界
> 又将带温暖给人类
> ……
> 当雄鸡最后一次鸣叫的时候我就到来
> 请他们用虔诚的眼睛凝视天边
> 我将给所有期待我的以最慈惠的光辉
> 趁这夜已快完了，请告诉他们
> 说他们所等待的就要来了

期待让三锹人走过了一段又一段艰难的日子,期待也将会伴随三锹人走向新的人生境界……

我加大油门,坚定地向正在消散的浓雾中驶去……

2018 年 11 月一稿于三明枫木庐
2019 年 10 月二稿于黔东南黎平、三明枫木庐

附　录
三锹人族属的调查报告

前　言

为了进一步加强民族团结,充分保障少数民族的平等权利,党和政府十分重视民族识别工作,多次发出通知,要求抓紧进行民族识别工作。

根据国家民委(79)政字第 116 号文件、(82)政字第 86 号文件和省委苗春亭同志在省民族识别工作座谈会上的讲话精神。黎平县委、县政府、县民委对我县尚未落实族属的"三锹人"进行讨论。一致认为有必要进行族属调查。

黎平、锦屏两县共有二十七个自然村落,居住着一千二百四十三户,六千三百八十六人的"三锹人"。黎平县的"三锹人"都聚居在本县尚重区大稼、平底乡境内的十四个自然村寨,五百二十一户,二千四百八十七人。其中:大稼乡的岑努寨有五十一户,二百三十一人,平底乡四百七十户,二千二百五十七人;锦屏县的"三锹人"分别聚居于平略、启蒙两个区的八个乡,十三个自然村寨,七百八十户,三千八百九十八人。

于一九八一年八月份,黎平县政协副主席潘光植、县政协委员石树挑、县民委主任吴增义、秘书杨再宏等同志,深入到"三锹人"聚居的平底乡,岑迳、平底寨分别召集"三锹人"老人座谈会,抽调岑迳大队支书潘远财参加调查。一九八二年，他们又先后到平底乡召开座谈会，找碑记、拍摄照片等三次。

一九八三年县政府、县民委又组织吴炳和、潘远财、潘宗美三人组成调查组，专抓这项工作。调查组的同志除在黎平境内到"三锹人"居住的各个自然村寨调查和翻阅《黎平府志》外，还到毗邻的锦屏县启蒙、平略两个区八个乡十三个自然村寨进行调查。而后，又到湖南靖县三锹、藕团两个乡，十多个自然村寨进行调查，借阅湖南省《靖州志》，寻找古碑，考查"三锹人"的历史情况。直到一九八三年七月份为止。

一九八四年四月五日至八日，省民委民族识别办、黔东南州民委、中共黎平县委、县人大常委、县人民政府和黎平县民委、县政协等单位的领导在黎平召开了贵州省三锹人族属问题调查汇报会议。

参加这次会议的还有锦屏县民委、从江县民委和三锹代表共二十八人。通过汇报，大家一致认为"三锹人"的族属问题，前段做了大量工作，搞清楚了不少问题，但还有进一步调查的必要。会议决定黎平县抽调二人（潘昌本、吴炳和），锦屏县抽调一人（陆大志）组成调查组，继续进行这项工作。

我们调查组的同志，又一次走锹乡，串锹寨，找碑记，寻族源，重往湖南靖县有关村寨调查族源问题。在本县内再次召开"三锹"老人座谈会，了解三锹人的来历、形成过程、婚丧嫁娶和节庆的风俗习惯……

通过两年多来的内查外调工作，"三锹人"的基本情况、历史、语言、文化特征、经济生活、民族意识等方面已基本查清。

现将有关三锹人族属调查综合如下：

族称及族源

"三锹人"自称"三是三锹"、"三十三锹"（三锹语译音）、"三稍"。普称"三锹人"。黎平县孟彦、罗里一带的汉族称他们为"锹上人"，锦屏雄黄界一带的侗族、苗族称他们为"锹佬"，黎平各地及尚重区的侗、苗族人称他们为"三消"(侗、苗语译音)。

三锹族源的形成。据传说,在很久以前,有三个人,一个是"撬猪佬"吴刚,一个是"卖柴汉"潘富元,另一个是"卖油郎"龙彪。一天晚上,吴刚和潘富元正在富元家一起吃饭,突然,身沾血污的龙彪闯进屋来,原来龙彪在卖油途中被强盗抢去油担和银钱。经过龙彪诉说后,三人意气相投,就盟誓结拜成祸福同享的异姓兄弟。

因生活难以维持下去,三人商议,只有外出跟吴刚当学徒撬猪。

有一天,他们走到一个地方跟一家财主撬一头母猪,吴刚首先叫两个学徒富元和龙彪学撬,他俩撬了好久都没撬成,主家看着生气了,吴刚才亲自动手撬,结果母猪被撬死了。主家要他们赔银五十两,当时他们身上无钱,只有设计夜里逃跑,跑到一个深山老林的村寨,他们就决定在那里住下来,安家立业。

日子长了,当地人知道了他们的来历,都戏称他们为"三个撬猪佬",后又简称为"三撬""撬佬"。随着人类社会的进化,他们又以"三撬"变为"三锹"。

又根据岑趸寨吴发生家的一家墓碑刻载和三锹老人口述,三锹人祖先原是江西省吉安府太和县诸史巷风波塘。据说,因其不堪忍受异族之欺凌,故一再迁徙,颠沛流离,经湖广到天柱远口以及湖南靖县的深山老林居住,以开荒山种苞米、小米、糁子、饭豆等为生,繁衍后代。

清朝康熙、乾隆年间,因闹灾荒而无法生活,"三锹人"又从湖南靖县迁入贵州黎、锦两县定居,在此开田种稻,挖山造林,至今已有三百余年了。

现在黎、锦两县居住的"三锹人",分布在三个区,十个乡,二十七个自然村寨,共有一千二百四十三户,六千三百八十六人。分别为吴、潘、龙、杨、张、陆、林、向、蒋、刘、赵、石等十二个姓氏。其中,黎平县的"三锹人"居住在尚重区平底乡的岑趸、乌山、俾嗟、眼批、董翁、归斗、归雅、乌勒、平底、乌碰、塘途、俾雅寨和大稼乡的岑努寨。共有十四个自然村寨,五百二十一户,二千四百八十八人。其中,国家行政机关干部二十七人,大学生一人,中专文化程度四十二人。

锦屏县的"三锹人"居住在平略、启蒙两个区的寨早、文斗、胜利、固本、新明、地茶、启蒙、玉河八个乡、十三个自然村寨,七百三十八户,三千八百九十八人。其中，有县级以上国家干部三人，区、乡干部一十九人，机关企业干部四十九人，大学生七人，中专生九人，中学生七十七人。

从俾嗟挖出的石碑、湖南地背岩桥头碑、牛筋岭石碑所载及《靖州志》《黎平府志》的记载，有关"三锹人"，至今已有三百余年历史。

《黎平府志》地理志下二册第八十二页载："咸丰二年，黎兆勋……策略东路，为潭溪、铁炉、苗坡、平茶至马路口交靖卅界，此路苗匪、系草坪一带硐苗纠合三十三锹，苗匪等作乱为害。"《靖州志》乡土志卷一第二十五页云："咸丰五年春，苗匪戴老寅窜四乡。六月通道大高山苗叛，靖人黄炳变率团平之。团兵败贼于平茶、藕团。十二月，鬼金山贼勾结靖属锹里苗焚劫。咸丰七年正月，获锹里生员吴大培，尽得三锹虚实，黄炳变单身往谕。"第四十六页载："黄炳变用新生吴某招抚三锹，又单身入八洞招抚苗酋。"该书卷四第五页还载云："焚童一队、吹龙竹。洞主三锹，骖豹文山顶，踏歌风、四合鸾黄飞人遏行云。"

俾嗟塘中碑制于清乾隆己巳年。碑上刻载着："兹余三锹，自先祖颠沛流离于斯，迄今已近百年。为铭志先祖之习俗，故吾三锹各寨里长约集，宰生鸡而誓志，饮血酒以盟心。"湖南地背岩板田桥头碑立于清道光二十一年，上刻有："据锹里生员吴光祥、潘正立、吴通林、吴士龙等禀称……"湖南靖县牛筋岭石碑立于民国二十五年，碑上刻曰："我三锹地处边隅，文化闭塞……是以三锹并成一气，与九寨合为一家。"

"三锹人"由于人少势弱，所以，"三锹人"内部团结很紧密。他们击鼓同响，吹笙共鸣，同舟共济，痛痒相关，一家有事，合族齐援。

"三锹人"在过去受着汉、苗统治阶级的歧视和排挤、欺凌。

据传说：从前，由于社会黑暗.苗族人民起来造反，官府集中兵马镇压，造反队伍打了几次败仗，损失人员很多。苗族首领杨指挥为了积粮扩军，到三锹村寨要"三锹人"向他捐献钱粮和五户抽一丁。"三锹人"出不起钱粮，人数少而又怕打仗。杨指挥愤怒地说："你们'三锹人'，一不出人，二不出钱粮，山是我们的山，水是我们的水，已经养活了你们好几代人了，现抽不出人者全家杀绝，抽钱粮不出者要赶出他乡。"

结果，不愿去打仗的人被杀害，出不起钱粮的人被赶出外乡，逃荒度日。从此，"三锹人"和苗人也就结下了仇恨，一代代相传，直到解放前夕。

在俾嗟挖出的石碑上刻着:"尤对客家与苗人,更应合力以抗之。"在踩堂时誓词中说:"吹笙同响.打锣同声,唱歌同音,踩堂同步。吹到哪里,好到那里;唱到哪山,好到那山。胜过客家,强过苗人。只许锹人踩堂.不许外人强占。苗来苗死,客来客亡。"(这里所说的"客"是指汉人。)三锹老人逝世,在未亡者交纳(吩咐的意思)时,要把一把尖刀放在死者手中,并吩咐说:"苗人哄你不相信,汉人哄你不跟行。交给你这把刀,是给你护身之用。若是汉人抢你的东西,你就用刀砍汉人;若是苗人抢你们的钱财,你就用刀砍苗人。"由此可见,过去,由于汉、苗统治阶级压迫弱小民族,使"三锹人"对汉人和苗人有切齿之恨。

"三锹人"有着自己独特的语言.例如:父亲是"戈",喊母亲是"喂",哥哥是"胞"即大哥叫"胞",二哥叫"胞姜",姐姐是"咱"及大姐叫"咱潘"、二姐叫"咱姜纾",弟弟是"拿一",妹妹是"蛮",伯母是"仰"或"喂",叔母是"努"或"喂浓"。女孩长到十岁后,她们用三锹语取名字称呼。如:"戈仰""应月""号仰""贵山"等。(其意思是:和气的姑娘,聪明的姑娘,漂亮的姑娘,宝贵的姑娘。)过去"三锹人"不会说汉话,但为了适应环境,逐步学会讲汉话、侗话、苗语。他们与汉人、苗人、侗人交接,语言方面都能应用自如。

饮　食

"三锹人"最爱吃糊米茶。

糊米茶的来由:据说是"三锹人"的先祖由外地逃荒来时,居住在高坡上。由于没有生产工具,只能种苞谷、小米、饭豆等杂粮为生。平时都吃不上白米饭,逢年过节时,将外出打零工得到的少量大米参苞米、饭豆等煮糊米茶,供全家过节时分吃。从此一代代相传下来直到现在。这种茶是将米放在锅内炒片刻后,再放苞米、饭豆、食油等一将炒煳成黄黑色,然后掺水煮,同时放一把老茶叶进去。待米和饭豆等煮开花后,用专制的茶筷将米和茶叶一起捣烂,放入盐巴才舀来喝。糊米茶香味扑鼻，清味可口，能帮助消化，治病去毒，所以"三锹人"个个爱吃。

他们还流传着民歌，歌词是："酒说酒浓酒在后，茶讲茶淡茶当先。未曾吃饭三杯茶，茶水落肚人新鲜。"他族人也常说到："移脚入锹乡，便是进茶乡。"每天早晚都要吃煮茶。

他们还习惯吃腌鱼腌肉。凡是得到鲜鱼和新鲜的猪、牛、羊肉及竹笋等物品，都喜欢用来加工。加工方法是：将新鲜的鱼肉切成块，放入食盐、米酒浸泡3～5天，后蒸糯米饭，待饭后加入辣椒、花椒、生姜、大蒜等香料拌匀，一层鱼、肉又放一层饭。放入专制的大木桶中，上面放一层干菜吸水，加上压板，压板上放一石头压紧，最后向桶内倒入米酒，将桶盖盖好，待半个月后可以食用。这菜香味格外芳香，味道鲜美，有钱人家一年四季常备，凡有客人到家，就用这种菜作为上等菜来招待客人。

节庆"三锹人"爱自己酿酒，他们从山上采回草药，自己制作酒曲。用大米、谷、小米、糁子、红苕作原料，酿成水酒，也会酿成"甜酒"。最喜爱的还是"重阳酒"，每年收割后就酿酒，这种酒要密封到第二年才开来吃。重阳酒味道芳香，十分可口。三锹人对重阳酒有首民歌，唱词是："重阳酒来重阳酒，重阳的酒桂花香，今朝得吃重阳酒，明天到家传远扬。"

"三锹人"的衣着服饰，别具一格。已婚妇女头顶盘着长方形的发髻，未婚女子打一根独辫。他们脚穿绣花的翘头布鞋，手戴银制手圈，颈配银项链，头包自制的家织布帕，身着配有彩色栏干的家织长袖大襟衣裤。男子蓄发挽鬏，头包巾两端绣花的蓝黑色自染自织布帕，身穿家织布大襟衣裤。

音乐舞蹈

"三锹人"居住于高山密林，地处偏僻，住房拥挤而狭。一幢三间三层楼的木房，至少住上三户人家。这是为了防止外族之侵袭而聚居，好应付不测之事故。

"三锹人"爱吹笙。每年春节至元宵期间,附近各寨父老及青年男女都要约集到芦笙堂吹芦笙、踩歌堂。他们踩歌堂分为直调、半花调、两边花、六步调等四套。踩堂时,男子在前面吹芦笙,姑娘跟在后,男女共同起舞。他们一开堂就先放三铁炮,敲锣打鼓,有芦笙者吹笙,无芦笙者歌唱,随着歌声和芦笙伴奏起舞。基本动作是:先右脚提起,两脚向两边盘甩,意思是除杂草保丰收。吹至(勤得得)时,身向后绕一转,后向四面八方。每调快结束时,勾腰,前脚脚尖着地行恭敬礼,表示一敬天地,二向观众敬礼。最后敲锣打鼓散场。

"三锹人"有自己独特的民歌。一是酒歌,主要是在嫁女时,在女方家宴席上主客对唱;二是大歌,主要是在娶亲时,男方家主客对唱;三是"也德歌"(三锹语译音),是妇女在宴席上或送客出门时主客对唱;四是细歌(青年歌、三锹歌译音),主要是男女青年在谈情说爱时用来表示爱慕对方而唱。

婚 姻

三锹人在婚姻嫁娶方面也有独特的习俗。过去,三锹人都是在本民族中结亲,既不许本族女子嫁与他族,也不许本族男子娶异族女子为亲。

三锹人的婚姻制度,强调明媒正娶,不许赖亲。姑之女必嫁舅之子,若亲舅无子,则由舅氏本家族中的侄儿娶之。

男到十八岁后,父母就给选择对象,请媒人到女方家求亲。女方家父母同意就煮糊米茶吃,若不同意,媒人拿来的礼物全部不收,也不招待吃糊米茶。在婚礼上最为突出三锹人的"三"字,第二次女方请媒人到女方家,必须携带茶叶三两,盐巴三两、炒米三件,酒肉各三斤等。在婚礼举行期间夫妻不能同房,因新娘在举行婚礼后还要回家住一到三年。在郎家第二次接新娘过门后,夫妻方得同房。

青年男女只有谈情说爱的自由，而无结合之希望。男女婚姻均由父母包办，结合的权利不在他（她）们手里。

丧　事

如果三锹老人逝世，要先给死者剃头，剃头时只剃三刀，以示三锹的标记。吩咐时（吩咐的念词见附件）先将一把尖刀放在死者右手中，再用一根长绳，一端绕住死者左手，另一端则系住所要宰杀的牲畜，另摆一副担子，箩筐中放一把禾，一壶酒，请一位德高望重的老人去吩咐死者安息，恳祈死者保佑一家人平安，五谷丰收，六畜兴旺。将死者安葬后，孝子还要带着白孝帕，披着白孝衣引领死者的"魂"翻坡越岭，爬山涉水去走亲戚。过桥越坎，若有土地祠，还要烧香化纸方能过去，转回时，亦是如此。回来后方脱孝衣。双亲中先逝者，孝子要带孝帕一年半.后逝者，要带孝帕三年。孝服期满时，还要通知主要亲戚共同到死者坟前，剪下孝帕一节与纸钱一起火化，方算丧事结束。

节　庆

每年春节除夕日，"三锹人"要将一只大公鸡洗好脚方宰杀，连同猪头、酒、菜、饭一起祭祖。祭祖时，每一代祖宗都要请到，家长念一长串祭词（念词见附件）。祭祀结束后，全家人方能动筷吃除夕夜饭。

正月初一，不请客，不串寨，不扫地，不借东西，不许讲不吉利的话，这样才使全家一年四季人畜平安，招财纳喜。不吃青菜而要吃稀饭，才使庄稼无草，田中经常有水不受干旱。早上天未亮，就要到井边去提新年水，取水时，先要在井边烧一根香，烧化纸钱后才取水，才使井水长流不断。将新年水提到家中煮糊米茶供奉祖宗，要放鞭炮，表示对祖宗的敬意。还要用禾草扎成若干扫帚,拿到鸡圈去挂,表示当年鸡鸭成群,猪、牛、羊满圈。

三月初三,"三锹人"吃糁子粑。他们在清明扫墓时,用的是汤元粑祭奠祖先。

每年栽完秧后不久,"三锹人"便要过隆重的破新节。那天,他们杀猪宰羊,开田捉鱼,蒸糯米饭,采食当年种植的稻芯、苞米、辣椒、瓜果等祭奠祖宗。祭祖方式有一套很长的念词,(其意是要祖宗保佑,全家老少平安,鸡鸭成群,猪牛满圈,一年四季招财纳喜。念词列于附表)才能吃新。

经济生活

"三锹人"的经济来源。

他们的先祖是以开山种地和植树造林谋生。粮食以种苞谷、小米、糁子、饭豆等杂粮为主。那时专靠吃杂粮度日。经过几代人后,才逐步开田种稻。

经济作物,主要是以种植茶叶树、辣椒和烟叶。衣物以自种苎麻、棉花织成土布制成衣裤穿。养殖业是以养猪、养牛、养羊、养鸡鸭及稻田养鱼为主,来改善自己的生活。

植树造林。对杉木、油茶、油桐、楠竹等均为重视。因杉木用途宽广;油茶、核桃油用来煮糊米茶和炒菜;桐油既可照明又可用来油各种用具等;楠竹能编织各种竹器,是日常生活中必不可少的。

随着社会主义事业的蓬勃发展,三锹人也在不断进化。近亲结婚、女还娘头、舅霸姑女作媳及祭祖之念词等,一些陈规陋习正在清除。在党的领导下,凭着他们勤劳的双手,生活日益改善,日子越过越好,觉悟越来越高。

我们在调查中,居住于锹乡周边的兄弟民族亦纷纷证实三锹人的存在是事实,并历史悠久。孟彦地区的侗族老人潘应华、胡中锡等人说："我等近七十，我们这里与归雅田地相掺，鸡鸣相应，他们的语言及风俗与任何民族大有异奇。因此，四邻乡寨索称此地人为'三锹'"。苗族老人杨光斗、杨光茂说："岑戛与我们苗丢、岑舍两寨是近邻。过去我们这里的人与他们素不往来，更不说结亲了。"湖南靖县三锹乡一带的人民亦纷纷证明，过去曾有三锹人迁往黎平、锦屏居住。

但是，他们对于本民族尚未能得到国家承认这件事却想不通。在识别调查工作中，他们向我们调查组的同志积极提供资料，寻找有关锹人历史记载的石碑，给我们的工作以极大的方便。

我们所到过的锹寨，大多数人都向我们提出迫切的要求，希望国家承认为单一民族。并有岑戛、俾嗟、归雅、乌勒、眼批、乌山、岑梧等寨递交了书面申请，要求上级尽快落实而承认。

通过我们族属调查组三年来，内查外调的一切所见所闻和收集到的历史文字记载；《靖州志》《黎平府志》《俾嗟碑文》《牛筋岭碑文》等的叙述和"三锹人"族属的来历，都是有一定价值的历史依据。

由此可见，"三锹人"在很早以前就以一个独立的单一民族而存在社会上。

"三锹人"的语言、民歌、文娱方面是独特的。民族特点、生活习俗也是如此。如煮糊米茶、青年男女社交、婚丧嫁娶、逢年过节、祭奠祖宗等礼节与生活习惯，都独具特色。

根据国家民委关于"认真落实少数民族政策"的有关规定，调动各少数民族建设社会主义的积极性。对此，我们认为，对"三锹人"应当以承认为单一民族，列入中华民族之林。

黎平县"三锹人"族属调查工作组

黎平县民族事务委员会

一九八四年七月二十五日

参考文献

一、历史文献

黎平县"三锹人"族属调查工作组:《黎平县三锹人族属识别调查材料·三锹人族属的调查报告》,黎平县民族宗教事务局档案,全宗号147号。

《罗里乡文书》,未刊稿,黎平县档案馆藏。

《黎平府志》,黎平县县志编纂委员会办公室校注,北京:方志出版社,2014年。

(清)吴起凤修,唐际虞纂:《靖州直隶州志》,长沙:岳麓书社,2012年。

(明)郭子章:《黔记》卷17,《学校志下·黎平府属》,载《北京图书馆古籍珍本丛刊》史部第43册,北京:书目文献出版社,1988年。

(清)顾祖禹:《读史方舆纪要》卷120,《贵州方舆纪要序》,北京:中华书局,2005年。

(清)段汝霖撰,谢华著:《楚南苗志·湘西土司辑略》,伍新福校点,长沙:岳麓书社,2008年。

《黔南识略·黔南职方纪略》,赵文铎等点校,贵阳:贵州人民出版社,1987年。

李汉林:《百苗图校释》,贵阳:贵州民族出版社,2001年。

《天柱县志·地理志·乡里》,清光绪十八年刻本。

（清）徐家干:《苗疆闻见录》,吴一文校注,贵阳:贵州人民出版社,1997年。

乾隆《镇远府志》卷2,《关梁·天柱县关梁》,贵州省图书馆藏。

（清）金蓉镜纂辑:《靖州乡土志》,清光绪三十四年刻本。

（清）谢圣纶辑:《滇黔志略》,古永继点校,贵阳:贵州人民出版社,2008年。

（清）张廷玉编,罗康智、王继红编著:《〈明史·贵州地理志〉考释》,杨庭硕审订,贵阳:贵州人民出版社,2008年。

二、专著

《马克思恩格斯全集（第12卷）》,北京:人民出版社,1962年。

［英］亚当·斯密著:《国富论》,唐日松等译,北京:华夏出版社,2005年。

［美］爱德华·威尔逊著:《人类存在的意义——社会进化的源动力》,钱静、魏薇译,杭州:浙江人民出版社,2018年。

［英］安东尼·史密斯著:《民族主义:理论、意识形态、历史》,叶江译,上海:上海人民出版社,2011年。

［美］本尼迪克特·安德森著:《想象的共同体——民族主义的起源与散布》,吴叡人译,上海:上海人民出版社,2011年。

［挪］弗雷德里克·巴斯著:《族群与边界——文化差异下的社会组织》,李丽琴译,北京:商务印书馆,2014年。

［美］詹姆士·斯科特著:《逃避统治的艺术——东南亚高地的无政府主义历史》,王晓毅译,北京:三联书店,2016年。

［英］汤因比著:《历史研究》,曹未风等译,上海:上海人民出版社,1986年。

［英］约翰·汤姆林森著:《全球化与文化》,郭英剑译,南京:南京大学出版社,2002年。

［韩］全京秀著:《环境·人类·亲和》,崔海洋译,贵阳:贵州人民出版社,2008年。

[美]威廉·麦克尼尔著:《世界史——从史前到 21 世纪全球文明的互动》,施诚、赵婧译,北京:中信出版社,2013 年。

[美]爱德华·W.苏贾著:《后现代地理学——重申批判社会理论中的空间》,王文斌译,北京:商务印书馆,2007 年。

[加]威尔·金里卡著:《多元文化公民权:一种关于少数族群权利的自由主义理论》,杨立峰译,上海:上海译文出版社,2009 年。

[英]埃文思-普里查德著:《努尔人——对尼罗河畔一个人群的生活方式和政治制度的描述》,褚建芳等译,北京:华夏出版社,2002 年。

[法]皮埃尔·布迪厄著:《实践感》,蒋梓骅译,南京:译林出版社,2003 年。

[英]安东尼·吉登斯著:《全球时代的民族国家》,郭忠华译,南京:江苏人民出版社,2010 年。

[法]恩斯特·卡西尔著:《语言与神话》,于晓等译,北京:三联书店,1988 年。

[德]海德格尔著:《人,诗意地栖居》,郜元宝译,桂林:广西师范大学出版社,2002 年。

[加]罗纳德·沃德华著:《社会语言学引论》,雷红波译,上海:复旦大学出版社,2009 年。

[美]斯塔夫里阿诺斯著:《全球通史——1500 年以前的世界》,吴象婴、梁赤民译,上海:上海社会科学院出版社,1988 年。

[以]尤瓦尔·赫拉利著:《人类简史——从动物到上帝》,林俊宏译,北京:中信出版社,2017 年。

[加]卜正民著:《哈佛中国史·挣扎的帝国:元与明》,潘玮琳译,北京:中信出版社,2017 年。

[以]尤瓦尔·赫拉利著:《未来简史——从智人到智神》,林俊宏译,北京:中信出版社,2018 年。

[印度]阿比吉特·班纳吉、[法]埃斯特·迪弗洛著:《贫穷的本质——我们为什么摆脱不了贫穷》,景芳译,北京:中信出版社,2013 年。

[法]托马斯·皮凯蒂著:《21 世纪资本论》,周大昕、李清彬、汤铎

铎译,北京：中信出版社,2014年。

[美]罗伯特·雷德菲尔德著：《农民社会与文化——人类学对文明的一种诠释》,王莹译,北京：中国社会科学出版社,2013年。

《十八大以来重要文献选编（下）》,北京：中央文献出版社,2018年。

王沪宁：《当代中国村落家族文化——对中国社会现代化的一项探索》,上海：上海人民出版社,1991年。

潘光旦编著：《中国民族史料汇编·〈明史〉之部》,天津：天津古籍出版社,2007年。

王明珂：《华夏边缘：历史记忆与族群认同》,杭州：浙江人民出版社,2013年。

王明珂：《英雄祖先与弟兄民族——根基历史的文本与情境》,北京：中华书局,2009年。

鲁西奇：《中国历史的空间结构》,桂林：广西师范大学出版社,2014年。

周大鸣：《多元与共融——族群研究的理论与实践》,北京：商务印书馆,2011年。

张应强：《木材之流动——清代清水江下游地区的市场、权利与社会》,北京：三联书店,2006年。

马戎：《民族社会学——社会学的族群关系研究》,北京：北京大学出版社,2013年。

石林：《湘黔桂边区的三个族群方言岛——草苗、那溪人、本地人语言文化调查研究》,北京：中国社会科学出版社,2015年。

符太浩：《溪蛮丛笑研究》,贵阳：贵州民族出版社,2003年。

广西壮族自治区编辑组：《广西侗族社会历史调查》,北京：民族出版社,2009年。

《侗族简史》编写组：《侗族简史》,贵阳：贵州民族出版社,1985年。

贵州省编辑组：《侗族社会历史调查》,贵阳：贵州民族出版社,1988年。

黔东南州地方志编纂委员会编：《黔东南州志·地理志》,贵阳：贵州人民出版社,1990年。

徐杰舜主编:《族群与族群文化》,哈尔滨:黑龙江人民出版社,2006年。

孙秋云:《核心与边缘——18世纪汉苗文明的传播与碰撞》,北京:人民出版社,2007年。

王宗勋:《清水江历史文化探微》,昆明:云南美术出版社,2013年。

王宗勋:《锦屏文书征集手记》,广州:世界图书出版广东有限公司,2015年。

陈倩:《区域中国与文化中国——文明对话中的施坚雅模式》,北京:人民出版社,2013年。

胡宏林主编:《千里古锹寨》,长沙:湖南人民出版社,2017年。

欧阳克俭:《边事管窥》,北京:大众文艺出版社,2010年。

余达忠:《原生态文化:资源价值与旅游开发——以黔东南为例》,北京:民族出版社,2011年。

余达忠:《走向和谐——岑努村人类学考察》,贵阳:贵州人民出版社,2001年。

傅安辉、余达忠:《九寨民俗——一个侗族社区的文化变迁》,贵阳:贵州人民出版社,1997年。

杨村、余达忠:《两个人的乡村——作家通信》,北京:三联书店,2015年。

三、期刊

[印度]苏巴德拉·米特拉·钱纳著:《印度的"城里人"》,彭姝祎译,《欧根第尼》2017年第1期。

吴春宏:《明清时期黔楚边境的府卫纠纷——以黎平府五开卫为例》,《中国地理历史论丛》2014年第2期。

尤中:《苗瑶族古代史叙略》,《云南社会科学》1988年第5期。

杨志强、赵旭东、曹端波:《重返"古苗疆走廊"——西南地区民族研究与文化产业发展新视野》,《西南边疆史地研究》2012年第2期。

边缘化生存：三锹人历史文化与生存现状的人类学研究

张雄：《湘黔边界地区酸汤话系属探讨》，《民族语文》2015 年第 4 期。

曹万林：《坐家习俗的蜕变——以天柱县竹林乡苗侗村寨为例》，《民族论坛》2012 年第 2 期。

崔新建：《文化认同及其根源》，《北京师范大学学报（社科版）》2004 年第 4 期。

张颖：《族群认同与国家民族认同解析》，《岭南学刊》2012 年第 3 期。

王宗勋：《从锦屏契约文书看清代清水江中下游地区的族群关系》，《原生态民族文化学刊》2009 年第 1 期。

周大鸣：《"二元社区"与都市居住空间》，《山东社会科学》2016 年第 6 期。

张应强：《通道与走廊："湖南苗疆"的开发与人群互动》，《广西民族大学学报（社科版）》2014 年第 3 期。

林芊：《明清时期清水江流域林业生产与木材贸易研究的思考——清水江文书·林契研究之一》，《贵州大学学报》2016 年第 5 期。

林芊：《清初清水江流域的"皇木采办"与木材贸易》，《原生态民族文化学刊》2016 年第 2 期。

单洪根：《清水江流域地区的皇木征办》，《原生态民族文化学刊》2009 年第 1 期。

胡彬彬：《靖州"群村永赖"碑考》，《民族研究》2009 年第 6 期。

万红：《试论清水江木材集市的历史变迁》，《古今农业》2005 年第 2 期。

李文治：《宗族制的体现形式及其基层政权作用》，《中国经济史研究》，1988 年第 1 期。

杨有赓：《清水江流域商业资本的发展、流向与社会效应》，《贵州民族研究》1989 年第 3 期。

陈庆德、刘锋：《婚姻理论的建构与遮蔽》，《吉林大学社会科学学报》2006 年第 5 期。

郝亚明：《城市与移民：西方族际居住隔离研究综述》，《民族研究》

2012 年第 6 期。

陈杰、郝前进:《快速城市化进程中的居住隔离——来自上海的实证研究》,《学术月刊》2014 年第 5 期。

龙泽江、李斌、吴才茂:《王化背景下的族谱编撰与身份建构——清水江下游流域苗侗家谱研究》,《原生态民族文化学刊》2012 年第 1 期。

唐利平:《人类学和社会学视野下的通婚圈研究》,《开放时代》2005 年第 2 期。

邓刚:《"三锹人"与清水江中下游的山地开发——以黔东南锦屏县岑梧村为中心的考察》,《原生态民族文化学刊》2010 年第 1 期。

原新:《对我国出生性别比失衡人口规模的判断》,《人口研究》2007 年第 6 期。

李雨潼:《中国人口性别比结构分析》,《人口学刊》2013 年第 6 期。

张翼:《中国青年人口的基本特征及面临的主要问题》,《江苏社会科学》2012 年第 2 期。

陈劲、尹西明、赵闯、朱心雨:《反贫困创新:源起、概念与框架》,《吉林大学社会科学学报》2018 年第 5 期。

蒋谨慎:《论阿玛蒂亚·森对贫困理论的变革》,《社会科学家》2017 年第 5 期。

曹诗颂、王艳慧等:《中国贫困地区生态环境脆弱性与经济贫困的耦合关系——基于连片特困区 714 个贫困县的实证分析》,《应用生态学报》2016 年第 8 期。

张佰瑞:《我国生态性贫困的双重抑制效应研究——基于环京津贫困带的分析》,《生态经济》2007 年第 1 期。

孙继凤、刘爱荣:《贫困区的发生类型与可持续性脱贫对策》,《地域研究与开发》1998 年第 2 期。

丁一文:《生态抑制型贫困研究文献综述》,《中国环境管理》2014 年第 4 期。

陈烨烽、王艳慧等:《中国贫困村致贫因素分析及贫困类型划分》,《地理学报》2017 年第 10 期。

任付新:《阿马蒂亚·森的贫困理论及其方法论启示》,《江汉学术》

2018 年第 1 期。

韩民青:《论人的社会角色》,《学术研究》2011 年第 8 期。

张扬波:《西方角色理论研究的社会学传统——以罗伯特·默顿为例》,《国外理论动态》2014 年第 9 期。

陆湘之:《复杂社会背景下靖州"锹人"族群的形成和分化》,载《湖南苗学会 2017(靖州年会)论文集》。

陆燕:《尊重与平等:语言交际规则与社会秩序建构——一座多语族村寨的言语交际》,《内蒙古大学学报(社科版)》2016 年第 5 期。

杨村、余达忠:《生态性贫困与乡村命运——作家与学者的对话》,《绿叶》2014 年第 8 期。

余达忠、陆燕:《族群认同的建构与消解——一座三撬人村落的当代裂变》,《西南民族大学学报(人文社科版)》2015 年第 1 期。

余达忠:《族际居住隔离:边缘族群三撬人的迁徙落寨与族群认同的建构》,《北京林业大学学报(社科版)》2015 年第 4 期。

余达忠:《全球化时代的文化:非领土扩张化和本土重建》,《重庆邮电大学学报(社科版)》2010 年第 6 期。

余达忠:《边缘族群三撬人婚姻生态的社会人类学分析》,《吉首大学学报(社科版)》2015 年第 6 期。

余达忠:《近拒远交与远近无交:边缘族群三撬人婚姻圈的解体与困境》,《贵州民族大学学报(哲社版)》2015 年第 3 期。

余达忠:《近代湘黔桂边区的族群互动和"三锹人"的形成》,《贵州师范学院学报》2017 年第 1 期。

余达忠:《清水江流域的森林开发与多族群社会的建构——以边缘族群三锹人的迁徙落寨和生计方式为中心的考察》,《北京林业大学学报(社科版)》2018 年第 1 期。

余达忠:《祖先·祖籍·宗祠——古代宗族制度下的文化认同》,《南通大学学报(社科版)》2010 年第 3 期。

四、硕博士论文

胡萍:《湘西南汉语方言研究》,湖南师范大学博士学位论文,2006 年。

刘宗艳:《酸汤话研究》,湖南师范大学博士学位论文,2014 年。

杨钦:《锹里地区酸汤话语音研究》,中南大学硕士学位论文,2012 年。

邓刚:《清水江中下游的山地开发与族群政治——以三锹人为中心的研究》,中山大学博士学位论文,2010 年。

余冰:《西街社会:对一条广州老城街道社区组织的研究》,中山大学博士学位论文,2008 年。

后 记

　　我越来越坚定地认为，人生中，有一种叫命运的力量，推动你的生命进程，注定让你的生命与一些地方、一群人发生关联。

　　30多年前，我还是一个20多岁的青年，在黔湘桂边区贵州一侧的黎平一中任教，刚从大学毕业的潘健康也在一中任教，我们挨住在一起，成了无话不谈的朋友，从他那里，第一次知道三锹人，知道他就是三锹人。1992年，我与他一起去了他的老家岑戞——这座我在书中反复写到的三锹人村寨——建立起我对三锹人的基本认知。2001年，贵州省文联要出一套民族文化研究丛书，约请我承担一本书的写作，我不犹豫地选择了去岑戞路上必经的一个多族群村寨岑努作为田野点。岑努是一个苗、侗、汉、三锹四个族群聚居的多族群村寨。岑努的田野调查，使我完成了《走向和谐——岑努村人类学考察》（贵州人民出版社，2001年）的专著，这是我独立完成的第一本人类学专著——1997年，我与傅安辉合作，出版了《九寨民俗——一个侗族社区的文化变迁》（贵州人民出版社，1997年）的专著。这部书获得费孝通先生题词，并获得中国民间文艺山花奖学术著作奖、贵州省第二届社科成果奖二等奖。之后，我的研究主要集中于侗族文化方面，没有再关注三锹人。再之后，我由凯里学院作为引进人才到了福建，成了沙溪河畔三明学院的一员，偏重于研究客家文化，获得一项客家历史文化的教育部人文社科基金项目立项。在我致力于闽西客家研究时，旅行中遇到的三锹人一下子将我内心蛰伏的感觉、意念、责任激发出来了。我意识到黔湘桂边区那片养育了我的土地，那片土地上生活的各个族群，永远是我生命中沉甸甸的牵挂,是我生命中最执着、最深刻的疼痛,是我全部灵感和思想的渊薮和依皈。看不见的命运之神以它的坚执的力量,引导我回到了故土,回到了魂牵梦绕的黔湘桂边区,回到了三锹人中间。

从 2013 年开始,在研究客家文化的同时,我更多地关注黔湘桂边区的多族群文化,关注曾经关注的三锹人的历史文化和生存现状。2014 年,我以"边缘族群苗族三撬人生存现状调查与研究"为题申报国家社科基金项目,获得立项。从此,我更多时间,是行走在黔湘桂边区乡村,走访了贵州黎平、锦屏两县的大部分三锹人村寨,走访了湖南靖州的许多三锹人村寨……呈现在读者眼前的这部《边缘化生存:三锹人历史文化与生存现状的人类学研究》书稿,就是我 2014 年至 2019 年间在三锹人村寨行走的成果。

作为第一部为三锹人建史立传的著作,本书对于三锹人,对于推动和加强多族群环境中人数较少的族群的研究,有重要范式意义。

我从区域历史切入,将三锹人二百多年来的生存发展置于黔湘桂边区多族群互动环境中,置于清水江流域山地开发的封建商品市场环境中考察廓析,从区域社会史,尤其是三锹人发展的小历史,观照边远民族地区的国家化进程,充实国家和民族的大历史;从核心与边缘的新视角认识族群、族群文化和文明的发展,强调边缘对于核心的重要意义,指出黔湘桂边区和三锹人始终是中华民族巨大圆圈中不可或缺的一环,要重视边缘区域和边缘族群的这种边缘化状态。三锹人作为边缘族群的边缘化生存现实,是长期历史文化因素的结果,既受制于三锹人聚居的生存环境,更受制于历史进程中的各种要素。三锹人的边缘化生存和贫困的现实,是历史进程中各种不公正因素不断叠加而造成的。社会有责任对处于边缘状态和贫困状态的三锹人予更多关注和关怀。

对三锹人历史文化的开掘,开阔了我的视野,使我对黔湘桂边区宋元明以来的历史进程有了整体性把握,意识到黔湘桂边区的形成和历史进程与中华民族共同体形成的历史进程始终一致。区域历史是中华民族大历史的重要构成,读懂中华民族历史,必须关注和开掘各个区域的历史;既要站在核心来观照边缘,更要从边缘视角去探究核心的凝聚力;元明清时期黔湘桂边区的形成过程和各族群生存互动的历史,是中华民族共同体凝聚形成的缩影。

"边缘族群苗族三锹人历史文化与生存现状研究"课题结题后，2020年，我又申请了"资源·市场·社会重构：明清时期黔湘桂边区族群关系研究"的国家社科基金项目，再次获得立项。黔湘桂边区是生我养我的土地，是我学术研究的永远的田野，是我思想的渊薮，是我命运的永远的推动力量，是我的命运之神！

本书的出版，得到许多部门和个人的帮助。感谢国家社科基金予以立项资助，感谢供职的三明学院一直以来的支持和鼓励，特别感谢兰明尚、潘玉腾、林建伟等校领导，感谢黎平县政府及黎平县侗学会、苗学会的支持，感谢靖州县苗学会的支持，感谢锦屏县苗学会、侗学会的支持，感谢黎平县大稼乡政府、锦屏县河口乡政府的支持，感谢岑夏、平底、中仰、美蒙、岑梧、菜地、黄柏等村委的支持。尤其感谢20世纪80年代开展三锹人族别调查的先贤们，他们存留下来的珍贵资料，是我进行三锹人研究的重要基础。几年来，潘健康、杨村、石干成、李文明、李屏、谭福军、石玉锡、王宗勋、杨正明等朋友，多次陪我田野调研；靖州苗学会的杨桂兰、龙贵山、陆湘之、陆顺祖等给予我许多帮助；感谢朋友罗康隆、李斌、龚黔兰、陈治英、邰胜英、何龙青、龙懿、程周烈、陈启鹏、杨仪华、吴军、石玉昌、于一元、吴礼君、林再成、欧正霞、姚吉宏、吴才贵、吴滔、石正宏、吴显奇、王明相、杨秀廷、欧秀锦……乡村行走中，得到许多三锹人的帮助与支持。感觉自己完全融入了三锹人之中，就是三锹人中的一员，在三锹人村寨行走，始终有一种回家的亲切感。

课题组成员余刚始终参与课题的整个进程，在资料收集、文献整理、章节撰写、图片拍摄等方面，做了几近三分之一的工作。本书封面也是由余刚设计的。厦门大学出版社编辑林灿老师为本书出版付出了大量心血。

最后感谢妻子陆燕，在课题研究过程中，为我付出了许多的劳动，承担了许多其他事务，让我专心于课题研究。

余达忠于三明枫木庐

2022 年 3 月 25 日